200%
실패할 걸
알면서도

왜 나는
똑같은 행동을
반복하는가

200% 실패할 걸 알면서도

왜 나는
똑같은 행동을 반복하는가

지은이 더글러스 켄릭, 블라다스 그리스케비시우스

옮긴이 조성숙 펴낸이 이종록

등록번호 제 313-2005-00129호 등록일 2005년 6월 18일

주소 경기도 고양시 일산동구 정발산로 24, 웨스턴돔타워 T4-414호

전화 031-907-7093 팩스 031-907-7094

이메일 smartbiz@sbpub.net

ISBN 979-11-6343-064-3 03180

초판 1쇄 발행 2024년 7월 11일

200% 실패할 걸 알면서도 왜 나는 똑같은 행동을 반복하는가

선택의 재발견, 진화심리학 그 내면의 '퍼즐 맞추기!'

The Rational Animal

더글러스 켄릭,
블라다스 그리스케비시우스 지음
조성숙 옮김

Sb
smart business

· 프롤로그 ·

인간의 무모한 선택에 대한 '진화심리학의 놀라운 진실!'

당신의 결정은 이성적인가, 비이성적인가? 몇 가지 간단한 질문부터 시작하자. 다음과 같은 상황에서 당신이라면 어떻게 하겠는가?

- 당신은 미시시피의 가난한 집에서 자랐지만 리듬감이 좋아 가수로 크게 성공했다. 당신이라면 캐디락 휠캡에 순금을 입히고 진주와 동양의 물고기 비늘, 다이아몬드 가루로 제작한 특수 도료를 덧바르는 데 78만 5,400달러를 쓰겠는가?

- 당신은 영국에 사는 실직한 싱글맘으로 남는 시간에 틈틈이 글을 쓰고 있다. 그런데 어느 날 갑자기 당신이 쓴 책이 날개 돋친 듯 팔리기 시작했다. 당신이라면 힘들게 번 돈을 선뜻 기부하겠는가?

6

- 당신은 네 시간이나 줄을 선 후에 바나나를 살 수 있는 가난한 나라에서 온 이민자다. 그런 당신이 드디어 미국 땅을 밟았다. 그리고 꿈에서나 그리던 맛있고 영양 가득한 먹을거리들이 즐비한 대형 슈퍼마켓에 가게 되었다. 미국에 살고 있던 부자 친척이 먹고 싶은 것을 아무거나 고르라고 한다. 당신이라면 풍선껌을 고르겠는가?

- 당신은 대학교수다. 얼마 안 되는 은퇴 계좌의 돈을 잃고 싶지 않아, 그 동안 안전한 채권에만 투자해왔다. 지난 몇 년 동안 주식 시장이 크게 올랐을 때도 당신은 가만히 지켜보기만 했다. 최근 금융 전문가들 사이에서 거품이 곧 깨질 거라는 소문이 도는데, 당신이라면 쥐꼬리만한 은퇴 계좌의 돈 절반을 리스크가 높은 주식에 투자하겠는가?

- 당신은 인도 파티알라 주의 거부다. 이곳 법으로는 부인이 몇 명이 되든 상관이 없다. 당신에게는 벌써 364명의 아내가 있다. 당신은 지금도 많다고 말하겠는가, 아니면 365번째 신붓감을 찾기 시작하겠는가?

- 당신은 오랫동안 맨해튼 이스트 66번가에 있는 아파트의 관리인으로 일하면서 알뜰하게 저축했다. 당신이라면 지금까지 저축해서 모은 돈을 복권 구입에 몽땅 털어 넣겠는가?

당신은 "아니오!"라고 답했을지 모르지만, 어떤 사람들은 "예!"라고 답했다.

- 로큰롤의 제왕 엘비스 프레슬리는 화려하게 치장한 캐딜락을 한 대만 산 것이 아니었다. 그는 자그마치 100대가 넘는 캐딜락을 구입했다.

- 《해리포터》 시리즈의 작가 J. K 롤링은 힘들게 번 돈의 상당 부분을 기부했다. 한 번은 다발성경화증 연구비로 에든버러 대학에 1,900만 달러를 쾌척했다. 영국 〈선데이 타임스〉가 발표한 영국 기부자 명단에 따르면 롤링은 2017년 영국에서 가장 많이 기부한 유명인 2위를 기록했다.

- 이 책의 저자인 블라다스 그리스케비시우스가 자본주의 국가의 시민이 되자마자, 첫 번째로 산 것은 수박 맛 풍선껌이었다. 이전에 살던 공산주의 국가에서는 네 시간이나 줄을 서서 기다린 끝에 구입한 바나나는 껍질째 먹었다. 그가 생각하기에 이렇게 귀하고 맛있는 음식을 아주 조금이라도 버리는 것은 말도 안 되는 짓이었다.

- 이 책의 또 다른 저자인 더글러스 켄릭은 주식 시장이 치솟고 있을 당시에도 그의 은퇴 계좌는 거의 늘어나지 않았다. 안전한 채권에만 투자해왔기 때문이다. 그래서 그는 은퇴 계좌에서 큰 몫을 뚝 떼어내 주식에 투자했다. 그가 주식에 투자한 후 곧바로, 주식 시장은 역사상 유례없는 수준으로 대폭락했다.

- 인도에서 자동차와 비행기를 최초로 소유하고, 국제 폴로 챔피언이었던 라진데르 싱의 아내 중에는 아일랜드계 영국인도 있었다. 이 사실이 알

려지면서 1890년대 영국에 큰 파문을 일었다. 그는 365번째 신부를 맞이한 후에야 "나 결혼할래."라는 말을 멈췄다.

- 뉴욕에서 아파트 관리인으로 일하는 레이 오테로는 저축한 돈을 복권을 사는 데 모두 날렸으며, 지금도 복권 구입에 매해 3만 달러를 쓴다. 그는 지금까지 거액의 복권에 당첨된 적이 한 번도 없다.

순금을 입힌 자동차 휠캡, 1,900만 달러 기부, 365번째 신부, 3만 달러어치 복권 구입. 이런 결정들은 우리가 일상생활에서 흔히 하는 결정들, 예를 들면 식사하러 타코벨로 갈지 피자헛으로 갈지 결정을 내리는 것과 아무 상관이 없어 보인다.

하지만 로큰롤의 제왕과 인도의 갑부가 한 선택은 우리가 매일 내리는 모든 선택과 공통점이 아주 많다. **아무리 터무니없고 어리석은 선택처럼 보일지라도, 그 깊숙한 곳에는 인간이 어떤 식으로 선택을 내리는지 중요한 의미를 알려주는 질문이 숨어 있다.**

인간의 선택은 진화적 과거와 연결되어 있다

수박 맛 풍선껌, 수천 장의 복권, 다이아몬드 가루를 바른 캐딜락처럼 어리석기 짝이 없어 보이는 선택들의 이면에는 대단히 중요한 질문이 존재한다. 그것은 철학자들이 수 세기 동안 머리를 싸매고 고민

했던 질문이다. 그리고 경제학, 심리학, 일상생활에서 가장 중요한 자리를 차지하는 질문이기도 하다.

'인간이 어떤 선택을 하게 되는 근본적인 이유는 무엇일까?'

아리스토텔레스, 데카르트, 버트런드 러셀, 오스카 와일드 같은 위대한 사상가들은 인간이 **'이성의 동물'**인가를 두고 고민했다. 철학자들도 과학자들도 모두 동전의 한쪽에 초점을 맞추면서, 인간이 이성적인지 아닌지에 대해 열띤 논쟁을 벌였다.

그러나 그들의 논쟁 대부분은 동전의 다른 한쪽인 이성의 동물에서 '동물' 부분을 간과했다. 이 책은 바로 이 동물 부분에 초점을 맞추고자 한다.

그동안 인간의 선택이 이성적인지 비이성적인지를 두고 경제학자들과 심리학자들이 벌여 온 논쟁들은 선택의 겉모습에만 집착했다. 그들은 개인이 특정한 상황에서 내리는 특정한 선택이, 그 사람의 목표 달성에 도움되는지에만 집착했다.

예를 들면 이런 질문을 하는 식이다.

"2달러짜리 복권이나 번쩍이는 새 자동차를 구입하겠다는 결정은 그 사람을 더 부자가 되거나 행복하게 해주는가?"

하지만 인간의 선택을 완전히 이해하려면 겉으로 드러나는 측면의 아래로 깊숙이 파고들어, 현재의 선택을 진화적 과거와 연결해야 한다. 인간이 어떻게 의사결정을 하는지 이해하려면, 우리는 전통 학문들이 무시했던 근본적인 질문을 던져야 한다.

"지금의 선택이 내려지도록 뇌가 진화해온 이유는 무엇일까?"

이 질문을 던진 순간, 인간의 선택을 생각하는 방식이 바뀔 것이다. 새롭게 드러나는 학문적 발견에 따르면, 우리가 내리는 결정은 이성적이냐 비이성적이냐를 떠나 '**심층 합리성**Deep rationality'이라는 특징을 지니고 있다.

오늘 우리의 선택에는 과거 선조들이 성패를 거듭하며 갈고닦은 뿌리 깊은 진화의 지혜가 반영되어 있다. 이 책은 현대 세상의 당신과 나 혹은 엘비스 프레슬리가 내린 선택이, 자기도 의식하지 못하는 사이에 선조로부터 물려받은 정교하게 조율된 기제에 얼마나 깊은 영향을 받는지를 탐구한다.

이런 새로운 사고방식의 바탕에는 이 책의 핵심이 되는 두 가지 통찰이 깔려 있다.

통찰 1, 인간의 결정은 진화적 목표에 도움이 된다

인간 행동에 대한 전통적 사고방식은 대부분 표면의 목표를 중요하게 생각한다. 이를테면 싼 가격에 정장 구두를 사거나, 다음주 토요일 데이트를 위해 멋진 레스토랑을 예약하는 등의 표면적 목표 달성 여부를 중시한다.

하지만 모든 동물이 그러하듯, 인간도 심층의 진화 목표 달성에 도움되는 선택을 내리도록 진화해왔다. 선조 때부터 내려온 렌즈를 끼고 보면 현대 세상의 우리가 내리는 선택, 즉 바보 같고 비이성적이기 짝이 없어 보이는 결정이 더 깊은 진화적 차원에서는 오히려 현명한 적응 행동이라는 사실이 드러난다.

통찰 2, 인간의 결정은 다양한 진화 목표를 달성하도록 설계돼 있다

경제학자들과 심리학자들은 인간이 행복감이나 효익 극대화 같은 하나의 광범위한 목표를 추구한다고 가정한다. 하지만 실제로 모든 인간은 짝을 얻거나, 위험에서 스스로를 보호하거나, 지위를 확보하는 등의 다양한 진화적 목표를 추구한다.

이것은 중요한 차이이다. 의식적으로든 무의식적으로든 개개인이 중요시하는 진화적 목표가 무엇이냐에 따라, 사람마다 다른 편향에 지배되고 선택도 매우 달라지기 때문이다.

언뜻 보기에는 굉장히 단순한 통찰이지만, 인간의 선택을 바라보는 과거의 시각과는 출발선 자체가 크게 다르다. 이 두 가지 통찰은 엘비스 프레슬리의 선택이든 라진데르 싱의 선택이든, 아주 깊숙한 곳에 자리한 진화적 목표가 우리들의 선택을 무의식적으로 이끌고 있음을 암시한다.

또한 '둘 이상의 당신'이 결정을 내리고 있다는 훨씬 혁명적인 생각을 제시한다. **인간의 머릿속에는 하나의 자아만이 담겨 있는 듯 여겨진다. 하지만 실제로 인간의 정신에는 진화적 목표도 제각각이고, 우선순위도 제각각인 여러 개의 '부분자아들**Subselves**'이 존재한다.** 목표가 매력적인 짝에게 구애하는 것인지, 악당을 쫓아내는 것인지, 지위의 사다리를 오르는 것인지에 따라 우리가 내리는 결정도 그때그때 달라진다.

이처럼 여러 개로 나뉜 정신으로 인해, 우리는 자주 일관성도 없고 합리적이지도 않은 결정을 내린다. 하지만 깊숙한 진화적 차원에서 보면 인간은 위대한 철학자들이 생각하는 것보다 훨씬 이성적인 선택을 내린다.

진화심리학, 선택 뒤에 숨은 내면의 퍼즐 맞추기

지금부터 우리는 선조들의 정신 깊숙한 곳을 여행하려 한다. 각 챕터는 도무지 이해하기 힘든 결정을 소개하는 것으로 시작할 것이다.

프로풋볼 선수 4명 중 3명이 파산하는 이유는 무엇일까? 똑똑하고 현명한 투자자들이 버나드 매도프 같은 사기꾼의 말을 믿고 수백만 달러를 갈취당한 이유는 무엇일까?

이런 의문을 풀기 위해 우리는 상황의 표면 아래로 내려가 최근의 과학 연구 결과를 소개하면서, 독자 여러분 스스로 뚜껑을 열고 증거를 탐구하게 할 것이다. 그 과정에서 당신은 배란기의 스트리퍼스트립쇼에 출연하는 사람, 월가의 금융가, 테스토스테론 과잉의 스노보더, 엘비스 프레슬리와 당신 사이에 밀접한 관련이 있음을 알게 될 것이다.

장막 뒤를 여행하는 방법은 이렇다.

챕터 1에서는 당신과 마틴 루터 킹 2세가 위선자인지, 아니면 누구나 앓고 있는 다중인격 장애를 지닌 것에 불과한지 함께 고민한다.

챕터 2에서는 무서우리만치 합리적이었던 조셉 패트릭 케네디와 비합리적 결정을 내린 그의 후손들을 비교하는 방법을 통해 심층 합리성의 개념을 소개할 것이다.

챕터 3에서는 각 부분자아가 타인과 어떻게 협상을 벌이는지 검토한다. 그리고 월트디즈니사가 더 이상 가족 회사가 아니게 되었을 때 얼마나 치졸한 싸움이 벌어졌는지 관찰할 것이다.

챕터 4에서는 부분자아가 쉽게 저지르곤 하는 편향과 실수를 가까이에서 관찰한다. 아프리카의 한 나라가 원조를 받느니 차라리 굶는 쪽을 선택한 이유가 무엇인지 살펴볼 것이다.

챕터 5에서는 하버드 대학 학생들도 쩔쩔매는 문제를, 문명 사회의 교육을 받지 않은 아마존 밀림의 부족이 더 잘 푸는 이유가 무엇인지 살펴본다. 그런 다음 부분자아를 이해하는 것이, 왜 훌륭한 의사결정에 도움이 되는지 알아볼 것이다.

챕터 6에서는 살아가면서 부분자아가 어떻게 변하는지 검토한다. 왜 벼락부자들은 대개는 파산하고 마는지 그 이유를 살펴볼 것이다.

챕터 7에서는 포르쉐에 순금을 입힌 사람이나 친환경 하이브리드 자동차 도요타 프리우스를 구매한 사람이, 자신은 의식하지 못할지라도 구매 이유는 똑같을지 모른다는 점을 설명할 것이다.

챕터 8에서는 남자와 여자의 부분자아가 어떤 식으로 다른지 깊이 탐구한다. 왜 어떤 사회에서는 신부를 데려오는 대가로 남자가 몇 년 치 수입을 몽땅 털어 넣는 반면, 어떤 사회에서는 신부 가족이 막대한 지참금을 치르고 신랑을 맞이하는지 그 이유를 살펴볼 것이다.

챕터 9에서는 이야기의 어두운 측면을 살펴본다. 우리의 편향은 평소에는 심층 합리성을 발휘하지만, 현대 사회의 교활한 기생자들은 오히려 이런 편향을 악용해 우리를 속이고 갈취한다. 그리고 그런 기생자들 대부분은 말쑥한 정장과 친절한 미소로 정체를 숨기고 있다.

마지막으로, 결론에서 우리는 그간의 여행에 작별 인사를 하고 화려한 엽서 몇 장을 보낼 것이다. 각 엽서에는 의사결정이 내려지는 마음의 중심지를 여행하면서 얻은 중요한 메시지가 담겨 있다.

이 책에 나오는 연구 결과 대부분은 학술지에 소개된 것들이며, 일부는 미디어에서도 소개된 바 있다. 하지만 우리와 동료들의 연구 결과를 다른 심리학자, 경제학자, 의사결정 과학자, 생물학자, 인류학자들의 연구에 연결하는 커다란 그림에는 아직도 채워야 할 부분이 많이 남아 있다.

우리는 다채로운 방법으로 더 넓은 캔버스를 채워 넣으려고 노력했다. 그리고 그 과정에서 **우리 안에 있는 이성의 동물을 이해하는 것이 기업 리더와 현장 직원들, 경제학자들과 그들의 이론을 배우는 사람들, 정치가와 유권자들, 교사와 아직도 배울 것이 많은 우리 모두에게 얼마나 중요한지 보여주고 싶었다.**

차례

Chapter 3

왜 디즈니 형제는 다투면서도 서로를 위해 양보하는가?

Chapter 4

왜 잠비아 국민들은 식량 비상사태에도 불구하고 미국의 원조를 거부했는가?

Chapter 5
어떻게 아마존의 밀림 부족은 하버드대생들도 어려워하는 시험을 통과했는가?

Chapter 6
왜 벼락부자들은 결국 파산 법정에 서고야 마는가?

Chapter 9
왜 우리는 가짜 약장수에게 쉽게 속는가?

• Chapter 1 •

인권 운동의 아이콘,
마틴 루터 킹 목사는
다중인격 장애였다?

22

1962년 9월 28일 마틴 루터 킹 2세는 앨라배마 주 버밍엄에 있는 한 대강당 연단에 평온하게 앉아 있었다. 갑자기 청중 속에서 한 남자가 무대로 올라가더니, 킹 목사 쪽으로 다가가 킹의 얼굴을 때리기 시작했다. 킹 목사는 첫 방을 맞고 쓰러졌다. 그러나 이 인권 운동 지도자가 쓰러진 후에도 남자는 계속해서 주먹을 날렸다.

킹은 인종 차별에 맞서 비폭력 저항 운동을 주장해왔다. 하지만 미국 나치당의 명령을 받은 이 백인 우월론자의 폭행에 똑같이 폭력으로 맞받아쳤어도, 그를 비난할 사람은 아무도 없었을 것이다.

그러나 킹은 다른 행동을 택했다. 그는 자리에서 일어나 아주 담담한 표정으로 자신을 폭행한 남자의 얼굴을 정면으로 응시했다. 그러고는 (그 자리에 있던 사람의 말을 빌리면) 아무 방어도 하지 않겠다는 듯 '마치 갓 태어난 아기처럼' 두 팔을 내려뜨렸다. 자신을 지키려고 허겁지겁 뛰어온 사람들에게 킹은 부탁했다.

"그를 건드리지 마십시오. 그에게 손대지 마세요. 우리는 그를 위해 기도해야 합니다."

이 사건은 킹이 도덕 원칙을 얼마나 헌신적으로 지키는지 보여준 여러 사건 중 하나다. 침례교 목사로 부임한 후 킹 목사는 예의, 진정성, 미덕의 이상을 실현하고 알리는 일에 누구보다도 앞장섰다. 그는 아프리카계 미국인들의 인권 문제를 넘어 여러 문제에 대해 꾸준하고 단호하게 비폭력을 주장했다.

한 예로 베트남전쟁에 반대하는 연설을 했다가 강력한 정치적 동지였던 린든 존슨 대통령의 지지를 잃는 대가를 치른 적도 있었다. 심지어는 인권 운동에 대항해 비폭력 데모를 한 후 제 발로 경찰서를 찾아가 구치소에 투옥되기도 했다.

하지만 킹의 흔들림 없는 도덕 원칙 고수도 혼외정사 문제에서만은 예외였다. 킹의 친구며 인권 지도자인 랠프 애버내시가 인정했다시피, 인권 운동의 아이콘이나 다름없었던 이 종교 지도자는 말 그대로 '섹스 중독'이었다.

킹은 아이가 넷이나 있는 유부남이었음에도 불구하고 한 여성과 오랫동안 혼외정사를 유지했으며, 출장을 다니는 틈틈이 다른 여성들과 짧은 외도를 즐겼다. 전기 작가인 데이비드 개로에 따르면 킹은 이런 문란한 성생활에 심하게 죄책감을 느꼈다. 그러나 섹스 중독을 고칠 정도로 큰 죄책감은 아니었다. 육체의 유혹 앞에서, 그는 숭고한 도덕 원칙을 여러 번 무시했다.

킹의 도덕적 일탈은 그의 머릿속에 존재하는 합리적 인간이 평소에는 이성적으로 굴다가 가끔 고장을 일으키기 때문일까? 아니면 그의 모순된 행동에 또 다른 원인이 있는 것일까?

우리는 마틴 루터 킹 2세가 흔한 형태의 **'다중인격 장애'**였을 것이라고 짐작한다. 그의 전기에서 증거를 찾거나 정신과 의사에게 상담을 받을 필요도 없다. 우리는 킹에게 적어도 **'7개의 인격'**이 존재했다고 진단을 내릴 수 있다.

킹이 '흔한' 형태의 다중인격 장애를 가지고 있었다고 말했지만 솔직히 말해서 이것은 축소된 표현이다. 다중인격 장애는 단순히 흔하기만 한 증상이 아니라 보편적 증상이다. 당신도 마찬가지다. 우리는 당신의 삶이 어떤지 세세한 부분은 알지 못하지만, 당신에게 적어도 7개의 인격이 존재한다고 단언할 수 있다.

당신은 자신의 머릿속에 단 하나의 자아만 존재한다고 생각할 것이다. 그러나 심층의 진화적 차원에서 보면 당신 안에는 여러 개의 자아가 존재한다. 이 자아들은 작은 독재자와도 비슷해서 **'어떤 자아가 주도권을 쥐느냐'에 따라 '당신의 우선순위와 선호'가 완전히 달라진다. 이 부분이 아주 중요하다. 같은 사람일지라도 현재 어떤 자아가 키를 조종하는지에 따라 선택도 달라지기 때문이다.**

×

다중인격 장애에 대한 유명한 임상 사례 연구를 영화화한 〈이브의 세 얼굴〉에서 주인공은 소심하고 내성적인 '이브 화이트'와 지적이고 성숙한 '제인' 그리고 자유분방하고 쾌락을 추구하는 '이브 블랙'이라는 세 가지 인격을 오간다. 영화는 크리스 시즈모어라는 실존 인물을 다룬 것으로, 담당 정신과 의사들은 그녀가 세 개가 아니라 20개의 인격을 가지고 있었다고 말한다. 이렇듯 정신과 상담이 필요한 수준의 다중인격 장애까지는 아니더라도, 평범한 사람들에게도 대부분 여러 개의 자아가 존재한다.

머릿속에서 명령을 내리는 당신이, 하나가 아니라 여럿 존재한다는 주장은 얼핏 들으면 너무 충격적이라 거부감이 들 수도 있다. 그러나 다중자아의 존재를 입증하는 과학적 증거는 차고 넘친다. 가장 초기의 과학적 증거를 밝혀낸 연구로는 1960년대에 신경생물학자인 로저 W. 스페리와 대학원생 마이클 가자니가가 수행한 '**분리 뇌**Split brain' 환자들에 대한 고전적 연구를 꼽을 수 있다. 이 환자들은 중증 간질을 치료하기 위해 뇌량을 제거해 좌뇌와 우뇌를 분리하는 외과적 수술을 받았기 때문에, 언어 반구인 좌뇌와 비언어 반구인 우뇌의 소통이 불가능했다.

연구자는 이 환자들에게 숟가락 그림을 보여줬는데, 좌뇌와 연결된 오른쪽 시야에서 보여줘 좌뇌로 자극을 전달하면 환자들은 숟가락이라는 단어를 말할 수 있었다. 반대로 같은 그림을 왼쪽 시야에서 보여주면즉 비언어 반구인 우뇌로 자극이 전달되도록 하면 환자들은 숟가락을 가리키면서 그림에 나온 것이라고 말할 수는 있었다. 하지만 숟가락이라는 단어는 말하지 못했다.

이 연구는 현대 신경과학의 초석이 되었으며 나중에 노벨 의학상을 받았다. 이 연구 이후로 의식이 하나로 통일돼 있다는 생각이 뒤집히기 시작했다. 스페리와 가자니가의 연구는 지금 이 순간 뇌의 어느 부분이 활발히 움직여 입력 정보를 처리하는지에 따라, 의식적인 경험이 크게 달라질 수 있음을 보여줬다.

그후 50년이 흐르는 동안 인간과 동물의 신경심리학, 생물학, 그 외 학습과 기억에 대한 여러 연구가 진행되었다. 그 결과 인간의 머릿속에는 단 하나의 운영 시스템이 아닌 복합적인 별개의 운영 시스템들이 있어서, 각기 다른 문제를 전담해 별도의 부副 프로그램을 돌린다는 사실이 밝혀졌다.

펜실베이니아 대학의 심리학자 로버트 커즈번은《왜 모든 사람은 위선자인가》에서 과학적 증거를 고찰하면서, 정신 속의 다양한 시스템들모듈들이 가끔 서로 의견 충돌을 일으키기 때문에 인간이 모순된 행동을 한다고 지적한다.

결국 마틴 루터 킹 2세만이 위선자인 게 아니라 우리와 우리의 이웃, 그리고 숟가락이라고 말하지 못하는 분리 뇌 환자도 모두 위선자다. 커즈번의 주장에 따르면 분열된 마음의 진짜 의미는 우리 속에 '나'가 아닌 '우리'가 존재한다는 것임을 암시한다.

다중자아를 입증하는 증거는 산더미처럼 많다. 그러나 한 사람 안에 하나의 통일된 자아만 존재한다는 개념이 더 매력적이기 때문에 더 널리 받아들여지고 있다.

인간의 합리성을 전제하고, 숫자 다루기의 귀재들인 전통경제학자들은 기호의 일관성을 인간 행동의 대전제로 삼는다. 가령 어떤 사람이 화요일에 앨라배마 주 버밍엄에서 커피에 크림과 설탕을 넣었다면, 그 사람은 수요일에 테네시 주 멤피스에서도 똑같이 크림과 설탕을 넣는다는 식이다.

경제학과 심리학에는 기호가 일관적이라는 가정이 널리 퍼져 있다. 예를 들어 광고주들은 제품이 먹힐 만한 시장 세그먼트를 구분해서 제품을 광고한다. 교회용 간행물에는 할리 데이비슨 광고가 실리지 않는다. 투자자의 위험 감수 수준에 따라 고객 범주를 분류하는 재무 컨설턴트들은 도서관 사서에게 고위험의 변동성이 높은 주식 투자를 추천하지 않는다. 적재적소에 적절한 인력을 배치해야 하는 인사부는 예술적 감각이 뛰어난 직원은 회계 부서에 배치하지 않는다.

이런 모든 행동에는 개개의 소비자, 투자자, 구직자가 오늘도 내일도, 지금 또는 한 시간 뒤에도, 이 건물에서도 저 건물에서도 취향이 변하지 않는다는 전제가 깔려 있다. 그러나 우리 개개인 안에 여러 사람이 들어 있다면 어떻게 될까?

한 사람의 머릿속에 정말로 여러 사람이 살고 있다면 인간 행동을 생각하는 방식도 완전히 달라져야 한다. **우리 개개인은 하나의 자아로 이뤄진 존재가 아닌 여러 자아들의 총합이다. 다시 말해 '부분자아들**Subselves**'의 집단이다.**

사람마다 성격이 다르듯 부분자아들도 각각의 특징과 선호가 다르다. 그리고 각 부분자아가 겉으로 모습을 드러내는 순간은 특정한 상황에 처했을 때다. **하나의 상황에서는 하나의 부분자아만 주도권을 잡는다. 현재의 부분자아가 바로 그 순간의 당신이다.**

우리 안에 다양한 부분자아가 존재한다면 우리는 언제 어디서든 자신이 매번 똑같은 사람이라고 생각하더라도 실제로는 어디에 있고, 무엇을 하고, 누구와 함께 있는지에 따라 다른 사람이 될 수도 있다. 왜 그런지 알아보기 위해 연구 사례 하나를 살펴보자.

이 연구는 똑같은 광고를 보더라도 지휘봉을 잡은 부분자아에 따라 광고를 받아들이는 시각도 크게 달라질 수 있음을 보여준다. 연구를 살펴본 뒤에 지금 당신은 어떤 부분자아가 이 책을, 다른 부분자아들에게 읽어 주고 있는지 본격적으로 설명할 것이다.

군중 속의 자유, 군중 속의 고독

×

부분자아를 설명하기 전에 잠시 우리의 후원자인 누벨 브레튼 카페에 대해 간단히 언급하려 한다. 한 리뷰어는 〈로스앤젤레스 타임스〉에서 누벨 브레튼 카페가 대단히 독특한 경험을 선사한다며 "이곳은 남들이 아직 찾아내지 못한 특별함이 있는 장소다."라고 평했다. 〈퍼시픽 푸드 뉴스〉의 지나 폴리지는 이 카페가 "호젓한 곳에 있는 아주 특별한 장소다."라고 평가했다. 남들이 한 번도 경험하지 못한 특별한 식사를 하고 싶다면 누벨 브레튼 카페만큼 적격인 곳도 없다.

이런 평가를 들은 느낌이 어떤가? 일부러라도 시간을 내서 누벨 브레튼 카페에 가보고 싶은가?

만일 광고에서 이 카페가 인근에서 가장 '인기 있는' 레스토랑이라고 강조되어 있다면 어떨까? 100만 명이 넘는 사람들이 이 레스토랑을 방문했고, "왜 모든 사람이 멋진 식사를 기대하며 이곳으로 모여드는지 궁금하실 겁니다. 누벨 브레튼 카페에 들러 다른 분들처럼 멋진 경험을 하십시오."라고 광고한다면 어떨까?

당신 머릿속의 마케팅 컨설턴트에게 조금 막연한 질문 하나를 던져보자. 첫 번째 광고독특하고 특별한 장소 강조와 두 번째 광고인기 레스토랑 강조 중 어느 쪽이 더 효과적이라고 생각하는가?

전통적인 시장 분할 시각에서 보면 광고를 보는 개개인의 유형에 따라 다른 답이 나올 수 있다. 순응적이고 복종적인 성격의 사람은 100만 명이 다녀갔다는 말에 마음이 움직여, 남들이 해봤으니 자기도 해보고 싶다는 마음이 강하게 들 것이다. 반항적이고 독립적인 성향이 강한 사람절벽 아래로 무리 지어 떨어지는 나그네쥐와 같은 순응 행동에 거부감을 느끼는 사람이라면 독특하고 호젓한 곳이라는 문구에 끌릴 것이다.

사람은 저마다 다르다. 이런 기호를 가진 사람이 있는가 하면, 저런 기호를 가진 사람도 있다.

그러나 다중자아의 시각에서 질문을 고민하면 완전히 다른 답이 나온다. 똑같은 광고를 볼지라도 지금 머릿속에서 어떤 자아가 주도권을 쥐고 있는지에 따라 광고 효과가 달라진다. 다시 말해서 같은 사람일지라도 어떤 부분자아는 광고를 매력적이라고 생각할 수 있고, 어떤 부분자아는 거부감을 느낄 수 있다.

우리는 노아 골드스타인, 채드 모텐슨, 로버트 치알디니, 질 선디와 함께 위 생각을 테스트하기 위해 피험자들에게 여러 광고들을 보여줬다. 광고는 레스토랑, 미술관, 라스베이거스에 이르기까지 다양하게 준비했다.

하지만 광고를 보여주기 전에 우리는 피험자들의 부분자아 두 개 중 하나를 활성화했다더 정확히 말하면 '준비시켰다'. 피험자들은 TV를 보다가 흔히 겪는 상황을 그대로 경험했다. TV에서는 광고들이 무작위로 등장할 뿐 아니라 프로그램 중간에 불쑥 등장하기도 한다. 흥겨운 로맨틱 코미디를 보다가, 아니면 무서운 범죄 영화를 보다가 갑자기 광고가 나오는 식이었다.

피험자들이 현재 보고 있는 TV 프로그램의 종류에 따라 자연스럽게 끌려 나오는 부분자아도 달라질 수 있었다. 예를 들어 심각하지 않고 섹시한 등장인물들이 나오는 로맨틱 코미디를 보는 당신과 잔인한 킬러가 등장하는 스릴러를 보는 당신이, 서로 다른 사람일 수 있을까? 만일 그렇다면 그 두 명의 당신은 똑같은 광고에도 완전히 다른 반응을 보일 공산이 크다.

정말로 그런지 시험하기 위해 우리는 피험자 일부에게 잭 니콜슨이 광기 어린 살인마 역을 맡아 인적 드문 곳의 버려진 호텔에서 가족을 죽이려고 도끼를 들고 쫓아다니는, 머리카락이 쭈뼛 설 정도로 오싹한 영화 〈샤이닝〉을 보여줬다.

영화에서도 특히 무서운 장면을 몇 분간 보여준 후, 여러 편의 광고로 넘어갔다. 그중에는 인기가 많고 수요가 높다는 문구'100만 명 이상이 방문하는'과 같은가 들어간 광고도 포함되어 있었다. 다른 실험에서는 똑같은 광고를 보여줘도 인기나 수요가 높다는 말은 집어넣지 않았다.

소름이 돋을 정도로 무서운 영상을 보다가 광고로 넘어갔을 때 피험자들은 제품의 인기를 강조하는 광고를 더 매력적으로 여겼다. 예를 들어 미술관 광고에 '한 해에 100만 명 이상이 방문하는'이라는 문구를 추가했더니 사람들은 그 미술관에 가보고 싶어 했다. 공포 영화의 한 장면을 본 이들은 군중을 따르라는 내용의 메시지를 굉장히 잘 받아들였다. **사자를 본 영양 무리가 그러듯, 사람들은 위협을 느낀 순간 더 큰 무리의 일원이 되기를 원한다.**

공포 영화를 보고 있던 사람들은 대중에 파묻히는 행동을 택하는 데 그치지 않고, 군중과 동떨어질 수 있는 제품과 경험을 적극 피했다. 실험에서 보여준 일부 광고에는 제품의 고유함과 특별함을 강조하는 메시지'한정판'과 같은가 담겨 있었다.

하지만 공포 영화를 본 사람들은 튀거나 독특한 제품에는 매력을 덜 느꼈다. 미술관 광고에 군중과 동떨어져 두드러질 수 있다는 메시지를 추가하자 사람들은 미술관에 가지 않으려 했다. 다른 버전의 광고에서 나온 것과 똑같은 미술관이었음에도 불구하고, 독특하고 차별화된 장소로 제시된 미술관은 방어 심리를 느끼는 사람들에게는 가고 싶지 않은 장소로 변했다.

요컨대 공포 영화를 본 사람들은 남들이 다 쓰는 인기 제품에 끌렸으며, 독특하고 남다른 제품은 피하려 했다.

반대로 로맨틱한 영화를 본 사람들은 기호가 완전히 달랐다. 똑같은 광고를 보여주기 전에 두 번째 집단에는 〈비포 선라이즈〉의 로맨틱한 장면을 보여줬다. 이 영화는 매력적인 남녀 주인공이 그림처럼 아름다운 유럽 도시들을 여행하다가 사랑에 빠지는 내용이었다.

이 로맨틱한 영화는 앞서 공포 영화와는 완전히 다른 부분자아를 끄집어냈다. 피험자들은 관능적이고 다정다감한 느낌에 빠져들었다. 그리고 공포 영화를 본 피험자들과 달리, 이들은 제품의 독특함을 강조하는 광고에 매력을 느꼈다.

로맨틱한 영화를 본 피험자들은 남들과 차별될 수 있다는 메시지가 담긴 미술관 광고를 보여주자 미술관에 무척 가고 싶어 했다. **짝을 찾아 주변을 배회하는 동물들이 그러듯, 사람도 사랑에 빠지고 싶은 기분이 들 때는 군중과는 다른 독특함을 원한다.** 이 낭만적인 감성에 빠진 피험자들에게 많은 사람이 쓰는 제품이라는 메시지는 거부감을 불러일으켰다. '한 해에 100만 명 이상이 방문하는'과 같은 광고 메시지는 미술관을 따분하고 평범한 장소로 보이게 했다.

이 연구는 어떤 사람은 날 때부터 순응적인 성향이 강하고, 어떤 사람은 튀려는 성향이 강한 것이 아니라는 사실을 보여준다. 같은 사람일지라도 어떤 때는 대중의 결정에 순응하고, 어떤 때는 혼자 돋보이려는 심리를 가질 수 있다. 사람들은 주변 상황이 로맨틱한 부분자아를 건드리면 독특함을 갈망하고 순응하기를 기피했다. 반면 주변 상황이 경계심 부분자아를 건드리면 순응하기를 갈망하고 혼자만 두드러져 보일지도 모르는 일은 적극적으로 회피했다.

하나의 통일된 자아가 존재한다는 관점에서, 즉 인간의 정신에는 하나의 인성만 존재한다는 시각에서 보면 한 사람이 순응과 반항의 성향을 오간다는 것은 모순적이고, 심지어 위선적이기까지 하다. 하지만 여러 개의 부분자아가 존재한다는 시각에서 보면 순응과 반항을 오가는 행동은 논리성과 일관성에 문제가 없다. 여러 부분자아들 깊숙한 곳에 존재하는 각각의 합리적 기호를 충실히 따르는 것이기 때문이다.

우리의 머릿속에 여러 개의 부분자아가 존재한다는 사실을 설명했으니, 이제는 다음 질문으로 넘어갈 차례다. 우리에게는 과연 얼마나 많은 부분자아가 존재할까?

역할에 따라, 당신의 선택이 달라진다

진화적 성공이라고 하면 흔히들 생존과 번식에 대해서만 생각한다. 하지만 생존과 번식이 전부라고 생각한다면 지나친 단순화다. 생존과 번식이 중요한 문제긴 하지만, 인간이 진화적 성공을 달성하기 위해 넘어서야 할 난관은 무수히 많다. 우리의 선조들에게 있어서 진화적으로 가장 중요한 도전은 다른 동물들처럼 먹을거리와 은신처가 필요하다는 것이었다.

하지만 인간은 대단히 사회적인 동물이기 때문에 선조들은 반복되어 발생하는 사회적으로 중요한 진화 문제도 다뤄야 했다. 이런 진화적 도전에는 신체적 위해危害 피하기, 질병 피하기, 친구 사귀기, 지위 확보하기, 짝 유혹하기, 짝 유지하기, 가족 보살피기가 있다.

우리의 선조가 된 인간들은 적과 포식 동물로부터 자신을 보호했고, 감염과 질병을 피했으며, 부족 사람들과 잘 지냈고, 같은 부족 구성원들로부터 존경받은 사람들이었다. 또한 그들은 성공적으로 짝을 유혹해 그와 동반자 관계를 유지했으며, 모든 일이 잘 해결된 후에는 상대적으로 약하고 도움이 필요한 후손들도 잘 보살폈다.

이런 중요한 진화적 도전을 훌륭히 수행한 인간들은 적합도를 높였고, 그 결과 우리의 조상이 되었다. 진화적 도전을 극복하지 못한 부류는 누군가의 조상이 되는 일에 실패했다.

각 진화적 도전 과제는 성격이 모두 다르다. 성공적으로 짝을 유혹하기 위해 해야 하는 일과 포식 동물을 피하거나 아기를 보살피기 위해 해야 할 일은 다르다. 이처럼 다양한 도전 과제를 해결하기 위해 우리의 선조들은 과제마다 다르게, 어쩌면 완전히 대치되는 방식으로 결정을 내려야 했다. 아기를 돌볼 때 효과적인 방법과 흥정할 때 효과적인 방법이 다르기 때문이다.

우리의 조상들은 계속해서 다양한 도전을 해결해야 했고, 그로 인해 인간의 정신은 각각의 과제 해결에 부합되도록 다양한 심리 시스템을 갖추는 진화적 결과가 생겨났다. 뇌에서 색깔과 소리와 맛을 분석하는 시스템이 나뉘어 있는 게 효율적이듯이, 짝을 끌어들이고 신체의 위해를 피하는 등 서로 다른 도전을 해결하기 위해서도 심리 시스템이 나뉘어 있는 게 효율적이다.

이렇게 각자 역할을 맡아 나뉜 심리 시스템을 부분자아라고 생각하면 된다. **부분자아는 각자 다른 진화적 목표 달성을 담당하는 일종의 '경영 부사장'이다. 지금 이 순간 의식적으로든 무의식적으로든 어떤 진화 목표를 최우선에 두고 있느냐에 따라, 당신의 선택을 주도하는 부분자아도 달라진다.**

여러 개의 부분자아들이 작동하는 방식을 이해하고 싶다면 뇌를 컴퓨터에 비유해보자. 컴퓨터처럼 뇌도 인풋을 받아 아웃풋을 만들어낸다. 버튼을 누르거나 음성 명령을 입력하면 컴퓨터에 들어갈 인풋이 만들어지듯이 시각, 청각, 촉각, 후각, 감각은 뇌에 인풋을 전달한다.

인풋이 들어간 다음이 중요하다. 컴퓨터에서는 지금 어떤 소프트웨어가 운용 중인지에 따라 키보드를 눌러서 생겨나는 아웃풋이 달라진다. 예를 들어 '=' 자판을 누를 경우 워드 프로그램을 사용할 때와 엑셀 프로그램을 사용할 때 나오는 결과가 다르다. 워드 프로그램에서는 그냥 '='라는 문자가 뜨지만, 엑셀 프로그램에서 이 키는 공식이 시작된다는 것을 의미한다.

사무실에서 처리하는 업무는 문서 작성, 정산표 작성, 프레젠테이션 슬라이드 작성 등 종류가 다양하다. 그래서 컴퓨터는 워드, 엑셀, 파워포인트같이 각 업무에 특화된 소프트웨어 프로그램으로 일을 처리한다. 이 소프트웨어들은 설계 때부터 전담하는 기능이 구분되어 있다.

컴퓨터가 각기 다른 소프트웨어로 업무를 처리하듯이, 우리의 뇌에도 조상들이 대대로 부딪쳤던 다양한 사회적 도전을 해결하기 위해 부분자아라는 여러 프로그램이 존재한다. 뇌는 한 시점에서 한 개의 부분자아만이 가동된다. 어떤 부분자아가 가동되는지는 의식적으로든 무의식적으로든 당신이 그 순간에 친구를 사귀고 싶어 하는지, 짝을 유혹하고 싶은지, 으슥한 골목에서 위협적으로 돈을 구걸하는 걸인을 피하고 싶은지, 아니면 아이에게 읽기를 가르치고 싶은지에 좌우된다.

똑같은 인풋을 입력해도 운영 중인 소프트웨어 프로그램에 따라 컴퓨터가 다른 아웃풋을 만들어내듯이, 뇌 역시 현재 활성화된 부분자아에 따라 같은 인풋팔을 톡톡 치는 행동, 미술관의 독특함을 보여주는 광고 등도 다르게 처리된다.

흐로닝언 대학의 연구진은 남자 피험자들의 뇌활동이 매력적인 여자와 신체 접촉을 했다고 생각할 때와 남자와 신체 접촉을 했다고 생각할 때가 어떻게 다른지 관찰했다. 실제로 그들과 신체 접촉을 한 사람은 동일인이었다. 그러나 신체 접촉을 한 대상을 여자로 믿는지 남자로 믿는지에 따라 피험자들의 뇌에서 활성화되는 영역도 달라졌다.

뇌가 다양한 진화 목표를 완수하기 위해 다양한 전담 프로그램을 운영한다는 것은 인간이 선택을 내리는 방법에도 큰 영향을 미친다는 의미다. 부분자아는 정보 처리 방식을 좌우하는 데 그치지 않는다. 지금 당신의 머릿속에서 어떤 부분자아가 운전대를 잡고 있는지는 개인의 호불호와 선택에도 영향을 미친다.

7명의 괴팍한 난쟁이 VS 7명의 현명한 장로

×

이제부터 7개의 부분자아를 하나씩 만나보자. 어쩌면 이 부분자아들이 당신의 머릿속에 살고 있는 7명의 괴팍한 난쟁이 같다는 생각이 들지도 모르겠다. 하지만 이 부분자아들이 각기 특정 진화 목표의 달성을 책임지는 7명의 현명한 남녀로 구성된 장로회라고 생각하면 어떨까?

이 장로들에게는 각자의 임무를 성공적으로 처리하면서 쌓은 수십만 년의 경험, 즉 조상 대대로 축적된 지혜가 있다. 따라서 실세계에서 중요한 결정을 내려야 하는 순간이 오면 머릿속 장로회는 그 상황을 진화적으로 가장 능숙하게 처리할 장로에게 결정을 맡긴다.

각각의 특정 상황을 부분자아들이 어떻게 처리하는지 이해하려면 부분자아가 어떤 식으로 사고하고, 어떤 상황일 때 주도권을 쥐는지, 그리고 각 부분자아가 직면하는 진화적 도전의 본질은 무엇인지 살펴봐야 한다.

자기보호(Self-Protection) 부분자아

인간은 서로 도움되기도 하지만 반대로 상대방에게 큰 위험을 가하기도 한다. 초기 인간 사회의 머리뼈 파편을 관찰한 범죄학자들이나 세계 곳곳을 돌며 여러 문화를 연구하는 인류학자들이 발견했다시피, 살인은 현대 미국 사회의 발명품이 아니다.

우리 조상들이 살았던 집단의 살인율을 살펴보면, 오늘날 디트로이트나 로스앤젤레스 도심은 아주 평화로운 곳으로 여겨질 정도다. 조상들이 살던 시대에는 악당이 쳐들어와 재산을 약탈하고 배우자나 아이를 훔쳐갔다. 심할 경우 마을을 불태우고 살인까지 저지르기도 했다. 우리의 조상은 이 약탈자들의 위협에서 벗어나야만 살아남을 수 있었다.

현대에서도 폭력의 위협은 거의 사라지지 않았다. 2022년 미국에서는 인구 10만 명당 7.8건의 살인 사건이 발생했다. 각종 언론 매체는 세계 각지에서 벌어지는 대규모 폭력 사태를 연일 보도한다. 갱단이나 군대만이 아니라, 이제는 모든 사람이 이런 폭력 사태로부터 스스로를 보호하기 위해 온갖 수단을 강구한다. 경비견을 두거나 동작 센서, 적외선 탐지기, 도난 경보 시스템을 집에 설치한다.

부자들은 외부인 통제 구역에 살면서 야간 경비원을 고용하고, 부자가 아닌 사람들은 문에 자물쇠를 여러 개 달고 창문에 쇠창살을 단다. 더 적극적인 사람들은 직접 무기를 구입하기도 한다. 잘 알려지지 않은 사이트에서 작은 글록 권총을 구입하는가 하면, 바렛 저격용 총을 구입하기도 한다.

이렇게 무기를 보유하지 않더라도 우리는 세금이라는 형태로 국가의 군대에 한 사람당 몇 개씩 무기를 사주고 있다. 2022년에 미국은 국방비로 8,010억 달러를 책정했다. 세계 1위다. 세계 국방비 TOP 2~10위까지의 국방비를 합쳐도 미국 국방비에 미치지 못한다. 미국의 인구가 대략 3억 4천만 명이므로 남녀노소를 통틀어 국민 한 사람이 평균 2,356달러의 비용을 국방비로 쓰고 있다. 게다가 지역 경찰력 유지를 위해 내는 추가 세금은 별도다.

우리는 동료들과 함께 '**자기보호**' 부분자아와 관련에 여러 가지 연구를 수행했다. 그 결과에 따르면 피해망상 기질이 있는 이 부분자아는 정말로 신체적 위해를 입거나 그런 위해를 인지할 때만 가동되는 것이 아니었다.

낯선 사람의 화난 표정을 봤을 때, 다른 인종이나 종교를 생각할 때, 공포 영화를 볼 때, 심지어는 엽기 범죄를 소개하는 야간 뉴스를 봤을 때도 자기보호 부분자아가 주도권을 잡는다. 야경꾼이라는 측면에서 말하자면 캄캄한 방에 혼자 있기만 해도 자기보호 부분자아가 활성화될 수 있다.

앞서 나온 광고 연구의 경우를 다시 떠올려보자. 자기보호의 부분자아가 가동됐을 때 피험자들은 군중과 뒤섞이고 싶어 했고, 남들의 의견에 크게 흔들렸다.

다른 연구에서 우리는 피험자들에게 **벤츠와 BMW 중 어느 쪽이 더 좋은지 물어봤다. 자기보호 부분자아가 활성화되었을 때 사람들은 브랜드에 상관없이 다른 피험자들 대다수가 좋다고 말한 브랜드를 선택했다. 대다수가 BMW가 더 좋다고 하면 BMW를 선택했고, 벤츠가 더 좋다고 하면 벤츠를 선택했다.**

머릿속의 야경꾼이 활발히 움직이면 경계심이 높아지고 이런 의구심이 발생한다.

'언덕을 넘어오고 있는 저 험상궂은 남자들이, 내게서 뭔가를 훔쳐 가거나 내 오두막을 불태우러 오는 것은 아닐까?'

우리가 존 메이너, 본 베커를 비롯해 여러 동료와 수행한 연구에서 자기보호 부분자아가 활성화된 피험자들은 다른 집단 사람들의 완벽히 중립적인 표정을 보고도 그들이 화를 낸다고 생각했다. 이런 자연스러운 피해망상과 경계심 성향으로 인해 사람들은 무기력과 나약함에서 벗어나게 해줄 자원에 투자하고, 압도적 다수와 자신을 연결시키는 일을 대단히 중요하게 생각한다.

결국 자기보호 부분자아가 가장 원하는 것은 신체에 해를 끼칠 수 있는 모든 잠재적 위험으로부터 안전해지는 것이다.

질병 회피(Disease-Avoidance) 부분자아

생물학자들은 타인이 옮기는 감염성 질환이 인간의 진화에 중요한 역할을 했다고 추측한다. 1300년대에 흑사병이라 불린 페스트의 창궐로 유럽, 아시아, 아프리카 인구의 절반이 죽었다. 두 세기 후 흑사병에서 살아남은 유럽인 후손들이 아메리카 대륙으로 건너갔다. 그런데 그들과 함께 천연두, 홍역, 장티푸스도 건너가 멕시코 인구의 75% 이상이 죽었다.

1918년 스페인 독감이 유행하면서 전 세계적으로 4,000만~1억 명가량이 죽었다. 최근에는 2019년에 발병한 코로나19 팬데믹으로, 전 세계적으로 2023년 말까지 누적 확진자가 7억 명을 돌파했고, 700만 명가량이 죽었다.

현대의 인류는 질병을 통제하고 확산을 제한하기 위해 여러 기술을 발전시켰다. 슈퍼마켓 카트 손잡이를 닦는 위생 물수건부터 우유 살균 처리, 의료 장비 소독에 이르기까지 다양한 기술이 개발되었다. 하지만 조심해야 한다! 길을 가다 부딪치는 낯선 사람이, 전염성이 있으며 가끔은 치명적이기도 한 미생물을 옮기고 있을지도 모른다. 이 미생물들은 잠깐의 접촉을 노리며 낯선 사람 몸에 숨어 있다가 기회를 틈타 생명을 위협하는 병균을 당신에게 옮길지도 모른다.

세계보건기구WHO는 인플루엔자, 결핵, AIDS와 같은 감염성 질환으로 매년 1,500만 명이 목숨을 잃는다고 추산한다. 이런 위협이 늘 상존하면서, 인체는 질병의 위협에서 스스로를 보호할 일련의 방어 수단으로 정교한 생물학적 면역계를 갖추는 진화적 결과를 거뒀다.

여기에 더해 심리학자 마크 샬러가 '**행동면역계**Behavioral immune system' 라고 부르는 질병 회피 부분자아도 진화했다. 행동면역계는 감염을 피하는 것을 최우선순위에 두고 설계된 질병 예방 심리 기제를 의미한다.

질병 회피 부분자아는 다른 사람의 재채기나 기침 소리, 피부 병변, 악취 등에 반응해 활성화된다. 심지어는 하와이나 런던이 아닌 스리랑카와 에티오피아 등 낯선 외국에 갔다 온 사람들을 생각하기만 해도 질병 회피 부분자아가 주도권을 쥘 수 있다. 우리는 이국적인 장소에서 온 사람들이 낯선 질병을 가지고 들어온다는 생각을 별 거부감 없이 받아들이며, 그런 사람들 중 누군가는 치명적인 질병을 우리에게 옮길지도 모른다고 생각한다.

내부의 강박적 건강 염려증이 주도권을 잡은 순간, 우리는 병원균 감염을 물리치기 위해 설계된 행동 방식을 취한다. 질병 회피 부분자아는 타인을 질병 전달자로 인식해 접촉을 피한다. 조심성이 커지고 낯선 나라에서 온 사람을 받아들이려 하지 않는다. 특히 낯선 미생물을 지니고 있을지 모른다는 생각에 이국의 땅에서 온 이방인들을 더 더욱 용납하지 않는다.

카를로스 나바레테와 댄 페슬러의 연구에 따르면 **임산부들은 태아한테 심각한 문제가 생길 수도 있는 임신 첫 3개월 동안에는 외국인에 대한 경계심이 극도로 높아졌다. 질병 회피 부분자아는 무엇보다도 병원균과 관련된 모든 것에서 안전하기를 원한다.**

친애(Affiliation) 부분자아

타인은 위협을 가하고 질병을 옮기는 존재지만, 동시에 우리 삶에 가장 중요한 편익을 제공하는 원천이기도 하다. 우리의 조상들은 진화적 성공을 이루려면 동료들과 잘 지내야 했다. 지금도 수렵 채집 생활을 하는 부족들을 연구하는 인류학자들의 보고에서도 알 수 있듯이, 진화적 성공을 위해서는 친구를 사귀고 동맹을 맺는 것이 필수 요건이었다.

인류학자 킴 힐과 막달레나 허타도는 남아메리카의 열대우림 깊숙한 곳에 사는 아체 부족을 연구하면서, 부족민들이 서로 어떻게 음식을 공유하는지 주의깊게 기록했다.

아체 족에서는 친구들이야말로 굶주림을 막기 위한 일종의 자연적인 보험 역할을 하고 있었다. 이들은 냉장 시설이 없기 때문에 한 가족이 돼지 한 마리를 다 먹어 치우기는 힘들다. 하지만 여러 가족이 나눠 먹으면 굶주림의 위험을 줄이고 힘든 시기를 잘 헤쳐 나갈 가능성도 올라간다.

이 친구들은 식량을 공유하는 데 그치지 않고 낚시, 음식 조리, 오두막 짓기 등 생활에 필요한 기술도 서로 가르쳐준다. 혼자 힘으로 벅차다 싶은 일에는 친구들과 팀을 이뤄 움직이고, 주변에 약탈자가 보인다 싶을 때는 무리를 이뤄 안전을 도모한다.

조상들이 숲을 나와 대도시에서 살기 시작한 후에도 인간은 여전히 친구와 동지가 필요했다. 현대의 도시인들은 친구를 사귀고 유지하는 일에 여전히 많은 투자를 한다. 한 예로 메타구 페이스북의 일일 사용자 수는 20억 명을 넘는다. 이들은 재미있는 신문 기사나 신곡을 올리고, 친구가 자기 아이들을 자랑하는 글을 읽고 적절한 답변을"와, 정말 귀여워요. 어깨가 절로 으쓱해지겠는걸요!" 다는 일에 아주 많은 시간을 들인다.

심지어는 꽉 막힌 도로에서 운전하는 동안에도 친구들에게 문자를 보내거나 고양이가 점심 먹는 사진을 이웃들과 공유하는 등 SNS에 엄청난 시간과 에너지를 쏟아붓는다. 이들은 아이폰이나 기타 모바일 기기들에 많은 돈을 투자한다.

현대에도 친구라는 존재는 디지털 기기가 줄 수 있는 것보다 더 많은 의미를 제공한다. 소파를 옮겨야 할 때, 차가 고장 나서 태워 줄 사람이 필요할 때, 힘껏 밟고 달릴 수 있는 시골길을 알고 싶을 때, 아이 키우는 일에 대해서 조언이 필요할 때 우리는 친구를 원한다.

친애 부분자아는 우정을 암시하는 뭔가에 의해 발동된다. 대학 시절 룸메이트로부터 크리스마스카드를 받거나, 저녁 식사에 이웃을 초대하려고 생각하거나, 동료가 점심값을 같이 계산해줄 때가 여기에 속한다.

친애 부분자아는 우정이 위협받는다는 생각이 들 때도 활성화된다. 외로움이나 소외감을 느낄 때, 또는 착취당한다는 느낌이 들면 친애 부분자아가 운전대를 잡는다. 마음속의 팀 플레이어가 주도권을 쥘 때 사람들은 혼자 소비하는 제품오레오 쿠키 등보다는 타인과 자신을 연결해주는 제품대학 로고가 박힌 팔목 밴드 등에 돈을 더 많이 쓴다.

친애 부분자아는 자신은 내키지 않을지라도 친구가 좋아한다는 이유로 어떤 행동을 하게끔 이끌기도 한다. 이를테면 친구는 아주 재미있다고 생각하지만 자기가 보기엔 재미도 없고 엉터리 같은 영화를 관람하면서도 기꺼이 웃어 주는 행동을 들 수 있다. 친애 부분자아는 무엇보다도 다들 이들의 호감을 얻고 친구로서 인정받는 것을 가장 원한다.

지위(Status) 부분자아

선조들은 같은 부족 사람들과 사이좋게 지내야 하는 문제를 처리했지만, 이와 동시에 집단 내에서 지위를 확보하고 유지해야 한다는 완전히 다른 종류의 문제도 해결해야 했다. 남들에게서 존경받으면 항상 많은 편익이 뒤따르기 마련이다. 이런 지위를 확보하기 위한 행동은 인류가 시작되기 전부터 존재했다.

우두머리 개코원숭이는 가장 먼저 먹이를 먹을 수 있고, 물웅덩이에서도 가장 좋은 자리를 차지하며, 가장 인기 있는 암컷과 짝짓기를 한다. 스탠퍼드 대학의 생물학자 로버트 사폴스키는 몇 년 동안 동일한 개코원숭이 무리를 관찰한 결과, 무리에서 높은 지위에 있는 동물일수록 서열이 가장 낮은 동물보다 심리적 스트레스의 징후가 적다는 사실을 발견했다.

지위에서 오는 편익은 현대 세계에도 그대로 이어진다. 고위직 경영자는 가장 큰 사무실을 차지하고, 렉서스를 주차할 특별 주차 공간을 할당받으며, 고급 레스토랑에서 식사할 수 있는 판공비를 받는다. 때문에 사람들은 남들에게 자신의 지위를 과시하기 위해 할 수 있는 일은 다한다. 이를테면 구찌 구두, 아르마니 양복, 롤렉스 시계, BMW, 최고급 프렌치 레스토랑에서 1,000달러짜리 식사에 거금을 투자하는 식이다.

경제학자 로버트 프랭크는 '**럭셔리 열병**'이 종류를 불문하고 모든 구매활동을 감염시켰다고 말한다. 개인 전용기와 초대형 보트는 물론 1,000달러짜리 구두, 1만 달러짜리 아웃도어 그릴, 2만 달러짜리 냉장고, 200만 달러짜리 저택이 좋은 예다. 10대 청소년들이 유행이 지난 옷차림으로 망신당하지 않으려고 몇 배나 비싼 신발, 바지, 배낭을 사달라고 부모에게 졸라대는 모습은 흔히 볼 수 있다.

다른 동물들은 주로 힘으로 지위를 얻고 유지한다. 동물들은 같은 집단의 구성원들에게 거리낌 없이 공격적인 행동을 내보인다. 이런 행동은 갱단 두목과 군 지휘관같이 인간에게서도 가끔 엿볼 수 있다. 그러나 심리인류학자인 조 헨리치와 프란시스코 길-화이트의 주장에 따르면, 인간은 힘이나 무력을 동원하지 않아도 명성과 타인의 존경을 얻어 지위를 확보한다.

또한 현대 세계에서 인간은 귀중한 정보에 접근해서 이를 이용해 선망의 대상이 됨으로써 지위를 얻기도 한다. 빌 게이츠, 스티븐 호킹, 마더 테레사는 정원사와의 힘 싸움에서는 질지 모른다. 하지만 그들은 말 한마디나 행동 하나로 세상을 변화시킬 만큼 대단히 높은 명성을 지니고 있다.

지위 부분자아는 계층 서열에서 자신의 위치가 어디인지, 위아래에 누가 있는지에 촉각을 곤두세운다. **이 수완가가 우리 안에서 주도권을 쥐게 되면, 우리는 성공한 사람이라는 인상을 심어 주는 것과 타인의 무시를 굉장히 안 좋은 일로 여기는 것에 특별한 가치를 둔다.**

지위 부분자아를 활성화한 연구에서 피험자들은 아주 사소한 모욕만 받아도 굉장히 공격적인 분노를 드러냈다. 누군가 당신에게 물을 엎지르고도 사과 한마디 하지 않으면 재빨리 지위 부분자아가 활성화되어 주먹싸움으로 번질 수도 있고남자인 경우, 아니면 그 사람을 사회집단에서 외톨이로 만드는 보복 행위를 할 수도 있다여자의 경우.

지위 부분자아는 존경받는 것을 가장 원하며, 타인을 존중할 때는 왜 존중해야 하는지 타당한 근거가 필요하다.

짝 획득(Mate-Acquisition) 부분자아

친구를 사귀고, 사악한 약탈자가 던지는 돌과 화살을 모두 막아냈으며, 치명적인 박테리아와 바이러스를 피했다. 하지만 자신의 유전자를 다음 세대로 물려주도록 적극 도와줄 누군가를 찾지 못한다면,

이 모든 일은 다 소용없는 짓이다진화적 관점에서 보면.

짝을 찾기는 쉬운 일이 아니다. 세대마다 몇 %는 누군가의 선조가 되는 일에 실패한다. 하지만 당신의 조상도, 우리의 조상도 짝을 찾는 일을 훌륭하게 해냈다는 점만은 분명하다.

물론 훌륭한 짝이 되어줄 만한 사람을 알아보는 것만으로는 충분하지 않다. 그 사람의 관심도 끌어야 한다. 그 사람이 아주 바람직한 짝이 될 만하다 싶으면 동성인 다른 사람들도 잠재적 구애자 행렬에 동참할 것이 뻔하기 때문에, 경쟁자들 사이에서 눈에 확 띄는 존재가 되어야 한다.

이런 이유로 사람들은 옷, 미용, 피트니스센터 회원권에 아낌없이 돈을 쓴다. 그리고 미혼 남녀가 자주 가는 술집, 교회, 공원, 빨래방, 콘서트, 그 외에 공공장소에서의 만남에 시간과 에너지를 할애한다.

제프리 밀러는 저서 《연애》에서 아무런 사심도 없어 보이는 행동 대다수가 실은 짝으로서 자신의 진가를 보여주기 위한 노력이라고 주장한다. 여기에는 음악을 연주하고, 시를 쓰고, 심지어 자선 단체에서 봉사활동을 하는 것도 포함된다.

짝 획득 부분자아는 진짜 혹은 가상의 잠재적 짝을 보는 순간 활성화된다. 섹시한 광고를 보고, 로맨스 소설을 읽고, 란제리를 만질 때 우리 내부의 자유로운 독신이 주도권을 잡는다. 이 부분자아는 상대가 좋은 연애 상대가 될 만한지 파악하게 해주는 정보, 본인이 상대방에게 어필하는 성적 매력, 어떻게 하면 상대에게 거부할 수 없는 매력의 소유자로 보일 수 있는가를 집중적으로 살핀다.

앞서 언급한 광고 연구에서 짝 획득 부분자아가 발동한 사람들은 특별하고 주목을 끄는 존재가 되고 싶어 했다. 그들은 대다수가 선호하는 브랜드가 아닌 다른 브랜드를 선택했다. 다른 사람들이 BMW가 더 좋다고 말하면 벤츠를 골랐고, 대다수가 벤츠를 고르면 반대로 BMW를 선택했다.

남자와 여자의 짝 획득 부분자아는 다소 다르게 움직인다이것은 Chapter 8에서 자세히 다룰 것이다. 그러나 남자든 여자든 짝 획득 부분자아는 잠재적 연애 상대에게 훌륭한 짝으로 보일 수 있는 행동을 하는 것을 최우선에 둔다.

짝 유지(Mate-Retention) 부분자아

모든 포유류의 짝짓기 게임은 95%가 단기적 사건이다. 암컷은 무리에서 가장 힘이 세고 매력적인 수컷을 골라 그의 유전자를 받기 위해 줄을 선다. 다른 암컷들도 마찬가지로 줄지어 서 있다는 사실은 상관하지 않는다. 그러나 인간과 긴팔원숭이를 비롯해 털이 달린 몇몇 온혈 동물종들은 함께 힘을 합쳐 자손을 돌본다.

포유류에게서는 상대적으로 드문 일이지만 부모가 공동으로 양육에 참여하는 것은 다른 동물의 왕국에서 드물지 않게 발견된다. 새들은 부모 공동 양육이 흔한 일인데, 갓 부화한 새끼는 힘이 없어서 부모가 함께 보살펴주지 않으면 살아남을 수 없기 때문이다. 뒤뚱뒤뚱 걷는 귀여운 펭귄들이 좋은 예다. 수컷과 암컷이 번갈아가며 알을 품지 않으면, 알은 금세 꽁꽁 얼어 버린다.

인간 아기들도 갓 부화한 새끼 새와 비슷하다. 인간의 아기는 다른 포유류 새끼와 달리 신체적으로 무기력하고, 미성숙한 상태로 태어나기 때문에 오랫동안 부모의 보살핌이 필요하다.

일부 생물학자들은 인간이 큰 뇌를 가지게 되면서, 부모 양쪽이 양육에 참여하는 사회적 시스템이 발달하게 되었다고 주장한다. 뇌가 크기 때문에 태아의 머리도 당연히 클 수밖에 없고, 그로 인해 태아는 좁은 산도를 통과하려면 최대한 이른 시일 내에 세상으로 나와야 한다. 따라서 인간의 아기는 자립 능력을 갖기 훨씬 전에 태어날 수밖에 없다는 것이다.

진화적 출발점이 무엇이든 간에, 모든 인간 사회에서 남자와 여자의 결합은 보편적인 현상이다. 그렇기에 인간의 짝짓기는 단순히 짝 획득을 넘어 몇 년을, 심지어 몇 십 년이나 죽을 때까지 짝과 해로해야 한다는 또 다른 문제와도 관련이 있다.

짝 유지는 짝을 찾아내는 것과는 완전히 다른 종류의 문제다. 자원 공유나 아이 양육을 둘러싼 잠재적 갈등이 존재할 수 있고, 다른 사람이 배우자를 뺏어갈지 모른다는 위험도 존재한다.

인간은 짝과의 관계를 유지하기 위해 아주 많은 시간, 노력, 돈을 쓴다. 밸런타인데이에는 근사한 곳에서 저녁 식사를 하고, 크리스마스나 기념일에는 값비싼 선물을 한다. 중요한 사업 기회를 포기하고 배우자를 위해 비싼 비행기 표를 끊어 낭만적인 여행을 떠나기도 하며, 켄터키 주의 산간벽지에 있는 시댁이나 처가를 기꺼이 찾아가기도 한다.

짝 유지 부분자아는 자신의 파트너가 만족스러운 상대인지 끔찍한 상대인지를 알려주는 정보를 유심히 관찰한다. 그리고 짝짓기 시장에서 파트너를 자기보다 더 행복하게 해줄 만한 잠재적 훼방꾼이 있는지 촉각을 곤두세워 주위를 감시한다.

짝 유지 부분자아는 장기적 관계에 도움되거나 위협을 가하는 신호가 등장했을 때 활성화된다. 함께 나눈 좋은 시절을 추억할 때, 기념일이 다가올 때, 동성 중 누군가가 내 짝을 눈여겨보고 있음을 감지할 때 짝 유지 부분자아는 주도권을 잡는다.

짝 획득 부분자아가 활성화될 때는 매력적인 이성에게 관심을 더 많이 쏟지만, 짝 유지 부분자아가 운전대를 잡았을 때는 자신과 배우자의 관계에 위협이 될지도 모르는 매력적인 동성을 더 유심히 관찰한다. 짝 유지 부분자아는 장기적인 로맨스 관계를 원만하게 유지하는 일에 가장 큰 관심을 기울인다.

친족 보살핌(Kin-Care) 부분자아

인간의 부모 양쪽이 서로 공고한 관계를 유지하려는 진화적 이유는 아주 간단하다. 그렇게 하는 것이 둘의 후손에게 도움되기 때문이다.

전통 사회에 대한 연구를 보면 부모가 없는 아이들은 생존이 힘들다. 혹여 살아남는다고 해도 부모 양쪽이 물심양면으로 지원해주는 아이들에 비해 제대로 살아가기가 힘들다. 전통 사회에서 부모가 아이들에게 제공하는 것은 음식, 집, 보호만이 아니다. 부모는 먹을 것을 찾는 방법, 친구를 대하는 방법, 사자나 강 하류에 숨어 있는 약탈자의 공격을 피하는 방법, 그 외 오랜 옛날부터 진화적 도전들을 해결하면서 알게 된 온갖 잡다한 문제를 처리하는 방법 등 여러 지식을 전수해준다.

현대의 사람들도 아이를 키우는 일에 어마어마하게 많은 시간, 에너지, 돈을 쓴다. 2세를 키우는 데에는 밥과 편안한 잠자리를 마련해주는 비용만 들어가는 게 아니다. 기저귀, 젖병, 유아용 컵, 유아복, 베이비시터, 소아과 진료, 건강보험 가입, 장난감, 더 큰 옷, 더 큰 장난감, 여름 캠프, 자전거, 대학 등록금, 결혼 비용 등 온갖 종류의 돈이 들어간다.

미국에서 아이 하나를 키우는 데 드는 평균 비용은 30~60만 달러에 달한다. 만일 아이가 성적이 좋아 학비가 비싼 명문 사립학교에 들어가면 수십만 달러가 더 들어간다. 이걸로 끝이 아니다. 자녀의 결혼식과 신혼여행 비용을 대줘야 할 수도 있고, 손자가 태어나면 또 돈이 들어간다.

친족 보살핌 부분자아는 자기 아이가 생겼을 때 활성화되지만, 타인의 귀여운 아기를 보거나 멀리서 아기 울음소리가 들릴 때도 지휘권을 잡는다. **친족 보살핌 부분자아는 아이를 갖고 싶다는 마음이 들게 하는 자아가 아니다**그 역할을 하는 것은 짝 획득 부분자아다**. 이 부분자아는 자기의 아이, 어린 동생들, 사촌들, 조카들, 손자손녀를 보살펴줘야 한다는 동기를 불러일으킨다.**

현대에서 친족 보살핌 부분자아는 불쌍한 이방인들에게 도움을 주고 싶다는 동기를 불러일으키기도 하는데, 아프리카의 굶주리는 아이들이나 고양이와 강아지를 도와주려는 행동도 모두 여기에 속한다. 친족 보살핌 부분자아는 약하고 도움이 필요한 어린아이들을 적절히 보살펴주는 일에 가장 관심을 둔다.

진화적 관점에서 바라본 인간 욕구 피라미드

심리학 수업을 한 번이라도 들었다면 에이브러햄 매슬로의 유명한 욕구 피라미드를 기억할 것이다. 매슬로는 인간이 인생 단계를 거치는 동안 중요한 의미를 지니는 욕구도 달라지며, 어린 시절에는 피라미드의 위쪽보다는 아래쪽에 있는 욕구를 더 중요하게 생각한다고 지적했다.

그림 〈진화적 관점에서 바라본 인간 욕구 단계〉는 매슬로의 욕구 피라미드를 수정한 것이다. **7개의 부분자아는 각 단계에 딱 들어맞는 진화적으로 중요한 욕구 하나씩을 담당한다.** 유아기를 거쳐 청소년기로, 그리고 성인이 된 지금으로 옮겨오는 동안 자신의 부분자아들이 어떻게 하나씩 가동되었는지 생각해보자.

아이가 한 살이 되어 낯선 사람을 경계하고 가족이 아닌 사람이 다가오면 무서워서 엄마의 치맛자락을 꽉 잡기 시작한 순간, 자기보호 부분자아가 등장한 시점이다. 질병 회피 부분자아가 가동하기 시작한 것은 조금 뒤로, 모르는 사람을 움찔대며 피하고 처음 보는 음식을 역

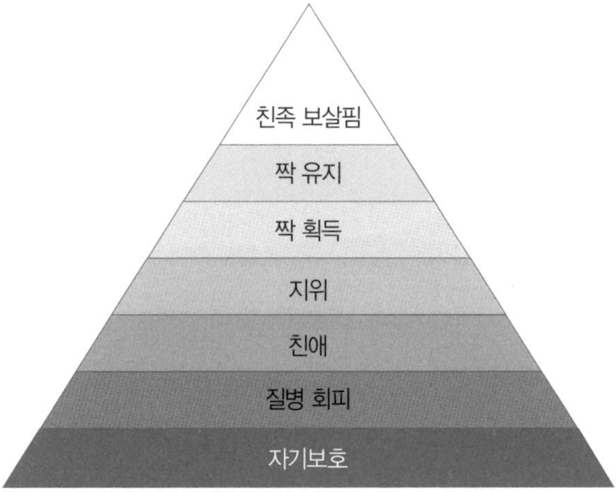

| 진화적 관점에서 바라본 인간 욕구 단계 |

겹다는 표정으로 바라본 순간부터다.

취학 전 나이가 되어 친애의 부분자아가 등장한 후에야 비로소 당신은 평행놀이다른 아기들 틈에서 놀기는 하지만 서로 접촉은 하지 않고 혼자 노는 행동를 중단하고 새로운 친구를 찾아보기 시작했다. 그후 친구를 사귀기 전까지는 타인의 존경을 받는지 아닌지는 크게 상관하지 않는다.

그러나 학교에 들어가 1학년이나 2학년 정도가 되어 지위 부분자아가 휴면 상태에서 빠져나온 순간부터, 당신은 또래 아이들의 경멸이나 놀림에 큰 상처를 받기 시작한다.

태어나고 처음 10년 동안 당신은 연애라는 것에 별 신경을 쓸 수가 없는 상태였다. 하지만 호르몬이 증가하기 시작하면 짝 획득 부분자아가 난폭하게 잠에서 깨어난다. 전에는 놀이터 한쪽에서 놀던 아이들에게 아무 관심도 없었는데, 어느 날부터 문득 그 아이들이 굉장히 신경쓰인다. 관계를 지속할 만한 매력적인 짝을 유혹하는 일에 성공하고 나면 짝 유지 부분자아가 껍데기를 깨고 알에서 빠져나온다. 친족 보살핌 부분자아는 짝을 발견하고 유지하면서 아이를 낳은 후에야 비로소 성숙해진다.

'**매슬로의 욕구 피라미드**'에서 가장 꼭대기에 있는 것은 타인의 반응과 상관없이 본인의 예술적이고 창조적인 충동을 추구하려는 '**자아실현**Self-Actualization'의 욕구다. 욕구 피라미드에서 자아실현을 내리고 그 자리에 포유동물의 양육 동기라는 따분한 욕구를 집어넣었다는 사실에 의아할지도 모른다.

물론 인간에게는 예술성과 창의성을 발휘하려는 동기가 존재한다. 그러나 자아실현의 욕구는 사회적 욕구와 동떨어진 것이 아니라 오히려 지위 확보와 짝 획득이라는 심층의 진화 목표와 직접적인 관련이 있다파블로 피카소와 디에고 리베라가 어떤 식으로 자신의 창의성을 아름다운 여인들의 품으로 들어가는 티켓으로 바꿨는지 생각해보라.

매슬로의 욕구 피라미드 구조를 다시 구성하게 된 과학적 증거는 뒤에서 자세히 설명할 것이다. 그리고 사람마다 욕구 피라미드의 발달 순서를 통과하는 속도가 어떻게 서로 다른지도 자세히 검토할 것이다Chapter 6을 참고하라. 일단 여기서는 이 7개의 부분자아가 당신의 재무 결정에 각기 어떤 식으로 접근하는지부터 살펴보자.

인간 행동의 다면성에 대한 이해

×

공산권 국가 출신이고 풍선껌 마니아인 이 책의 저자 블라다스는 과거 거대 투자은행인 모건스탠리의 인턴사원으로 근무한 적이 있었다. 블라다스는 수백만 달러 펀드를 운용하는 매니저 밑에서 일했다. 그 매니저는 베트남 참전 용사 출신으로, 머리를 기가 막히게 굴렸으며, 비싸고 좋은 물건에 대한 기호가 남달랐고, 빠른 차와 그것의 엔진이 내는 힘찬 소리를 좋아했다.

그는 숨가쁘게 돌아가는 금융 환경을 거뜬하게 이겨냈다. 새벽 5시면 폭풍이 몰아치듯 업무를 시작했고, 잘못되면 모든 것을 잃고 잘되면 영웅의 지위로 단번에 올라갈 수 있는 위험한 결정의 방아쇠를 당기는 일에서 쾌감을 느꼈다. 어지간한 자신감과 허세를 가지고서는 매일 그렇게 큰 위험을 감수할 수 없을 것이다. 하지만 그는 계산된 위험을 감수하면서 증폭되는 아드레날린 분출을 즐기는 사람이었다.

그런데 그 펀드 매니저는 한 가지 중요한 점에서 금융계의 다른 트레이더와 달랐다. 잘 알려졌다시피 월가의 트레이더들은 밤낮을 가리지 않고 일했지만돈은 결코 잠들지 않는다' 그는 특이하게도 정반대의 원칙을 고수했다. 그는 집에 있을 때는 투자 결정을 내리지 않았다. 이렇게 행동한 이유는 휴식이나 긴장을 푸는 것을 중요시했기 때문이 아니라, 그의 날카로운 전략적 지혜와 관련이 컸다.

금융계에서 오랫동안 일한 후에야, 그는 자신 안에 또 다른 자신이 존재함을 깨달았다. 회사에서 그는 독불장군이었지만 집에서는 사랑스러운 아내와 어린 자녀들, 귀여운 강아지와 함께하는 가정적인 남자였다. 그는 가족이라는 테두리에 있을 때는 사무실에 있을 때보다 훨씬 조심스러운 태도로 투자 결정을 내렸다. 사무실에서는 위험해도 감당이 가능하다고 생각된 투자 기회가 집에서는 훨씬 위험한 투자로 보였던 것이다. 펀드 매니저라는 직업을 성공하려면 당연히 큰 위험을 감수해야 하는 데도, 그의 안에 있는 '부모'는 그런 위험을 감수하려 들지 않았다.

이 펀드 매니저는 인간 본성의 다면성에 대한 중요한 무언가를 이해하고 있었다. 그는 각각의 사회적 상황마다 다른 부분자아가 활성화된다는 사실을 이해했다. 이런 깨달음은 단순히 투자 결정에만 영향을 미치지 않는다. 우리의 마음을 병들게 하는, 비합리적이라고 여겨지는 인지 편향을 이해할 때도 이런 깨달음은 중요한 의미를 지닌다.

손실 회피 뒤집기

이익보다는 손실에 더 큰 무게를 두는 성향인 손실 회피 경향을 다른 각도에서 다시 바라보자.

대표적인 비합리적 인지 편향으로 알려진 손실 회피는 행동경제학자들이 처음 발견했다. 손실 회피는 인간의 합리성과 수식으로 중무장한 전통경제학자들의 머리에 많은 생채기를 낸 연구 결과 중 하나다. 전통경제학의 합리성 관점에서 보면 손실 회피는 수학적으로 말이 되지 않는다. 100달러는 100달러의 가치만 있다. 들어오는 돈이든 나가는 돈이든 그 가치는 바뀌지 않는다. 그러나 심리적 차원에서 보면 인간은 동일한 금액일 경우 이득보다는 손실에 마음이 더 크게 움직인다.

진화론적 관점은 손실 회피 같은 당혹스러운 현상에 대해 두 가지 통찰을 제시한다.

첫째, 인지 편향이나 행동 편향 대부분은 진화적으로 더 깊은 기능을 지닌다. 지구상에 존재하는 모든 인간만이 아니라 다른 영장류들토큰을 동전처럼 사용해 사과 조각을 구입하는 꼬리감는원숭이들처럼도 비이성적으로 보이는 손실 회피 편향에 지배된다는 사실을 기억하자.

진화라는 시각에서 바라보면 손실 회피 편향은 비이성적 행동이 아니다. 과거 우리 조상들이 몇 가지 아주 중요한 진화적 도전을 해결할 때 오히려 도움되는 행동이었을지도 모르기 때문이다. 예를 들어 손실 회피는 위험에서 스스로를 보호해야 한다는 진화적 문제를 해결하기 위한 적응 행동일 수도 있다. 위험이 다가온다 싶으면 우리 조상들은 목숨을 지키고 팔다리를 온전히 유지하기 위해서라도 손실을 미리 피하는 것이 훨씬 나은 선택이었을 수도 있다.

둘째, 특정 편향의 적응 기능을 이해함으로써 우리는 그 편향이 어느 순간에 강해지고, 어느 순간에 약해지는지 한결 쉽게 예측할 수 있다. 이 두 번째 통찰을 들이미는 순간, 인간의 기호가 항구적이라는 전통경제학의 대전제는 조금씩 무너진다.

전통경제학에 따르면 인간은 상황이 어떻게 변하든 매번 똑같이 행동한다. 지금 이 순간에 손실 회피 편향을 보인다면 한 시간 후에도, 내일도, 다음 날에도 똑같이 손실을 회피할 것이다. 어떤 학자는 심지어 손실 회피 편향이 얼마나 변함없이 유지되는지 정확한 수치를 제시하기도 했다. 그의 말에 따르면 인간은 금액이 똑같을 경우 손실 발생이 심리에 미치는 영향은 이득이 발생했을 때보다 2.75배나 더 높다고 한다.

하지만 부분자아의 개념을 대입하면 상황에 따라 인간이 어떻게 행동할 것인지 예측하는 방식도 완전히 달라진다. 우리는 그때그때 다른 부분자아의 지휘를 받기 때문에, 한 방향으로만 고정된 똑같은 결정을 내리는 대신에 언제라도 다른 결정을 내릴 수 있다.

손실 회피 같은 특정 편향이 적응 행동이 된 이유가 조상들이 특정한 문제를 해결하기 위해서였다면, 지금 이 순간 당신에게 가장 중요한 진화적 목표가 무엇인지에 따라 인지 편향이 강해질 수도 있고 약해질 수도 있다. 따라서 인간은 어떤 상황에서는 손실 회피 편향에 크게 지배되다가도 어떤 상황에서는 전혀 그렇지 않을 수 있다.

우리는 제시카 라이와 스티브 누버그와 함께 이런 가정을 시험하기 위해 일련의 실험을 시작했다. 손실 회피를 입증하는 과거의 연구들과 마찬가지로 우리도 피험자들에게 100달러 이득을 봤을 때와 100달러 손해를 봤을 때, 어떤 기분이 들지 질문했다. 하지만 다른 실험들과 달리, 질문에 대답하기 전에 자기보호나 짝 획득 부분자아를 활성화시키는 짧은 이야기 하나를 읽게 했다.

자기보호 부분자아를 활성화시키는 이야기에서는 한밤중에 집에 혼자 있는 장면이 나온다. 창밖에서 수상한 소리가 들린다. 처음에는 바람 때문에 나는 소리인 줄 알았는데, 가만히 들어보니 누군가 집에 침입한 소리다. 소리쳐 도움을 청하지만 아무도 달려오지 않고 곧 침실 바로 밖에서 발소리가 들린다. 전화기를 들어 경찰에 신고하려 하지만 선이 끊어져 있다. 이윽고 침입자가 킬킬 웃고는 방문 손잡이를 돌리는 소리가 난다. 그의 그림자가 입구에 음산하게 드리워진다. 이야기는 여기서 끝난다.

짝 획득 부분자아를 활성화시키는 이야기에서는 먼 곳으로 휴가를 떠나는 장면이 나온다. 그곳에서 누군가를 만나 첫눈에 반한다. 당신만 그 사람에게 반한 것이 아니라 그도 당신에게 거부할 수 없는 매력을 느끼고, 두 사람은 이런저런 구실을 만들어 계속 많은 시간을 함께 보낸다. 둘의 감정이 점점 로맨틱해지고 뜨거운 키스를 나눈다. 이야기는 여기서 끝난다.

휴가 이야기를 읽은 피험자들은 로맨틱한 분위기에 젖었고 심지어 성적 흥분을 느끼는 사람도 있었다. 반면 괴한이 침입하는 이야기를 읽은 피험자들은 무시무시한 두려움을 경험했다. 두려움이 지배할 때와 연애 감정이 지배할 때, 손실 회피 편향은 얼마나 영향을 받을까?

자기보호 부분자아가 활성화된 사람들은 평소보다도 손실 회피를 훨씬 강하게 보였다. 그들 모두 이득보다 손실을 훨씬 확대해서 생각했다. 손실 회피가 생존과 관련된 도전을 해결하기 위한 조상들의 적응 행동이었다는 점을 감안하면 납득이 가는 연구 결과다. 사방이 위험 천지일 때는 모든 것이 조심스럽고 걱정스럽다. 우리 내부의 야경꾼은 그 어느 때보다도 안간힘을 쓴다. 이렇듯 자기보호 심리가 강할 때는 같은 액수의 손실도 훨씬 크게 느껴진다.

하지만 반대로 짝 획득의 부분자아가 지배할 때는 결과가 크게 달라졌다. 사실 **짝 획득 부분자아가 운전대를 잡을 때는 손실 회피가 사라지는 수준에 그치지 않았다. 남자들은 아예 정반대가 되어 손실을 의식하지 않았고, 이득의 중요성을 크게 부풀렸다.**

짝을 유혹하려는 마음이 커진 남자들은 손실보다는 이득을 훨씬 크게 느꼈다. 왜 그럴까?

동물의 왕국에서 짝을 획득하지 못한 포유류 수컷들은 자신의 유전자를 후대에 전하지 못할 수도 있다. 젊은 스노보더들은 젊고 예쁜 여성이 묘기를 구경할 때는 조심성 따위는 저 멀리 던져 버린다. 짝짓기 세계에서는 잠재적 이득이 커 보이기 마련이다. 지나치게 몸을 사린 남자 조상들은 진화의 가장 중요한 단계에서 실패했다.

지금까지 여러 편향은 변함없이 일정한 수준을 유지한다고 간주했다. 그러나 손실 회피를 비롯해 많은 편향은 상황에 따라 크게 증폭될 수도 있고 꺼질 수도 있다. 심지어 반대로 뒤집힐 수도 있다. 이런 변화는 임의적 현상도, 비이성적 현상도 아니다. 그보다는 우리 내부 깊숙한 곳에서 이성적 부분자아가 움직이고 있음을 보여준다.

어떤 부분자아는 손실을 피하고자 한다. 위험으로부터 스스로를 보호할 방법을 모색하는 우리 내부의 야경꾼이 그 예다. 반대로 짝 찾기에 여념이 없는 자유로운 독신의 부분자아는 손실을 두려워하지 않는다. 어떤 사람이 손실 회피 편향을 보일지 아닐지 예측하려면, 일단은 7개의 부분자아 중 어떤 것이 현재 그의 머리를 지배하고 있는지부터 파악해야 한다.

마틴 루터 킹은 정말 위선자일까?

마틴 루터 킹 2세는 이 상황, 저 상황마다 다른 행동과 태도를 보였다. 그가 위선자였기 때문인가, 아니면 그의 진짜 이성적인 자아가 고장나 있었기 때문일까? 당신이 매번 완벽하게 일관된 행동을 보이지 못하는 이유는 당신이 위선자이기 때문일까?

여러 개의 부분자아가 존재한다는 개념은 우리가 '위선'이라고 부르는 것에, 눈에 보이는 이상으로 많은 의미가 존재한다는 사실을 암시한다. 우리 안에 정말로 여러 사람이 들어 있다면 위선이라는 말에 놀랄 필요가 없다. 핼러윈 파티에서 변장에 맞게 행동하는 것처럼, 부분자아도 때와 장소에 따라 다른 역할을 맡는 것으로 생각하고 싶을 수도 있지만 그렇지 않다. 우리는 가끔 자기가 아닌 다른 사람인 양 행세할 때가 있다.

그러나 부분자아는 행세나 역할이 아니다. 역할 게임은 무대에서 내려오거나 가면을 벗은 다음에는 '진짜' 당신이 하나뿐이라고 가정한다. 그러나 당신이라는 사람 안에 여러 개의 부분자아가 존재한다고 생각하면 당신은 신기루에 불과하다.

단 하나의 자신만 존재한다는 생각은 지나치게 합리화하려는 의식이 만들어낸 허상에 불과하다. **부분자아의 개념은 진짜 당신은 하나가 아닌 여럿임을 의미한다. 친구와 있을 때의 당신, 데이트할 때의 당신, 가족과 있을 때의 당신, 승진을 갈망할 때의 당신 말이다. 이 모두가 다 똑같이 진짜 당신이다.**

어떤 부분자아들은 목표가 일치한다. 이를테면 이웃과 친하게 지내는 것은 친애, 자기보호, 친족 보살핌 부분자아의 목표 달성에 동시에 도움을 준다. 그러나 어떤 부분자아들은 목표가 대립하기 때문에 당신을 상반된 방향으로 이끌려고 한다. 또한 주도권을 잡은 부분자아는 현재 휴면 중인 다른 부분자아들이 무엇을 원하는지는 별로 신경쓰지 않는다.

자기보호 부분자아는 사람들이 많이 가고 불이 환하게 켜진 레스토랑에서 식사하라고 당신을 이끈다. 하지만 이 자기보호 부분자아는 지금 휴식 중인 짝 획득 부분자아가 몇 블록 아래 어둡지만 호젓한 거리에 있는 작고 독특한 레스토랑에 가보고 싶어 할지도 모른다는 점은 아랑곳하지 않는다. 자기보호 부분자아는 칼을 든 치한 무리가 갑자기 불쑥 튀어나올 수도 있다고만 생각할 뿐, 낭만적인 데이트 장소라고는 생각조차 하지 않는다.

짝 획득 부분자아와 짝 유지 부분자아는 특히나 자주 충돌을 일으킨다. 짝 유지 부분자아가 결혼반지를 끼고 영원한 정절을 맹세한다고 해서, 짝 획득 부분자아까지 그런 정절 서약을 받아들일지는 미지수다. 킹은 이 두 부분자아의 힘겨루기를 보여주는 좋은 예였다.

높은 지위에 있는 성공한 남성이 집을 떠나 아름다운 여성들에게 둘러싸인다. 그의 내부에 있던 좋은 배우자는 휴가를 떠나고 대신 자유분방한 독신이 성큼 튀어나와 운전대를 잡는다. 그리고 이 짝 획득 부분자아는 나중에 어떤 반응을 보일지, 그 순간만큼은 신경쓰지 않는다.

물론 복수의 부분자아는 비도덕적 행동을 정당화하는 구실이 되지 못한다. 그러나 우리 인간이 왜 자주 위선자처럼 행동하는지 그 이유를 설명해준다. 우리는 몸은 하나지만 뇌는 태어날 때부터 분열되어 있다. 자유분방한 짝 획득 부분자아가 저지른 행동으로 인해, 훗날 다른 부분자아들이 혹독한 대가를 치르는 경우도 많다. 가령 새로 사귄 섹스 파트너가 버림받았다는 생각에 기자 회견이라도 열면 보통 일이 아니다.

하지만 앞에 나온 손실 회피 뒤집기 연구에서도 드러나듯, 남자의 짝 획득 부분자아는 눈앞에 이득진화적이 보일 때는 잠재적 손실을 가늠할 능력이 별로 뛰어나지 않은 편이다.

• Chapter 2 •

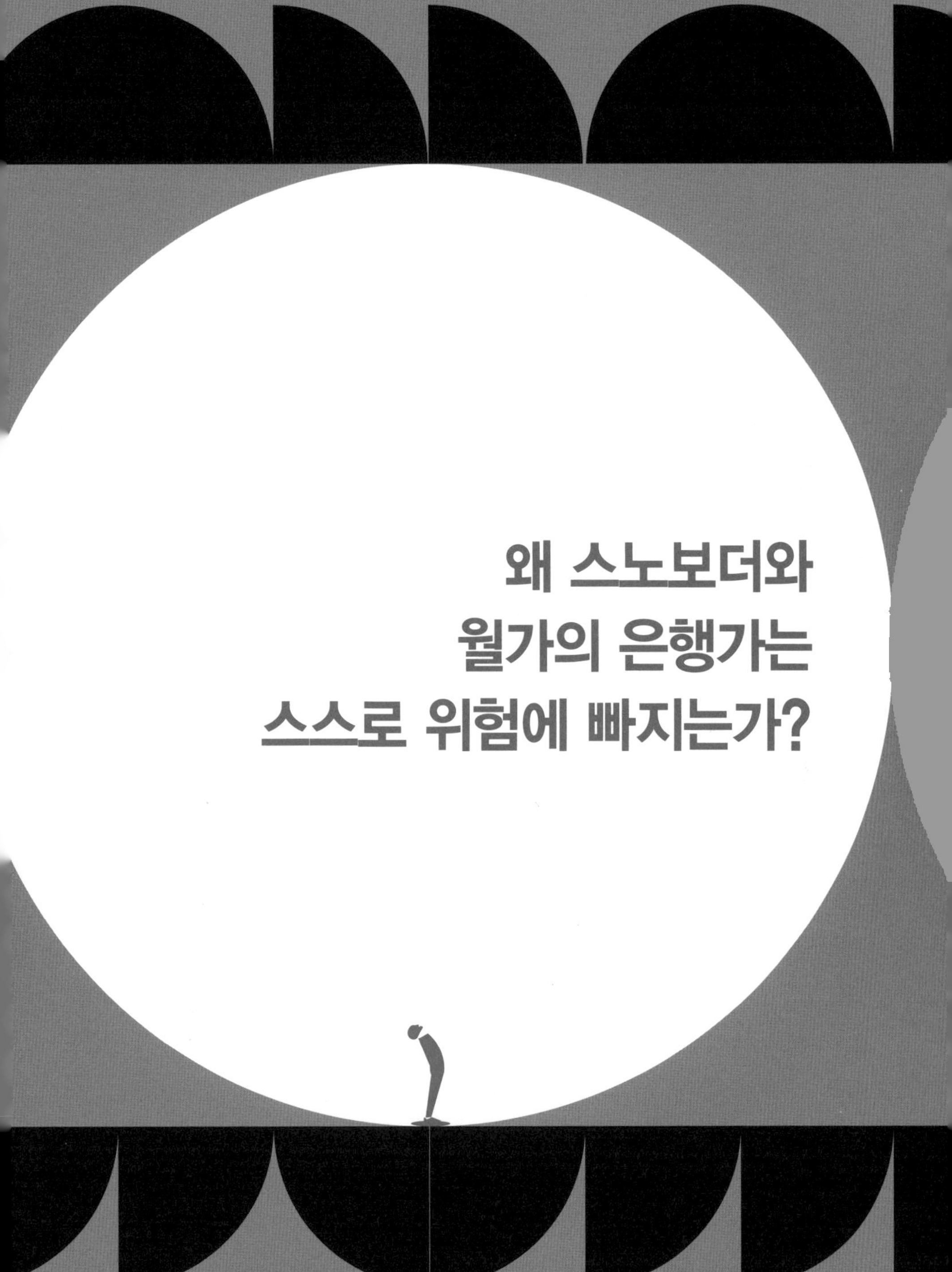

왜 스노보더와
월가의 은행가는
스스로 위험에 빠지는가?

조셉 패트릭 케네디는 '**합리적 경제인**Rational economic man'의 빛나는 모범이었다. 25세에 미국의 최연소 은행장이 된 케네디는 한 기자에게 "35세에는 백만장자가 될 생각이다."라고 호언장담했다. 1인당 연평균 소득이 1,000달러에 간신히 진입하고, 빵 한 덩어리 가격이 9센트밖에 되지 않는 1915년에는 얼토당토않은 생각이었다.

그러나 케네디는 이 원대한 야심을 훌륭히 완수했다. 그는 월가에서 트레이딩하면서 1922년에 단 한 번의 거래로 65만 달러나 되는 차익을 올렸다. 행운은 심지어 주식 시장이 최악의 폭락을 기록한 대공황 때도 멈추지 않았다. 그는 폭락 직전에 가지고 있던 주식을 다 팔아 버렸다.

케네디의 타이밍 감각은 1933년에도 기막히게 맞아떨어졌다. 그는 금주법이 끝나기 직전에 위스키 회사인 듀어와 괜찮은 조건에 주류 수입 계약을 맺었고, 할리우드 영화 산업이 전성기에 들어설 무렵에는 RKO 영화사를 공동으로 차렸다. 그의 재산은 8,000만 달러 이상으로 불어났다.

사생활에서도 케네디는 '**합리적 자기 이익**Rational self-interest'을 유감없이 추구했다. 아름다운 은막의 스타 글로리아 스완슨과 혼외 관계를 유지하다가, 그녀의 영화가 예산을 크게 초과하자 즉시 그녀를 버렸고 뒷감당까지 다 떠넘겼다. 말년에 이르러서는 돈에서 정치권력으로 관심을 옮겼다. 그는 주영 미국 대사에 임명되었고, 자신의 장남을 미국의 대통령으로 만들겠다는 계획을 세웠다.

그러나 이 특별한 아일랜드계 미국인이 누린 행운은 후대까지 전해지지 못했다. 케네디가 미국의 대통령에 앉히고자 했던 잘생기고 매력적인 장남 조셉 2세는 제2차 세계대전에서 폭격 작전을 수행하는 중에 전사했다. 그의 나이 겨우 29세였다.

케네디의 아름다운 딸 캐슬린 애그니스는 데본셔 공작의 후계자인 윌리엄 캐번디시와 결혼했을 때만 해도 모든 것을 다 가진 듯 보였다. 하지만 결혼 후 4개월 만에 캐번디시가 교전 중 전사하면서 캐슬린 애그니스는 미망인이 되었다. 그리고 그녀 역시 1948년에 비행기 추락 사고로 죽었다.

케네디의 차남 존은 정말 대통령이 되었지만, 모두가 알다시피

1963년 11월 22일 댈러스에서 암살당했다. 셋째 아들 로버트는 1968년 대통령 선거 유세 중 총에 맞아 암살당했다. 막내아들 테디에드워드는 1969년 자동차를 몰고 가다가 채퍼퀴딕 섬의 다리 아래로 추락했다. 테디는 간신히 목숨을 건졌지만 동승했던 메리 조 코페크네는 익사했다.

다음 세대 케네디가의 운명은 더욱 비극적이었다. 1984년 조셉 케네디의 손자이며 로버트 케네디의 아들인 데이비드가 마이애미의 한 호텔에서 약물 과용으로 사망했다. 데이비드의 동생 마이클은 1997년에 스키 사고로 죽었다. 1999년에는 존 F. 케네디 2세가 비행기를 직접 몰고 가다가 롱아일랜드의 차가운 밤바다로 추락하면서 비극적으로 생을 마감했다.

이쯤 되면 귓가에 으스스한 파이프오르간 음악이 울려 퍼지는 듯한 착각마저 든다. 오죽하면 전직 〈뉴욕 타임스〉 기자가 《케네디가의 저주》라는 제목으로 책을 발표했을 정도였다.

조셉 케네디는 평생 동안 내리는 결정마다 행운이 따랐다. 하지만 왜 그의 후손들은 마치 자석에 이끌리듯 불운한 선택을 했을까? 또한 케네디가의 불가사의는 훨씬 광범위한 질문을 이끌어낸다.

'인간의 결정은 이성적인가, 비이성적인가?'

이 질문에는 전문가들마다 답이 극명하게 엇갈린다. 어떤 이들은 인간이 굉장히 이성적인 선택을 한다고 주장한다. 반면 어떤 이들은 인간이 자주 비이성적인 선택을 하며, 가끔은 심각할 정도로 어리석은 결정을 내린다고 주장한다.

하지만 우리는 새롭게 등장하는 과학적 증거를 바탕으로 제3의 견해를 제시하려 한다. 이 과학적 증거는 인간의 행동을 다른 동물의 왕국에서 벌어지는 일들과 결부시킨다. **인간의 결정은 겉보기에는 대단히 어리석다. 그러나 표면 아래로 깊숙이 파고들면, 인간은 대단히 이성적인 결정을 내릴 때가 많다.**

인간의 속을 꿰뚫어 보려면 인간의 정신에 대한 기존의 사고방식을 완전히 바꿔야 한다. 우리가 던져야 할 질문은 인간의 정신이 주식 투자나 우수한 SAT 성적 같은 현대의 문제들을 잘 해결할 수 있는지가 아니다.

우리는 다른 질문을 던져야 한다.

"인간의 정신은 지난 수십만 년 동안 우리의 선조들이 부딪쳤던 중요한 문제들을 능숙하게 처리할 능력이 있는가?"

시야각視野角을 넓혀 '진화'라는 렌즈로 현대의 행동을 관찰하면, 새로운 시각에서 인간의 선택 방식을 조망할 수 있다. 이 새로운 사고방식은 합리성에 대한 기존의 인식을 바꾼다. 또한 케네디 일가를 비롯해 우리의 동료, 우리의 가족, 우리의 주식중개인이 내리는 비이성적 결정 뒤에 깜짝 놀랄 지혜가 숨어 있음을 보여준다.

케네디가의 행운과 불운을 좀 더 자세히 살펴보면 우리 자신뿐 아니라 친구와 이웃들, 인간 본성의 특징에 대한 근원적 사실들을 알게 된다. 각기 다른 세 분야 과학자들의 눈을 통해 조셉 케네디의 선택과 그의 후손들이 내린 선택을 살펴보자.

합리적 인간, 이콘

×

케네디가의 행운과 불운에 대한 해석 한 가지는, 인간의 합리성을 전제로 지난 100년 동안 의사결정 학문을 지배해온 고전경제학의 견해를 바탕으로 한다. 경영학이나 경제학 수업을 한 번이라도 들었거나 금융 관련 기사들을 꼼꼼히 읽었다면, 이런 견해가 전혀 낯설지 않을 것이다.

영화 〈월스트리트〉는 인간이 합리적이라는 시각을 희화적으로 묘사한다. 이 영화에서 마이클 더글라스가 맡은 고든 게코는 "탐욕은 좋은 것이다!"라고 말했다. 또 제임스 스페이더가 맡은 거액 투자자 로저 반스는 "그게 나한테 무슨 득이 있지?"라는 고전적인 질문을 던졌다.

인간의 합리성을 전제하는 경제학자들은 경제 주체인 인간 모두가 이성적인 판단을 내린다고 생각한다. 이런 경제학자들을 조금 더 알고 싶으면 말쑥한 양복을 입고 컴퓨터 앞에 앉아 있는 연구원들을 떠올려보자.

그들의 머리 위에서는 주식 시세표가 깜빡거리고 산더미 같은 데이터가 쏟아져 나온다. 합리성을 전제하는 이 전형적인 경제학자들은 빠른 속도로 숫자를 처리하고, 종이에 수학 방정식을 적으면서, 틈틈이 트리플 에스프레소를 마신다.

물론 실제 세계에서 이들은 하고 다니는 차림도 제각기 다르고, 전부 양복을 빼입고 월가에서 일하지도 않는다. 그러나 이들에게는 인간의 선택을 '**합리적 자기 이익**'이라는 관점에서 분석한다는 공통점이 있다.

전통경제학의 견해에 따르면 장남이나 차남을 대통령 선거에 출마시키는 것이든, 주류를 수입하는 것이든, 쇼 비즈니스에 진출하는 것이든, 아니면 할리우드의 신인 여배우와 염문을 뿌린 후에 그 여배우를 버리는 것이든 상관없이 **인간의 모든 선택은 결국 '이게 내게 무슨 득이 있는가?'라는 질문으로 귀결된다.**

전통경제학의 가정대로라면 인간은 경제학이 말하는 이상적 존재인 '이콘Econ'처럼 합리적으로 결정을 내린다.

평범한 사람도 조셉 케네디나 고든 게코처럼 어떤 선택이 자신의 이익에 가장 득이 되는지 판단할 능력이 있다. 조셉 케네디가 대공황 직전에 가진 주식을 다 팔기로 한 것이나 글로리아 스완슨과의 관계를 끝내기로 결정한 것처럼, 우리는 입수할 수 있는 정보를 최대한 활용해 최선을 선택한다.

물론 미래를 확실히 예측할 수는 없으며, 예기치 못한 임의의 사건은 언제라도 일어날 수 있다. 임의의 사건이 여러 번 발생하면 통계적 평균에 다다를지라도, 주식 시장 폭락이나 비행기 충돌처럼 이성적인 판단으로 내린 선택이 큰 불행을 불러오는 경우도 있다.

합리성의 경제학 시각에서 보면 케네디가의 2대와 3대에 연달아 일어난 비극적 죽음은 불가사의한 저주라기보다는 운 나쁜 도박의 연속에 가깝다. 그건 마법이 아니라 임의의 불행한 사건들이었다.

비합리적 인간, 천성적 결함

×

케네디가의 재앙을 완전히 다른 시각에서 보는 해석도 있다. 어쩌면 조셉 케네디의 후손들은 불운이 아니라 잘못된 판단이라는 저주에 걸렸을지도 모른다. 〈뉴욕 타임스〉 칼럼니스트인 샌디 그래디는 이렇게 주장했다.

"케네디가의 저주는 만용으로까지 발전한 그들의 마초 코드에서 비롯된다."

첫 번째 비극적 죽음인 조셉 케네디 2세는 이런 주장에 딱 들어맞는다. 그는 그전에도 폭격 작전을 여러 번 수행했기 때문에 제대할 자격이 충분했다. 그런데도 철통 방어를 하고 있는 독일군 포격 기지를 향해 전투기에 폭탄을 한가득 싣고 날아가겠다고 자원했다.

이런 경솔한 판단력은 조셉 케네디의 손자인 마이클의 죽음에서도 드러난다. 그는 스키를 타고 산비탈을 빠른 속도로 내려오다 나무와 충돌해 죽었다. 그리고 조셉 케네디의 막내아들 테디가 차를 타고 가다 채퍼퀴딕 섬의 다리 아래로 추락한 사건은 당시 밤늦게까지 파티를 즐기다 돌아오는 길이었다. 그가 직접 차를 몰았다는 점으로 미루어 볼 때 우연히 발생한 불운한 사건으로 치부하기는 어렵다.

케네디가의 저주를 경솔한 판단력으로 풀이하는 가설은 현재 의사결정과 관련해 가장 큰 지지를 얻고 있는, '인간은 자주 비이성적이고 잘못된 판단과 결정을 내린다'는 견해에 딱 들어맞는다.

예를 들어 다음과 같은 상황을 가정해보자.

A는 영화관에서 줄을 서서 기다리는 중이다. 그의 차례가 되어 매표소 앞으로 갔더니, 100만 번째 관객이므로 상금 100달러를 타게 되었다는 말을 듣는다.
B는 다른 영화관에서 줄을 서서 기다리는 중이다. B의 바로 앞에 서 있던 남자가 100만 번째 관객에 당첨되어 상금 1,000달러를 탄다. B는 100만 번째 바로 다음 관객이어서 150달러의 상금을 받는다.

당신이라면 A와 B 중 누가 되고 싶은가? 당연히 B가 되고 싶을 것이다.

인간의 합리성을 전제하는 경제학자들은 A보다 B가 상금을 50달러나 더 받으므로, 이성적인 사람이라면 B를 선택할 것이라고 가정한다. 그러나 실제로 대다수 사람은 50달러의 추가 당첨금을 포기하더라도 A를 고르는 비이성적 선택을 한다. 단지 1,000달러의 상금을 아깝게 놓쳤다는 찝찝한 감정을 피하기 위해서다.

이처럼 이득보다는 손실에 비중을 더 크게 두는 인간의 비합리적 편향을 '**손실 회피**Loss aversion'라고 한다. 손실 회피 편향을 발견한 사람은 행동경제학의 선구자이자 노벨 경제학상 수상자인 대니얼 카너먼과 그의 동료 아모스 트버스키다.

행동경제학은 경제학과 실험심리학을 결합한다. 행동경제학자들은 엄밀함을 중시하는 과학자들로, 실험실에서 인간 행동에 대한 실험을 수행한다. 그들은 엄밀함을 중시하기는 해도 유머 감각과 다정함도 갖고 있다. 그들은 인간의 결함을 파헤치고 집중 연구한 다음, 인간에게 공통으로 존재하는 비합리성을 목격하고 너털웃음을 터뜨린다.

행동경제학자가 보기에 우리의 뇌는 결함 천지인 기계 장치다. 이들이 바라보는 인간의 정신은 실린더 세 개로 돌아가는 엔진에, 항법 장치는 나침판이 전부고, 녹까지 잔뜩 슬어서 움직이는 게 신기할 정도인 80년대식 유고Yugo와 비슷하다.

합리성을 당연시하는 전통경제학자들의 기대와 달리, 행동경제학자들은 무수한 연구를 통해 우리의 뇌는 논리적 선택을 할 능력이 없음을 입증했다. 인간은 이성적 판단을 내리고 싶어 하지만, 실제 세계의 평범한 우리는 일상의 선택에서 전통경제학이 말하는 합리적이고 냉엄한 원칙을 전혀 따르지 못한다.

우리 인간의 정신적 결함을 드러내는 책과 과학 논문은 도서관 전체를 채울 정도로 많다. 위키피디아에서 '**인지 편향**Cognitive biases' 목록을 검색하면 지금까지 밝혀진 97개의 편향 목록이 뜬다. 고장난 유고 자동차 안에서 견인차가 오기를 기다리는 동안 기분 전환을 위해 재미있는 편향 몇 가지를 배워보기로 하자.

'도박사의 오류 Gambler's fallacy**'는 과거의 독립된 사건들이 미래의 확률에 영향을 미친다고 착각하는 것이다.** 한 예로 동전던지기를 다섯 번 했는데 연달아 앞면이 나오면, 다음 번에는 뒷면이 나올 확률이 대단히 높다고 생각하는 것이 도박사의 오류다. 물론 잘못된 생각이다. 앞서 어떤 면이 나왔든 간에 다음 번 동전 던지기에서 앞면이나 뒷면이 나올 확률은 똑같이 50 대 50이기 때문이다.

존 어빙의 소설 《가아프가 본 세상》의 주인공 가아프가 보이는 행동도 바로 도박사의 오류다. 그는 어떤 집에 경비행기가 추락한 것을 보고서 곧바로 그 집을 구입한다. 비행기가 다시 그 집으로 떨어질 일은 없을 거라는 이유에서였다. 또 연달아 자매를 낳은 후 셋째를 임신한 여자를 보면서, 많은 사람이 다음 번 아기는 아들일 '확률'이 높다고 확신하는 것도 역시 도박사의 오류에 해당한다.

'사후 확증 편향Hindsight bias'은 새로운 정보를 보면 "원래 알고 있었어."라고 반응하는 오류를 말한다. 대통령 선거가 시작되기 전에 사람들은 자신이 지지하는 후보의 승리를 어느 정도 자신한다. 그리고 몇 달 후 경쟁 후보자가 당선되면, 자신의 지지자가 질 줄 알았다고 말한다!

또한 우리의 뇌에는 **'클러스터 착각Clustering illusion'**과 같은 편향들이 무수히 존재한다. **클러스터 착각이란 아무 관계없이 임의로 연속해서 발생했을 뿐인 동일한 사건들 속에서, 패턴을 찾는 행동을 말한다.** 예를 들어 사람들은 타자가 3타석 연속으로 안타를 치면, 그가 다음 타석에서도 안타를 칠 것이라고 확신한다. 통계적으로는 아무 연관 없이 임의로 이어진 행운의 연속에 불과할지라도 말이다.

집에서 한 가지 실험을 해보자. 동전을 스무 번 던지고 앞면과 뒷면이 나온 횟수를 기록한 다음, 친구에게 패턴을 읽을 수 있느냐고 물어보자. 그 친구가 남들과 다를 바 없다면 아마 임의적 결과임에도 불구하고 동전 던지기에서 뭔가 유의미한 패턴을 읽어내려 할 것이다.

도박사의 오류, 사후 확증 편향, 클러스터 착각은 '비합리성'이라는 빙산의 일각에 불과하다. 기저율 오류Baserate fallacy, 허구적 일치성 효과

False-Consensus illusion, 결합 오류Conjunction fallacy, 바넘 효과Barnum effect, 가확실성 효과Pseudocertainty effect, 궁극적 귀인 착오Ultimate-Attribution error, 타조 효과Ostrich effect 등 지금까지 정의된 인지 편향만 해도 90개가 넘는다.

이런 정신의 오류를 바탕으로 행동경제학자들은 인간을 컴퓨터처럼 매사에 정확하고 합리적인 이콘이라고 주장하는 전통경제학의 시각을 완강히 부인한다.

행동경제학자의 관점에서 본다면 케네디가의 일원이 아니라도 얼마든지 잘못된 판단을 내릴 수 있다. 수백 건의 연구들은 인간의 선택이 얼마나 편협하고, 비이성적이고, 자기 패배적인지 입증했다. 이른바 전문가라는 사람들이 내리는 결정도 예외가 아니었다. **이런 '천성적인 결함'으로 인해 인간은 대단히 '합리적인 이콘'이 아니라 멍청하고 '아둔한 바보'처럼 굴 때가 훨씬 많다.**

심층 합리성, 동물로서의 인간

인간은 정말로 자기 이익에 전혀 득이 되지 않는 어리석은 결정을 거듭하는 허점투성이의 바보인가?

케네디 일가를 좀 더 자세히 들여다보면 그들의 선택은 그렇게 어리석지만은 않았다. 조셉 케네디 2세와 존 F. 케네디 2세의 목숨을 앗아간 두 번의 비행기 추락 사고 사이에도 여러 비극적 사건이 있었다. 하지만 케네디 가문이 저주를 받았다고 말하기는 힘들다.

테디 케네디에드워드 케네디는 미국 역사에서 네 번째로 가장 오랫동안 상원의원직을 지냈고, 2009년 77세로 죽기 직전까지 세계 정치 무대에서 막강한 영향력을 발휘했다. 그리고 다음 세대 케네디 가문의 일원들을 보면 하원의원, 부지사, 경영자, 영화제작자, 자선 사업가 등이 포함되어 있다. 이들도 많은 재산과 기회, 다른 부자들이나 유력자들과의 인맥이라는 저주를 물려받았다.

따라서 조셉 케네디의 후손들은 가끔 잘못된 판단을 내리기는 해도 전체적으로는 훌륭한 결정도 많이 내렸다고 말해야 할 것 같다.

케네디 가문의 사람들이 합리적 경제인인 이콘은 아니지만, 당연히 바보도 아니다. 이것은 우리도 마찬가지다. 우리는 가끔은 당혹스러울 정도로 미숙하고 어리석은 판단을 내리지만, 대체적으로는 상당히 괜찮은 판단을 내린다. 그리고 우리의 무책임했을지도 모르는 부모와 무지하고 투박했을지도 모르는 우리의 조상들도 충분히 훌륭한 결정을 내렸다.

그렇기에 지금 우리가 이 자리에서 그들에 대해 말할 수 있는 것이다. 먹을거리를 찾기 위해 숲을 뒤지거나 무서운 포식 동물을 걱정하는 대신에, 차분히 자리에 앉아 책을 읽고 있다는 사실이야말로 우리의 뇌가 정교하게 발달했음을 입증하는 증거다.

호모 사피엔스는 유인원 중에서 가장 성공한 일원이며, 아마도 지구상에서 가장 성공적인 종일 것이다. 인간은 대단히 강력한 뇌를 보유함으로써 놀랍도록 다양한 환경에서 번성할 수 있었다. 그런데 어쩌다가 현대의 과학은 이 행성에서 가장 창의적인 유기체를 '**비합리**

적인 바보'라고 선언하게 되었을까?

인간의 선택이 이성적인가, 비이성적인가에 대한 논쟁은 이제 결정적 한계로 인해 어려움에 봉착해 있다. 이런 논쟁들 대부분은 인간이 동물의 왕국에 속해 있다는 사실을 무시한다. 인간이 고차원적 종족이라는 사실에만 초점을 맞추고 자연에 속해 있다는 사실을 무시했기 때문에, 나무만 보고 숲은 보지 못했다.

하지만 카메라의 고정된 앵글을 벗어나 다른 영장류, 다른 포유류, 그리고 동물 왕국의 다른 모든 구성원과 호모 사피엔스의 관계를 고찰할 때 우리는 새로운 시각에서 우리 스스로를 바라볼 수 있다.

세 번째 과학자 집단인 진화심리학자들은 이 넓은 각도의 관점을 이용한다. 실험심리학, 인류학, 진화생물학을 두루 훈련받은 진화심리학자들은 큰 그림을 통해 전 세계 동물과 인간 사이의 공통점과 차이점을 관찰한다. 이들의 이미지는 카키색 셔츠 차림에, 손에는 쌍안경이 들려 있고, 끝이 너덜너덜해진 배낭 입구로는 다윈의 《종의 기원》이 비죽이 튀어나와 있는 탐험가를 상상하면 된다.

물론 모든 진화심리학자가 천편일률적으로 똑같은 모습을 하고 있는 것은 아니지만양복을 빼입고 마케팅 부서에서 일하는 사람들도 있다, 그들 모두 다윈의 이론과 상당히 많이 연결되어 있다는 공통점이 있다. 진화생물학자들이 다윈의 이론을 바탕으로 동물을 생각하듯이, 진화심리학자들도 같은 이론을 토대로 인간이라는 존재를 생각한다.

생물학자들의 가정에 따르면 모든 동물의 뇌는 진화적 성공을 최대화하도록 설계되어 있다. 이런 가정을 '**적합도**Fitness'라고 한다. 진화심리학자들은 적합도를 인간이라는 동물에 적용한다. 그렇다고 해서 인간이 매번 '이 선택이 내 생식 성공률을 어떻게 향상시키는가?'라고 의식적으로 고민한다는 뜻은 아니다.

그보다는 다른 모든 동물종과 마찬가지로 '**자연 선택**'이 현대의 인간에게 부여한 뇌는 특정 방식에 따라 결정을 내리도록 설계되어 있다. 이 특정한 방식은 조상들의 유전자가 대물림될 가능성을 꾸준히 향상시켜 줬던 방식을 말한다.

당신과 나, 그리고 케네디가 사람들이 내리는 결정에는 우리의 조상들이 실존과 교환의 문제를 성공적으로 해결하면서 수천 년 동안 발전시킨 근원적 지혜가 담겨 있다. 즉 현대인의 뇌에는 석기시대의 뇌가 담겨 있다. 그리고 이 석기시대의 뇌는 조상들의 거주 환경에 맞게 작동하도록 설계되고, 그 조상들이 자주 부딪친 문제들을 해결하기 위해 사용했던 방식 그대로 결정을 내리도록 설계되어 있다.

진화심리학자의 관점에서 보면 인간의 합리성을 전제하는 전통경제학자와 비합리성을 전제하는 행동경제학자의 주장은 일부는 맞고 일부는 틀리다. 인간은 선택을 내려야 하는 순간 편향에 지배되어, 가끔 잘못된 선택을 내린다는 점에서는 행동경제학자들의 주장이 옳다. 그렇지라도 우리가 언제나 어리석은 선택을 한다고 봐서도 안 된다.

반대로 우리가 대단히 합리적이고 현명한 결정을 내린다는 점에서는 전통경제학자들의 말이 옳다. 다만 이 합리성은 전통경제학자들이 오랫동안 가정했던 것과 같은 의미의 합리성은 아니다.

손실 회피 행동은 인간의 전유물이 아니다

×

길에서 50달러를 줍는 것과 잃어버린 줄 알았던 50달러를 찾는 것, 어느 쪽이 더 강한 감정 반응을 일으킬까? 대다수 사람은 돈을 잃었을 때 느끼는 감정이 훨씬 큰 편이다. 사람들은 길을 가다 돈을 주우면 물론 기뻐하지만, 같은 액수의 돈을 잃었을 때는 훨씬 크게 당황한다. 이것이 바로 손실 회피의 개념이다. 인간은 이득이 생길 때보다는 같은 크기의 손해를 볼 때 심리적으로 더 흔들린다.

경제학자가 보기에 손실 회피는 대단히 비이성적인 편향이다. 어차피 똑같은 50달러가 들어오거나 나간 것이기 때문이다. 그렇다면 손실 회피는 정말로 어리석기만 한 편향일까?

진화의 관점에서 손실 회피를 바라보면 이야기가 달라진다. 아주 최근까지는 인간만이 손실 회피라는 비합리적인 편향의 영향을 받는다고 여겨졌다. 그러나 우리의 진화적 혈통 깊숙한 곳에 손실 회피 편향이 흐르고 있을지도 모른다는 사실이 새로운 증거를 통해 밝혀졌다.

예일 대학의 벤카트 락슈미나라야난, 키스 첸, 로리 산토스는 실험에서 꼬리감는원숭이들에게 맛있는 사과 조각을 '살 수' 있는 토큰을 나눠 줬다. 원숭이들은 경영학개론은 수강하지 않았음에도 토큰을 돈으로 사용하는 방법은 금세 익혔다.

그런 다음 연구자들은 실험 방법을 교묘하게 비틀어, 원숭이들에게 사과 조각을 살 때 두 실험자 중 하나를 선택하게 했다. 1번 실험자는 원숭이에게 항상 사과 조각 한 개를 보여준 다음, 토큰 한 개에 사과 조각 하나를 교환해줬다. 2번 실험자는 매번 두 개의 사과 조각을 보여준 다음, 토큰 한 개에 두 조각 중 한 조각만을 줬다.

토큰 하나당 사과 조각 하나이므로 경제학에서 보면 두 거래는 어차피 똑같은 거래다. 하지만 2번 실험자는 사과 조각 두 개를 보여주고 한 조각만 줬기 때문에, 원숭이들은 자신이 얻지 못하는 두 번째 사과 조각에 집중했다.

경제학에서 보면 1번 실험자와 2번 실험자는 똑같은 거래를 하고 있지만, 이와 같은 차이로 인해 원숭이들은 1번 실험자와의 거래를 크게 선호했다. 인간처럼 원숭이들도 손해본다는 느낌을 아주 싫어했다. **손실 회피 편향이 우리 조상들을 거듭 잘못된 결정을 내리게 했다면, 인간의**그리고 원숭이의 **뇌에 이 편향이 장착될 까닭이 있을까?**

아마도 아닐 것이다. 그보다는 손실 회피 편향이 대대로 적합도를 높이는 결정을 이끌었기 때문에, 우리의 뇌에 이 편향이 장착되었다고 보는 편이 맞을 것이다. 따라서 어떤 행동이 인간을 비롯해 여러 종에서 두루 발견된다면, 그 행동을 단순히 어리석은 행동으로 치부하는 대신에 적응 행동으로 가정하는 것이 더 좋은 출발선이다.

진화적 성공이라는 관점에서 보면 겉보기에 비이성적인 행동들 다수가 전혀 어리석지 않은 행동이 된다. 과거 우리의 조상들과 오늘날의 꼬리감는원숭이를 포함해 대다수 동물은 생존의 한계에 아주 가까이 내몰리며 살아야 했다.

초기 인류 문명을 연구하는 고생물학자들은 우리의 조상들에게 가뭄과 혹한기가 자주 닥쳤다는 증거를 발견했다. 언제 배를 주릴지 모르는 상태에서 살아야 한다면 식량 저장고가 조금 줄어드는 것이, 조금 늘어나는 것보다 훨씬 절실하게 느껴진다.

인류학자들이 수렵 채집과 단순 원시 농경 사회의 사람들을 연구한 결과에 따르면, 원시 부족민들의 뇌는 잉여 식량을 얻기 위한 최상의 기회를 확보하는 것보다는 식량 부족의 위험을 최대한 줄이는 선택을 내리도록 설계되어 있었다.

다시 말해 세상 어디에 살든 사람들은 자신과 가족이 먹고살기 힘든 수준으로 식량이 줄어드는 사태를 피하려는 동기가 굉장히 강하다. 만일 우리의 조상들이 손실을 피하려 하지 않고 큰 이익을 좇으면서 요행수만 바랐다면, 아마도 더 많이 잃었을 것이고 누군가의 조상이 되지도 못했을 것이다. 지금 우리가 사는 환경은 빙하기 조상들이 살았던 환경과는 다르다. 하지만 우리의 뇌는 선조들의 뇌를 그대로 물려받았다. 따라서 현대를 살아가는 인간의 행동 방식을 이해하려면 더 큰 그림을 관찰해야 한다.

진화심리학은 심리학과 경제학의 다양한 연구 결과를 인류학과 생물학의 연구 결과에 결합한다. 모든 동물종을 아우르는 더 심층적인 선택 논리를 관찰하다 보면, **인간을 포함해 모든 생물은 심층의 진화적 목표 추구에 도움되는 선택을 내리도록 맞춰져 있다는 것이 분명히 드러난다. 이것은 중요한 관점이다. 어쩌면 우리의 선택 편향, 오류, 판단 착오의 대다수는 설계상 결함이 아니라 설계상 특징일 수 있기 때문이다.**

잠재의식이 선택에 영향을 미친다

친구 하나가 5달러를 주고 트리플 초콜릿 퍼지 브라우니를 샀다고 하자. 당신이 친구에게 그걸 왜 샀느냐고 물어보자, 친구가 별 고민 없이 "배고파서."라고 대답한다. 어쩌면 그 친구는 자기가 원래 초콜릿을 좋아하며, 갓 구운 브라우니의 향긋한 냄새를 거부할 수 없었기 때문이라고 더 자세히 말할 수도 있다.

이런 식으로 행동의 원인을 설명하는 방식을 생물학 용어로는 '**근접인**Proximate cause'이라고 한다. 이 용어는 '가까움Proximity'이라는 말과 관련이 있다. 근접인은 비교적 가까이에서 우리의 감정이나 생각 등에 곧바로 영향을 미치는 요인을 가리킨다.

근접인은 중요하지만 표면적인 부분만을 말해준다. 그래서 "브라우니가 맛있다고 생각하는 가장 큰 이유가 무엇인가?"라는 더 깊숙한 물음에는 답해주지 못한다. 이 깊숙한 물음에 대한 답이 생물학자들이 말하는 '**궁극인**Ultimate cause'이다. 궁극인은 표면 아래로 파고들어, 그 순간에 특정 행동을 유발하는 요인이 아니라 그런 유발 요인들의 진화적 기능에 초점을 맞춘다.

궁극인은 특정 행동 성향이 우리 조상들에게 어떤 도움을 줬는지 질문한다. 브라우니의 경우를 예로 들면 인간의 뇌는 당분과 지방이 듬뿍 들어간 음식을 보고, 냄새를 맡고, 먹을 때마다 반짝하고 불이 켜진다. 영양가가 풍부한 음식이 귀했던 과거 조상들은 고칼로리 식품을 매력적으로 느끼는 것이 에너지 저장과 생존에 도움이 되었다.

이것이 대다수 인간이 건강에도 좋고 무지방인 저칼로리 케일보다 설탕과 지방이 잔뜩 든 브라우니에 더 끌리는 궁극인이다. 갓 구운 향긋한 냄새에 끌렸다는 것이 친구가 5달러를 주고 트리플 초콜릿 퍼지 브라우니를 산 근접인이라면, 당분과 지방이 높은 음식에 대한 선호가 진화적으로 중요한 문제인 생존을 해결하는 데 도움을 줬다는 것이 이 행동의 궁극인이다.

지금까지 경제학자들과 심리학자들은 대부분 인간 행동의 근접인에만 관심을 기울였다. 근접인에서만 따진다면 인간이 어떤 특정 행동을 하는 이유는 기분이 좋기 위해서다. 인간은 쾌락, 행복, 만족감을 경험하고 싶어 하며 반대로 고통, 슬픔, 좌절은 피하고 싶어 한다. 경제학자들은 '**효용**Utility'이 궁극인의 목표라고 말한다. 경제학자에게 개개인이 특정 행동을 하는 이유를 물을 때마다 매번 효용 때문이라고 답할 것이다.

예를 들어 내가 오스트레일리아 시드니의 한 카페에서 거금 200달러를 들여 저녁 식사를 하기로 했다고 하자. 내가 그런 결정을 내린 이유는 멋진 시드니 항구의 전경, 예술적으로 장식되어 나올 향긋한 퓨전 요리, 그리고 헌터밸리 세밀론 고급 와인 한 병에서 얻을 효용이 맥도날드에서 한 번에 10달러씩 20번 식사를 할 때 얻는 효용보다 더 크다고 생각했기 때문이다.

인간의 의사결정에 대한 학술 문헌들 대부분은 근접인을 설명하고 있다. 그러나 이야기의 나머지 절반인 행동의 궁극인에 대한 설명은 당연히 있어야 하는 데도 존재하지 않는다. **행동의 궁극적 원인은 간**

과하기 십상이다. 궁극인은 눈으로 확인하기가 어렵다. 표면 아래 중요한 뭔가가 더 존재한다는 사실조차 모를 때는 더더욱 발견하기가 힘들다.

어떤 경우는 행동의 근접인과 궁극인 사이의 관계가 쉽게 눈에 띄기도 한다. 앞서 브라우니의 예처럼 "배고파서."라고 대답한 근접인은 생존을 위한 칼로리 확보라는 궁극인의 목표와 연관성이 확연하기 때문에, 두 원인을 의식적으로 연결하기가 어렵지 않다. 그러나 대부분의 경우에 근접인과 궁극인 사이에는 이렇게 확연히 드러나는 연결고리가 없다.

새가 매년 이동하는 이유를 예로 들어보자. 근접인은 하루해가 짧아지고 있기 때문이다. 낮 길이는 새들이 여행을 시작해야 한다고 마음먹게 만드는 즉각적인 신호다. 하지만 철새 이동의 궁극인은 낮 길이와는 아무 상관이 없다. 그보다는 최상의 먹이와 짝짓기 장소가 계절에 따라 변화한다는 사실과 관련이 있다.

찌르레기는 해마다 메릴랜드 주의 볼티모어에서 콜롬비아의 보고타까지 이동하기로 결정할 때 낮 길이, 계절, 생존, 짝짓기의 관계를 굳이 의식하지 않는다. 새를 관찰하는 인간들 대부분도 찌르레기의 선택을 유발하는 근접 원인들과 이면에 존재하는 궁극적이고 진화적인 원인 사이의 관계를 당연히 인식하지 못한다.

자동차의 역사나 연소기관의 원리를 몰라도 아무 문제없이 차의 시동을 걸고 슈퍼마켓까지 몰고 갈 수 있는 것처럼, 우리가 내리는 선택이 조상의 진화적 성공과 어떤 연관이 있는지 이해하지 못해도

지금 당장 올바른 결정을 내리는 데는 별 지장이 없다. 그러나 행동의 궁극인을 의식하지 못한다고 해서, 그 궁극인이 잠재의식 속에서 우리의 선택에 영향을 미치지 않는다는 것은 아니다.

여성이 배란기에 섹시한 옷에 끌리는 이유?

한 여성이 온라인 쇼핑으로 옷을 고르고 있다. 만약 이 여성이 생리적으로 가임 확률이 높을 때라면, 평소와 다른 옷을 고를 가능성이 높아질까?

여성의 임신 가능성은 생리 주기에 좌우된다. 인간 여성의 생리 주기는 대개 4주일이며, 생리 주기 중 배란기인 약 일주일 동안 임신이 가능하다. 암컷 침팬지의 경우 엉덩이가 선홍색으로 부풀어 오르면서 배란기인 게 티가 나지만, 인간 여성은 그렇게 확연한 신호를 내보이지 않는다.

막 성인이 된 여성들 대부분은 구체적인 교육을 받지 못했거나 장비가 없으면, 자신의 배란기가 언제인지도 잘 알지 못한다. 그러나 **여성이 자신의 배란기가 언제인지 알지 못한다고 해서, 배란기가 행동에 아무 영향도 미치지 않는다고 말할 수 있을까?**

텍사스 대학의 크리스티나 듀런트 교수와 연구팀은 호르몬 피임을 하지 않는 여성들을 모집했다. 연구소에 도착한 여성들은 화장실로 가서 막대기에 소변을 묻혀 소변 검사를 받았다. 이들은 일반적인 건강 검진 차원에서 하는 검사라고 들었지만, 사실 이 소변 검사는 배란과 관련해 호르몬이 급증하는지 알아보는 것이 목적이었다.

소변 검사를 끝낸 후 배란기인 피험자들과 비배란기인 피험자들 모두, 가상의 쇼핑 사이트에서 마음껏 온라인 쇼핑을 즐겼다. 이 가상의 쇼핑 사이트에는 바지, 스커트, 셔츠, 구두, 핸드백, 지갑 등 100종류가 넘는 옷과 패션 액세서리가 갖춰져 있었다.

사실 이 상품들은 전략적으로 선별된 제품들이었다. 상품의 절반은 섹시하고 야한 스타일이었으며, 나머지는 얌전하고 점잖은 것들이었다. 실험에 참가한 여성들은 자신이 배란기인지 아닌지 몰랐다. 하지만 가임기인 여성들은 짧은 스커트, 하이힐, 살이 많이 비치는 블라우스 등 더 섹시하고 몸을 많이 드러내는 옷을 골랐다.

심지어 배란기는 여성들이 옷을 걸치고 있지 않을 때의 행동에도 영향을 미쳤다. 또 다른 연구에서 뉴멕시코 대학의 제프리 밀러, 조시 타이버, 브렌트 조던은 다소 특이한 연구 지원자들을 모집했다.

연구에 참여한 18명의 여성은 모두 '신사 클럽'에서 랩댄스Lap dance, 누드 댄서가 손님의 무릎에 앉아 추는 춤를 추는 직업 스트립 댄서였다. 이 여성들은 60일 동안 손님들에게서 받는 팁을 기록했고, 같은 기간 동안 연구진은 이들이 생리 주기 중 어느 단계인지 체크했다.

그 결과 랩댄서들이 임신 확률이 가장 낮을 때 5시간 동안 춤을 추고 받는 팁은 평균 185달러였다. 하지만 배란기일 때는 거의 두 배인 335달러를 받았다. 연구진은 배란 때문에 이 랩댄서들이 잠재의식적으로 더 섹시하게 행동했다고 추측했다. 눈에 보이지 않는 호르몬의 변화가 눈에 확연히 드러나는 경제적 결과를 낳은 것이다.

배란기인 여성에게 왜 섹시한 옷을 골랐냐고 물으면, 아마도 그 여성은 "오늘은 과감해지고 싶었거든요." "오늘은 파티 기분에 젖고 싶어서요."와 같은 근접인에 해당하는 설명을 할 것이다.

이런 답은 행동의 표면적인 이유를 이해하는 데는 도움되지만, 배란기의 여성이 왜 더 과감하게 행동하는지 그 근본적인 이유는 전혀 밝히지 못한다. 배란이 여성의 행동을 바꾸는 진짜 궁극적인 원인이 무엇인지는 겉으로 보이는 기분만으로는 설명할 수 없다.

진화의 역사를 통틀어 보면 여성의 행동이 생식적으로 최대의 결과를 낳았던 시기는 매달 한 번씩 찾아오는 짧은 배란기 동안이었다. 다른 포유류 암컷은 가임기인 배란기 동안 자손 생산의 기회를 최대한 늘리기 위해 행동을 바꾼다고 알려져 있다우리의 사촌인 침팬지의 엉덩이가 선홍색으로 부풀어오르는 것을 생각하면 된다.

배란기 여성의 호르몬도 마찬가지로 작용해 여성의 선택을 바꾸게 한다. 그녀의 선조가 배란기에 했던 가장 중요한 행동이 짝짓기였듯이, 현대의 그녀도 매달 배란기에는 짝짓기 기회를 최대한 늘리는 방향으로 선택한다.

어떤 여성이 평소보다 아름다운 드레스를 입고 유혹적으로 행동하는 이유를 근접인으로 설명한다면, 그 순간만큼은 더 과감해지고 싶었기 때문일 수 있다. 그러나 궁극인의 측면에서 따지면 배란은 여성으로 하여금 이성의 눈에 매력적으로 보일 행동을 하도록 이끈다.

다시 말해 여성은 임신 가능성이 높은 특정한 시기에는 더 대담해지고 남자에게 유혹의 눈짓도 많이 보낸다. 그런 유혹과 대담함이 그들 선조의 생식활동에 가장 이익이 되는 결과를 이끌어냈기 때문이다. 배가 고픈 사람이 브라우니를 먹는 이유와 마찬가지로 배란기 여성이 섹시한 옷을 사는 이유에서도 근접인이 아니라, 행동의 이면에 존재하는 궁극인을 파악하는 것이 중요하다.

그렇다고 해서 궁극인과 근접인이 서로 대척점에 있는 것은 아니다. 브라우니를 사는 이유가 배고파서인지근접인 아니면 당분과 지방이 많은 음식이 생존이라는 조상들의 진화적 문제 해결에 도움되어서인지궁극인 논쟁을 벌이는 것은 무의미하다. 오히려 두 가지 해석은 서로를 보완한다. 근접인은 표면에서 벌어지는 일을 설명하고, 궁극인은 더 깊숙한 진화적 차원에서 벌어지는 현상을 설명해준다.

그러면 **어떤 선택을 내리게 되는 궁극인을 탐구해야 하는 이유는 무엇일까?**

근접인만으로는 인간의 행동을 완전히 파악하지 못하기 때문이다. 경제학자들은 배란기 여성 상당수가 섹시한 옷을 사는 것을 보고서, 여성이 이 기간에는 섹시한 옷에 열광하는 것이 분명하다고 생각할지도 모른다. 그러나 이것만으로는 진짜 원인을 설명하지 못한다. 사실 대다수의 전통 과학자는 배란 주기가 여성의 구매 결정에 영향을 주는지 아닌지 조사할 필요조차 느끼지 못했을 것이다.

혹여 둘 사이의 관계를 의심했을지라도 배란기의 성적 행동을 비합리적 행동으로 치부하고 넘어갔을 공산이 크다. 겉으로만 보면 현대의 여성 쇼핑객도, 스트립 댄서도 의식적으로는 임신에 관심이 있을

리 만무하기 때문이다. 결국 진짜 원인을 이해하려면 표면 아래로 깊숙이 파고들어야 한다.

인간 행동의 저변에 깔린 궁극인을 파헤치면 어리석어 보이는 결정들을 새롭고 귀중한 시각에서 관찰할 수 있다. 행동경제학자들은 선택을 지배하는 무수한 오류, 편향, 왜곡을 식별해냈다. 그러나 그들은 목록만 잔뜩 제공했을 뿐, 인간이 실수를 저지르는 근본 원인이 무엇인지 밝혀내는 이론은 제시하지 못했다.

반면 진화심리학은 실수의 궁극적 원인을 분석하는 이론을 제시한다. 앞으로 계속 살펴보겠지만 우리는 적응 차원에서 인간의 실수를 바라봄으로써, 비이성적으로 보이는 결정 뒤에 숨은 지혜를 새롭게 조망하고자 한다. 이 지혜를 통해 우리는 사람들이 어떤 순간에, 어떤 실수를 저지르게 되는지도 미리 예측할 수 있을 것이다.

위험 추구 성향의 유전자가 번창한다

×

표면의 원인인 근접인과 심층에 자리한 진화적 원인인 궁극인이 다르다는 관점에서 케네디가의 저주를 다시 생각해보자.

케네디가의 후손들은 어리석기 짝이 없어 보이는 실수를 여러 번 저질렀다. 위험한 선택의 시작은 조셉 케네디 본인이었다. 그는 남들과 다른 위험한 방법을 선택한 덕분에 최연소 은행장이 될 수 있었다. 그는 까딱하다 가는 큰 낭패를 볼 위험을 무릅쓰고 거액의 돈을 빌려

보스턴의 강력한 은행가들에 맞서 정면 승부했다.

사실 조셉 케네디가 위험을 감수할 때마다 매번 성공한 것은 아니었다. 그 유명한 65만 달러의 차익을 올린 거래를 실행하기 몇 년 전만 해도 그는 잘못된 정보만 믿고 주식에 투자했다가, 그 주식이 반토막 나는 바람에 많은 재산을 잃었다.

또한 주류 금지법을 무시하고 각종 파티에 술을 다량 공급했으며, 금주법이 제정된 후에도 술을 대는 일을 멈추지 않았다. 훗날 논평가들은 그가 지하 세계와 모종의 결탁을 맺었을지도 모른다고 의심했다

마피아 보스였던 프랭크 코스텔로는 조셉 케네디가 합법적 사업으로 옮겨가기 전에 그와 사업 거래를 한 적이 있다고 주장했다.

조셉 케네디는 여자 문제에서도 조심성과는 거리가 멀었다. 그는 보스턴의 로마 가톨릭 사회에서 꽤 알려진 인물이었음에도 불구하고, 할리우드의 신인 배우 글로리아 스완슨을 비롯해 여러 여성과 관계를 가졌다. 그의 후손들 역시 여자와 섹스 문제에서 아슬아슬하게 행동하는 것으로 악명이 높았다.

존 F. 케네디는 알려져 있다시피 경호실 직원들을 시켜 백악관으로 여자를 몰래 들이곤 했다. 공화당 쪽이 언론에 누설한 사실에 따르면 케네디 대통령의 정부 중 하나는 마피아 보스 샘 지안카나의 친구였다. 조의 손자인 마이클 케네디는 10대의 베이비시터와 관계를 가진 후 법정 강간죄로 교도소에 갈 뻔했다. 또 다른 손자인 윌리엄 케네디 스미스는 여러 여성으로부터 성폭행으로 고소를 당했는데, 그중 한 건에 대해서는 강간죄로 기소되었다.

이처럼 위험하고 대담한 행동들은 진화생물학과 무슨 관련이 있을까? 아주 많다. 무분별해 보이는 선택의 이면에는 남자의 위험 감수와 생식 성공을 연결하는 깊은 관계가 존재한다. 어떤 사회에서든 여자들은 성공을 위해 기꺼이 모험을 거는 야망이 큰 남자에게 끌린다

여성의 심리학에 대해서는 Chapter 8에서 자세히 다룬다.

그렇다고 남자의 위험한 선택이 매번 생식 성공을 이끄는 것은 아니다. 어쨌든 위험이 높다는 것은 실패 확률도 높다는 뜻이다. 그러나 위험과 짝짓기의 관계로 보건대 남자들이 무턱대고 위험을 감수한다고 보기는 힘들다. 그보다 남자들은 자신의 행동으로 생식 기회가 높아질 것 같을 때 더 위험한 선택을 내리는 경향이 있다.

오스트레일리아 퀸즐랜드에 있는 스노보드 공원에서 심리학자인 리처드 로네이와 윌리엄 본 히펠은 96명의 젊은 남자들에게 20달러를 주면서 스노보드를 타고 기교를 보여 달라고 했다. 그러면서 쉬운 기술 하나와 평소에도 성공률이 절반 정도인 어려운 기술 한 가지를 펼쳐 달라고 부탁했다.

스노보더들이 두 가지 기술을 펼치는 모습을 남자 연구자가 촬영했다. 촬영 중반쯤, 열여덟 살 정도로 보이는 대단히 아름다운 여성이 공원에 등장했다. 그 여성이 젊은 남자들에게 매력적으로 보이는 타입인지 확인하기 위해 연구진은 다른 스무 명의 젊은이에게 그녀의 매력에 점수를 매겨 달라고 했다. 점수는 아주 높았다. 스노보더들은 점수 옆에 따로 찬사를 적기도 했고, 전화번호를 묻기도 했다.

젊고 아름다운 여성이 옆에서 바라보자 스노보더들은 기술을 몇 번

더 선보였고, 연구자들이 테스토스테론 호르몬 수치를 측정하는 데 필요한 타액 샘플도 기꺼이 제공했다. 미인이 옆에 있을 때 젊은 스노보더들은 조심스러워하는 태도를 내던졌다. 그들은 위험한 기술을 선보이다가 크게 넘어지기도 했지만, 록 밴드 데드 케네디스의 펑크 음악을 즐기는 여성이라면 정말로 감탄할 만한 대담하고 어려운 기술도 더 많이 성공시켰다.

스노보더들의 이런 과감한 행동은 위험 감수의 진화생물학에 대한 두 가지 추가적 결과를 보여준다.

첫째, 옆에서 아름다운 여성이 지켜보고 있을 때 스노보더들의 테스토스테론 수치는 저절로 올라갔다. 정맥 속의 테스토스테론 수치가 증가하면 남자들은 더 빨리 움직이고 더 과감하게 행동하는 경향이 있다. 실제로 이번 실험에서도 위험한 기교를 많이 선보인 이들은 주로 테스토스테론 수치가 가장 많이 상승한 이들이었다.

둘째, 연구진은 스노보더들의 전전두피질전두엽의 앞부분을 덮고 있는 대뇌 피질**이 얼마나 잘 기능하는지 테스트했다. 이것은 보상과 처벌을 평가할 때 뇌에서 가장 활성화되는 부분이다.** 미녀가 옆에서 보고 있을 때 이 부분을 측정한 점수가 높지 않았다는 것은, 신중한 판단을 내릴 때 활성화되는 전전두피질이 테스토스테론의 상승으로 차단되었을지도 모른다는 뜻이다.

이런 결과를 진화적으로 이해하면 다음과 같다. 미인에게 자신을 성공적으로 과시하는 남자가 그 미인을 짝으로 끌어들일 가능성도 높다. 그러나 자신을 과시하려면 조심성을 내던지고 평소 하지 않는 어리석고 위험한 행동을 기꺼이 해야 한다. 한마디로 브레이크에서 발을 떼고 최대한 세게 밟아야 한다.

스노보더들은 미녀가 보고 있다고 해서 의식적으로 더 위험하게 행동한 것은 아니었다. 그보다는 미녀가 옆에서 지켜보고 있을 때 그들 몸속의 테스토스테론이 상승했고, 선조 때부터 내려온 무의식적 기제가 작용해, 더 위험한 행동을 선택하게 되었다고 봐야 한다.

매력적인 여자가 등장했을 때처럼, 수컷 생물계는 생식 기회를 잘 포착하도록 진화를 통해 단련돼 왔다. 그럴지라도 남자의 유전자 입장에서는 눈앞에 있는 여성이 현재 가임기인지 아닌지 확실하게 알 수 있다면 더할 나위 없이 좋을 것이다. 그렇지만 대체 여성의 가임기 여부를 어떻게 확인할 수 있을까?

플로리다 대학 심리학 연구실에 근무하는 솔 밀러와 존 메이너는 블랙잭을 하는 남자들을 관찰함으로써 남성이 여성의 가임기를 알아채는 것이 가능한지 조사했다. 카지노를 가보지 않은 사람들을 위해 잠깐 설명하자면 블랙잭에서는 안전하게 게임을 할지16 이상의 숫자가 나오면 새 카드를 받는 것을 거절한다, 아니면 위험을 받아들일지새로운 카드를 받아 앞서 받은 카드와의 합이 21을 초과해 '버스트'되어 게임에 질 가능성을 감수한다 본인이 선택할 수 있다. 연구진은 피험자 남성들이 게임할 때 젊은 여자 구경꾼을 옆에 세워뒀다.

스노보더들처럼 플로리다의 갬블러들도 여자가 게임을 보고 있을 때는 위험을 더 많이 무릅썼다. 다만 전자와 달리 이번 실험에서 연구진은 연구의 수위를 조금 높였다. 며칠간 실험이 진행되는 내내 연구진은 옆에서 지켜보는 여성이 배란 주기 중 어느 단계인지를 계속 체크했다.

그녀는 매일 똑같은 옷을 입고 똑같은 행동을 했지만, 배란기일 때는 그녀가 옆에 있기만 해도 남자들의 행동이 달라졌다. 여자가 임신 가능성이 가장 높을 때 남자들은 가장 크게 위험을 무릅썼다. 남자들은 그녀가 배란기라는 것을 어떻게 알았을까?

그들은 몰랐다. 적어도 의식적으로는 전혀 몰랐다. 그러나 그들의 몸은 알아차렸다. 후속 연구에서는 배란기 여성의 티셔츠에서 나는 희미한 냄새만 맡아도 즉시 남자들의 테스토스테론 수치가 올라가는 결과가 나타났다. 이렇듯 남자의 위험 감수 생물학과 생식 성공 사이에 밀접한 관계가 존재한다.

다시 케네디가의 비극으로 넘어가보자. 위험을 사랑하는 케네디가의 성향은 가끔 잘못된 판단과 불행한 결과를 낳았고, 심지어 몇몇은 죽기도 했다. 위험에는 항상 여기에 상응하는 '**맞교환 효과**Trade-off' 가 발생한다. 큰 위험을 무릅쓰면 죽을 수도 있지만, 반대로 돈과 지위라는 큰 보상을 얻을 수도 있다.

더 깊은 측면에서 보면 케네디가 남자들의 위험 추구는 진화의 세계에서 가장 값진 통화인 '생식 성공'이라는 보상을 얻었다. 나라와 사회를 불문하고 모든 여성은 성공을 위해 기꺼이 위험을 무릅쓰는 야심이 큰 남자들에게 끌린다.

실제로 위험 추구 성향은 조셉 케네디의 후손 몇몇을 죽음으로 이끌었지만, 그의 유전자는 번창했다. 몇 세대도 지나지 않아 이 아일랜드게 미국인의 유전자는 29명의 손자와 60명이 넘는 증손자로 불어났다. 그리고 앞에서도 말했듯이 이 후손들은 가끔 위험을 즐기긴 하지만 여전히 부유하게 성공한 인생을 살고 있다.

우리의 뇌는 진화적 목표에 맞춰져 있다

×

그렇다면 인간은 이성적인가, 비이성적인가? 겉으로만 보면 인간의 선택은 대부분 어리석기 짝이 없다. 우리는 영화관의 100만 번째 관객이 되지 못해 1,000달러의 상금을 놓치고 150달러를 받느니보다는, 100만 번째 관객이 되어 100달러의 상금을 받는 쪽을 선택한다. "됐어. 차라리 50달러 덜 받고 말래."라고 말하는 것은 경제적으로 합리적인 행동이 아니다.

이렇듯 인간의 정신을 괴롭히는 수많은 피상적인 편향과 오류들을 보다 보면 인간이 합리적인 이콘이 맞는지 의문이 들고, 오히려 지성이 결여된 멍청이가 아닌지 고민하게 된다.

우리는 다른 쪽에 무게를 둔다. **우리 인간은 이콘이나 바보가 아닌 '이성의 동물'이다. 물론 우리의 의사결정은 편향의 영향을 받으며 인간은 때때로 굉장히 어리석은 결정을 내린다.**

그러나 이런 모든 편향과 판단 착오의 이면에는 선조 때부터 내려온 아주 현명한 의사결정 체계가 존재한다. **인간이 어떻게 선택하고 결정을 내리는지 이해하려면 뇌가 지금의 특정한 선택을 내리도록**

진화해온 이유가 무엇인지 탐구해야 한다. 인간의 행동을 다른 종들의 행동과 연결해보면 우리의 뇌가 선조들의 적합도를 늘려 줬던 그 방식 그대로 선택하도록 설계되어 있음을 이해하게 된다.

그러나 함정이 하나 있다! 진화적 힘이 우리의 행동을 이끈다고 해서 당신이나 나나 조셉 케네디의 후손들이 '**적합도 최대화**'라는 단 하나의 진화적 목표만을 염두에 두고 움직인다고 생각해서는 안 된다. 인간이 효용만을 추구한다는 말이 지나친 단순화이듯, 적합도만을 추구한다고 말하는 것도 지나친 단순화다.

앞으로 논하겠지만 인간의 의사결정 시스템은 다양한 진화 목표를 달성하도록 설계되어 있다. 과학자들은 인간이 여러 진화 목표를 어떻게 충족하는지 조사하는 과정에서 중요한 사실을 발견했다. 우리는 다양한 문제에 대해 해결책을 찾을 때 문제마다 다른 방식으로 결정을 내려야 하지만, 이 방법들이 가끔 서로 격렬히 충돌을 일으킨다는 사실이다.

• Chapter 3 •

왜 디즈니 형제는 다투면서도 서로를 위해 양보하는가?

100

1923년 10월 16일 월트 디즈니와 로이 올리버 디즈니는 디즈니브라더스 카툰스튜디오라는 이름의 작은 사업체를 시작했다. 월트는 작화를, 로이는 재무를 담당했다. 형제는 로버트 숙부의 차고에서 근근이 사업을 꾸려 나갔다. 10년이 넘는 기간 동안 사업은 툭하면 파산 직전까지 갔고, 부모와 친척들에게서 돈을 융통하는 일도 허다했다.

하지만 월트는 처음부터 포부가 남달랐다. 그는 최초의 유성 만화 영화를 만드는 데 돈을 아끼지 않았으며, 나중에는 수준을 훨씬 더 높여 최초의 컬러 만화 영화를 만들겠다고 선언하기도 했다. 1937년 두 사람은 최초의 장편 만화 영화 제작에 모든 것을 걸었다. 굉장히 위험한 도박이었지만 대성공을 거뒀다.

그후 75년이 넘는 세월이 지났건만 많은 이들이 이 만화 영화의 제목을 기억한다. 바로 〈백설 공주와 일곱 난쟁이〉다. 형제는 이후에도 〈피노키오〉, 〈덤보〉, 〈판타지아〉, 〈밤비〉 등 지금은 고전이 된 만화 영화를 연달아 제작하며 성공을 이어 나갔다.

디즈니 형제는 오랫동안 함께 사업하면서 몇 번이나 심각한 의견 차이로 다투곤 했다. 대부분은 이상을 중시하는 월트의 완벽주의와 부족한 금전 감각이 원인이었다. 〈백설 공주와 일곱 난쟁이〉를 제작하기 위해 월트는 수많은 애니메이터를 고용했으며, 3년이라는 엄청난 제작 기간과 150만 달러의 제작비를 투자했다대공황의 여파가 아직 사라지지 않은 1930년대에는 어마어마한 금액이었다. 심지어 제작이 다 끝난 후에도 월트는 추가로 30만 달러를 들여 마지막 수정 작업을 하려 했다. 로이는 길길이 화를 내며 그를 막았다.

하지만 잦은 의견 대립에도 불구하고 두 사람은 평생 동안 온갖 우여곡절을 함께 나눴고, 영화 산업 너머로도 사업을 확장했다. 1955년에는 디즈니랜드, 1971년에는 디즈니월드가 개장하면서 디즈니는 오늘날 세계에서 가장 거대한 미디어 복합 기업으로 성장했다.

테이프를 빨리 돌려 1984년으로 넘어가보자. 이 해에 마이클 아이스너가 디즈니의 새로운 최고경영자로 임명되었다. 월트와 로이는 이미 10여 년 전에 세상을 떠났다. 하지만 디즈니는 여전히 가족 회사 같은 분위기였다.

거대 기업으로 성장하기는 했지만 디즈니는 영화 산업에서 흔히 있는, 제작이 행해지지 않을 때의 대규모 정리해고는 한 번도 하지 않았다. 디즈니에서 일하는 것은 기업의 일원이 아니라 가족이 되는 것과 비슷했다. 심지어는 단체 소프트볼 게임을 하기 위해 매주 하루씩 날을 잡아 오후 근무를 쉬기도 했다.

2003년으로 다시 빨리 감기를 해보자. 아이스너가 CEO가 된 지 20년이 흘렀다. 미키마우스, 슬리피, 스니지, 도피를 탄생시켰으며 한때 따뜻하고 친밀했던 가족 회사는 오간 데 없이 사라지고 법적 분쟁과 경영권 싸움으로 황폐해진 전쟁터만 남았다.

로이 에드워드 디즈니는 직접 아이스너를 영입했음에도 그가 내린 결정 대부분을 공개적으로 비난했다. 아이스너도 가만히 있지 않았다. 그는 로이를 이사회에서 몰아낼 계획을 세웠다. 언론은 이 지저분한 싸움을 대대적으로 보도했다. 디즈니가 자랑하는 가족적 분위기에 깊은 흠집이 났으며, 당연한 일이지만 재무적 손실도 막대했다. 결국 CEO에서 해임된 아이스너는 분노로 얼굴을 붉히며 자리를 떠났다.

한때 아이스너와 로이는 친구 사이였다. 그런데 왜 두 사람은 회사 창업자들의 선례에 따라 서로 잘 지내려는 노력은 하지 않고, 수십억 달러를 날릴 각오를 하면서까지 서로 반목했던 것일까?

은둔자가 아닌 한, 영광스러운 성취든 고통스러운 실패든 대부분의 성패는 어떻게든 타인과 관련이 있기 마련이다. 어떤 때는 노력이 기막히게 맞아떨어져 〈백설 공주와 일곱 난쟁이〉와 같은 특별한 결과가 발생한다. 하지만 사회라는 세상에서 협상하다 보면 놀이터의 사소한 말다툼에서 수십억 달러를 건 이사회실의 분쟁에 이르기까지, 이런저런 갈등이 언제라도 발생할 수 있다.

여기서 어떤 이는 성공적인 협상가가 되지만, 어떤 이는 동료와 힘을 모을 생각조차 하지 않는다. 왜 그럴까?

합리성을 전제하는 경제학의 협상 규정집을 자세히 들여다보면 놀라운 결과가 드러난다. 가장 성공적인 팀과 CEO는 무조건 이성을 강조하며 이익 최대화와 손실 최소화만을 부르짖지 않는다. 실제로 이들은 전혀 다른 규칙에 따라 움직인다. 그 규칙이란 바로 우리의 부분자아들이 이용하는 것과 같은 규칙이다.

협상 테이블로 나아가기 전이라면, 여기에 적절한 부분자아를 끄집어내기 위해 이 규칙을 알아두는 편이 좋다.

죄수의 딜레마 VS 속은 자의 빈손

✕

브루투스와 카이사르, 융과 프로이트, 존 레논과 매카트니, 잘 알려져 있다시피 이들 모두 처음에는 매우 생산적인 파트너 관계를 형성했다. 하지만 훗날 서로 완전히 등을 돌리는 사이가 되었다. 심지어 가장 가까운 사이도 예외가 아니어서 부부의 결별, 형제자매의 경쟁, 부모와 자식 간의 갈등도 심심치 않게 발생한다.

인생은 아슬아슬한 협상의 연속이다. 아내는 군소리 없이 부엌에서 설거지를 할 것인가, 아니면 가사 분담을 두고 한바탕 말싸움이 벌일 것인가? 남자는 다섯 번 연속해서 레스토랑 계산서를 집어들 것인가,

아니면 여자도 가끔은 데이트 비용을 내야 한다고 말할 것인가?

인간의 합리성을 전제 삼아 엄격한 수학식 위주로 경제 현상을 분석하는 전통경제학자들은 이런 협상을 연구하기 위해 이른바 '**게임 이론**'이라는 개념을 이용한다. **게임 이론은 단순 명쾌하지 않은 까다로운 결정을 내려야 하는 상황에, 냉정하고 엄격한 수학 논리를 적용한다.** 최고 대기업이 제안하는 초봉을 그대로 받아들여야 하는가, 아니면 일자리를 얻지 못할 위험을 감수하고라도 좀 더 강하게 밀고 나가야 하는가?

경제학자들은 다양한 결과마다 명확한 숫자를 대입함으로써 혼란스러운 딜레마를 정확한 수학 문제로 변신시킨다. 그리고 우리는 이런 논리적 정확성을 아주 사랑한다. 그 사랑이 얼마나 깊은지 게임 이론으로 노벨상을 수상한 경제학자가 여덟 명이나 될 정도다.

경제학이나 사회심리학 수업을 한 번이라도 들었다면 게임 이론의 가장 대표적인 사례로 꼽히는 '**죄수의 딜레마**Prisoner's dilemma'도 들어봤을 것이다. A라는 사기꾼이 있다. A와 공범자인 B가 범죄 혐의로 체포되어 각기 다른 취조실에 갇혀 있다.

A가 있는 취조실로 검사가 찾아와서 '침묵하든가, 자백하든가' 둘 중 하나를 택하라고 제안한다. 침묵을 유지하면 A는 B와 맺은 상식적인 차원의 묵계에 따라 B와 협력하는 셈이 되고, 자백하면 A는 풀려나고 대신 B가 모든 죄를 다 뒤집어쓴다. A는 B와 계속 협력하면서 침묵을 유지할 것인가, 아니면 혼자 살기 위해 B에게 죄를 다 뒤집어씌울 것인가?

A와 B는 공모자다. 따라서 둘이 계속 합심해 아무 자백도 하지 않을 때 처벌도 가장 낮게 받는다. 둘 다 입을 꾹 다물고 있으면 기껏해야 단기 복역으로 끝난다. 검사로서는 둘 모두에게 중형을 부과할 충분한 증거가 없기 때문이다. 반대로 둘 다 자백해서 서로에게 죄를 전가하면 둘 다 훨씬 높은 형량을 선고받는다.

딜레마 상황이다. A는 침묵을 유지하는데 B가 죄를 자백하면, A는 상황이 굉장히 불리해진다. A는 아주 오랫동안 교도소생활을 해야 하지만 B는 양형거래형사 사건에서 피고인과 검찰관이 서로 협상하여 피고가 유죄를 인정하면 감형해주기로 하는 합의가 적용되어 풀려난다.

반대로 B는 암묵적인 약속을 지켜 입을 다물고 있지만 A가 자백하고 B에게 불리한 증거를 검사에게 제시하면, 이번에는 A가 석방된다. 그렇기에 A의 결과는 A만이 아니라 B가 어떻게 행동할지에도 좌우된다. 게임 이론에 이상적으로 완벽하게 들어맞는 딜레마다.

연구자들은 죄수의 딜레마를 실험실에서 행하기도 하는데, 피험자들에게 협조와 배신의 보상을 다르게 제시한다. 가령 실험에서 당신과 공모자가 계속 협조하기로 결심할 경우 받는 보상은 5달러다. 하지만 둘 다 서로를 배신할 때 받게 되는 보상금은 2달러에 불과하다.

이것만 보면 협조가 가장 좋은 전략이라고 생각할 수 있지만 그렇지 않다. 당신은 배신을 선택하지만 공모자는 협조를 선택할 경우, 당신은 8달러의 보상금을 받지만 공모자는 한 푼도 받지 못한다. 물론 반대의 상황이 되어 당신은 협조를 선택하고 공모자가 배신을 선택하면, 빈손으로 떠나는 사람은 당신이 된다. 이를 '**속은 자의 빈손**Sucker's payoff'이라고 한다.

경제학의 합리성으로만 따진다면 이런 일회성 죄수의 딜레마 게임에서는 공모자에게 죄를 전가하는 것이 가장 이성적인 결정이다. 공모자의 결정에 상관없이 당신에게는 상대적으로 더 많은 보상이 떨어지기 때문이다. 당신이 공모자를 배신했을 때 공모자도 똑같이 배신하든 협조하든 상관없이, 당신은 더 많은 보상을 받는다.

공모자가 배신하면 당신은 0달러가 아닌 2달러의 보상을, 협력하면 5달러가 아닌 8달러의 보상을 받는다. 합리성을 강조하는 경제학자들이 개발한 게임 이론의 논리에 따르면 가장 합리적 선택은 공모자를 배신하는 것이다. 속은 자가 되어 빈손으로 떠나고 싶은 사람은 아무도 없을 것이기 때문이다.

게임 이론은 논리적이고 치밀하지만, 행동경제학자와 심리학자들은 이런 종류의 딜레마를 연구하면서 한 가지 문제점을 지적한다. **실세계의 사람들은 전통경제학자들이 말하는 대로 행동하지 않는다. 피험자들은 아는 사이가 아니고, 서로 얼굴도 못 보고 말도 나누지 못하며, 앞으로 다시 만날 일도 없다. 하지만 이런 일회성 게임 실험에서조차도 실세계의 사람들은 고민 없이 협조를 선택할 때가 많다.**

우리 인간은 모든 종류의 협상에서 다 이성적으로 행동하는 것은 아니다. 예를 들어 '**최후통첩 게임**Ultimatum game'이라는 실험경제학 게임을 살펴보자.

이 실험에서 ①번 참가자는 100달러의 돈을 받는다. ①번 참여자는 ②번 참여자와 이 돈을 나눠 가져야 한다. ②번 참가자는 ①번 참가자가 배분하는 금액을 거절할 권리가 있는데, ②번이 ①번의 제안을 거절하면 두 사람은 한 푼도 받지 못한다.

전통경제학자들의 주장대로라면 ①번 참가자 입장에서는 자기는 99달러를 가지고 ②번에게는 1달러만 주는 것이 가장 합리적인 선택이다. 어차피 ②번 입장에서는 ①번의 제안을 수락하면 1달러라도 받지만 거절하면 하나도 못 받기 때문이다. 따라서 ②번 참가자가 이성적 판단을 내릴 것이라고 가정한다면 ②번은 ①번의 제안을 그대로 받아들일 수밖에 없는 처지다.

하지만 현실은 합리성을 중시하는 경제학자들의 생각과는 정반대로 흘러간다. 1달러를 제안받은 ②번 참가자는 "됐어요. 그냥 안 가지고 말래요!" 하면서 비이성적인 결정을 내린다. 그리고 실제로 최후통첩 게임에서 제안할 권리를 지닌 ①번 참가자들은 전통경제학자들이 말하는 합리적 행동은 거의 보이지 않는다.

인간의 예정된 배신을 드러내는 의사결정 실험 과학을 연구하는 행동경제학자들이 이런 종류의 이상 행동Anomaly, 오류, 역설을 주제로 학술지에 올린 논문만도 수천 페이지에 달한다. 그러나 경제학이 말하는 합리성에 위배된다고 해서 인간에게 정말 결함이 있는 것일까? 진화심리학 시각에서 보면 훨씬 깊은 뭔가가 우리 안에 존재한다.

합리성을 중시하는 경제학자들이 개발한 게임 이론 규칙은 협상 쌍방이 냉철한 판단력을 가진 이콘이면서, 최대의 금전적 보상을 추구한다고 가정할 때 딱 들어맞는다. 코카콜라와 펩시콜라가 시장에서 어떻게 경쟁하는지, 공개 시장에서 중고차가 어떻게 매매되는지, 월가의 트레이더들이 어떻게 주식을 매매하고, 시카고상업거래소CME에서 어떻게 돈육 선물을 구매하는지를 설명할 때 게임 이론 규칙은 상당히 잘 들어맞는다.

그러나 인간의 머리는 차가운 이론이 아니다. 기업, 시장 가격 결정, 심지어 경제학이라는 개념조차도 진화적 차원에서 따지면 우리 조상들이 한 번도 마주치지 않았을 공산이 높은 완전히 새로운 현상일 뿐이다.

우리 선조들이 마주하던 현상은 친척과 친구들이었다. 오늘날에도 대부분의 사람들이 나누는 의미 있는 상호 작용은 대개 친구나 친척들과의 상호 작용이다. **우리가 가족과 함께 있을 때 펼치는 게임은 경제학의 합리적 게임 규칙과는 전혀 딴판으로 흘러간다.**

"피는 물보다 진하다."라는 말의 과학적 이유?

×

죄수의 딜레마 게임을 다시 적용하되, 이번에는 공모자가 친족이라고 가정해보자. 캘리포니아 주립 대학 풀러턴 캠퍼스의 행동유전학자 낸시 시걸은 이 문제를 깊이 연구했다.

시걸의 연구 대상은 쌍둥이들이다. 그녀는 쌍둥이들의 기호와 행동 방식에서 나타나는 유사점과 차이점을 관찰한다. 이를테면 태어나자마자 헤어진 쌍둥이들이 30년 뒤 다시 만났을 때도 여전히 인성 특징이 비슷한지 여부를 관찰하는 것이다. 시걸은 쌍둥이들의 관계를 연구함으로써 진화생물학의 가장 강력한 원칙 가운데 하나인 '**포괄 적합도**Inclusive fitness'를 연구할 흔치 않은 기회가 생겼다고 믿는다.

포괄 적합도 개념은 복잡하지 않다. 진화는 생명체의 DNA 대물림에 도움되는 행동을 지지하고, 그렇기 때문에 자연 선택은 유전자를 공유하는 생명체들 사이의 활발한 협력을 지지한다는 개념이다. 우리는 친척들과 유전자 일부를 공유한다. 즉 유전적 관점에서 보면 친척을 돕는 행동은 자신을 소중히 하는 행동 못지않게 좋은 것이다.

포괄 적합도 원칙은 피가 물보다 진한 이유를 과학적으로 설명해준다. 그러나 사람들은 생판 남보다는 가족을 더 많이 돕는다는 것이, 이 원칙의 요점은 아니다. 그보다는 인간은 자신과 유전자를 더 많이 공유하는 가족을 더 많이 돕는 편이라는 것이 훨씬 정확한 요점이다.

사람을 구하기 위해 불타는 건물에 뛰어든다고 가정해보자. 이 경우 형제자매는자신과 유전자가 절반 일치 둘을 구하고, 조카는자신과 유전자가 $\frac{1}{4}$ 일치 넷을 구하고, 사촌은자신과 유전자가 $\frac{1}{8}$ 일치 여덟을 구해야 유전적으로 따질 때 목숨을 걸 만한 가치가 있다는 뜻이 된다.

동물들에 대한 수백 건의 연구 결과도 포괄 적합도를 지지한다. 얼룩다람쥐는 포식 동물이 나타났음을 알리기 위해 큰 소리를 낼 때 듣는 대상이 육촌이 아닌 친형제자매일 때 더 기꺼이 목숨을 건다. 흰목벌잡이새는 배다른 형제들보다는 친형제자매들과 더 기꺼이 먹이를 나눠 먹는다.

인간 가족 안에서 벌어지는 협력 행동 역시 유전 혈통의 영향을 받는 편이다. 유언으로 유산을 물려주는 경우를 보면 92.3%는 가족에게 물려주고, 7.7%만이 가족이 아닌 사람에게 물려준다. 유전자를 공유하는 친인척이 물려받는 유산을 보면 피상속인과 유전자를 50% 공유하는 사람에게 84%의 유산이 상속되고, 25% 공유하는 사람에게 14%가 상속된다. 유전자 공유가 12.5% 이하인 사람이 상속받는 경우는 2% 미만이다.

유전자 공유의 힘은 부모가 피로 이어진 친자식과 결혼으로 이어진 의붓자식을 차별 대우하는 것을 비교하면 아주 뚜렷하게 드러난다. 신데렐라의 못된 계모는 신데렐라를 하녀처럼 다루지만, 두 친딸에게는 값비싼 물건과 애정을 아낌없이 퍼붓는다.

슬픈 일이지만 실세계도 잔인한 동화가 펼쳐진다. 부모가 생물학적 자식의 대학 등록금을 지원하는 비율은 의붓자식보다 5.5배나 높다. 의붓자식들은 보상은 훨씬 적게 받지만, 처벌에 있어서는 훨씬 많은 몫을 받는다. 계부나 계모 밑의 아이들은 생물학적 친부모 모두와 함께 사는 아이들보다 신체적 학대를 40배는 많이 당한다.

살인과 관련된 자료는 훨씬 충격적이다. 자녀 살인이 드문 일이라고는 해도 계부나 계모와 함께 사는 아이들은 살해당할 확률이 40~100배는 더 높다! 이것은 의붓자식이 있는 가정이 더 가난하기 때문일까? 아니다. 부모와 생물학적 친자, 의붓자식이 모두 같은 집에서 살 때 생물학적 친자보다는 의붓자식이 학대받을 가능성이 9배나 높다.

시걸은 같은 친동기親同氣 사이라도 일반 수준보다 유전자 공유가 더 높은 극단적 상황에 포괄 적합도 원칙이 적용되는지 의문을 가졌다.

이 문제를 탐구하기 위해 시걸은 일란성 쌍둥이와 이란성 쌍둥이를 비교했다. 일란성과 이란성 쌍둥이의 유전자 공유 비율은 많이 다르다. 이란성 쌍둥이는 일반적인 친동기들처럼 50%의 유전자를 공유하는 반면, 일란성 쌍둥이는 유전자를 100% 공유한다. 일란성 쌍둥이는 사실상 클론Clone과 비슷하다.

연구 결과 일란성 쌍둥이들은 이란성 쌍둥이들보다 더 친밀하고 협조적인 관계를 보였다. 감정적으로도 이란성 쌍둥이들보다 더 가까웠는데, 쌍둥이 중 한쪽이 죽었을 때 이란성보다는 일란성 쌍둥이의 남은 한쪽이 훨씬 오랫동안 극심한 슬픔에 시달렸다.

시걸은 스콧 허시버거와 함께 쌍둥이들을 대상으로 죄수의 딜레마 게임을 연구했다. 게임의 경제학적 규칙과 일관성을 유지하기 위해 연구진은 피험자인 쌍둥이들에게 개개인은 최대한 상금을 많이 타는 것을 목표로 삼아야 하며, 쌍둥이의 다른 한쪽에 대해서는 걱정할 필요가 없다고 설명했다. 이렇게 설명한 이유는 쌍둥이들의 이기심을 표출시키기 위해서였다. 그러나 이기심이 극대화되도록 자극받은 후에도 쌍둥이들은 좀처럼 서로를 배신하지 않으려 했다. 오히려 그들은 지체 없이 협력을 선택했다.

연구 결과에서 가장 흥미로운 부분은 유전자를 절반 공유하는 쌍둥이이란성들과 모두 공유하는 쌍둥이일란성들이 보이는 협력 태도가 다르다는 점이었다. 일란성 쌍둥이들이 협력을 택하는 비율은 이란성 쌍둥이들보다 27% 더 높았다. 쌍둥이들이 협력할지 배신할지를 선택하기 전에 머릿속으로 '**근연도**Relatedness, 친족 관계의 유전자의 공유 개수가 많고 적음을 따지는 것으로 세대 간격을 말한다'를 계산한다는 뜻이 아니다.

다만 일란성 쌍둥이들은 이란성 쌍둥이들보다 서로 돕는 것을 더 당연하게 생각한다. 우리 대부분이 사촌유전자를 12.5%만 공유보다는 친동기에게는 더 기꺼이 돈을 빌려주는 것과 비슷한 이치다.

쌍둥이 연구는 피는 물보다 진하다는 사실뿐 아니라 유전적으로 가까운 친족의 피가 유전적으로 먼 친족의 피보다 훨씬 진하다는 사실도 입증한다. 우리가 유전자를 많이 공유하는 사람을 선호하는 이유는 가까운 친척들과 시간을 더 많이 보내기 때문만은 아니다. 심지어 일란성 쌍둥이들은 태어나자마자 헤어졌다가 먼 훗날 다시 만났을 때도 같은 상황의 이란성 쌍둥이들보다 서로를 훨씬 가깝게 느끼는 편이었다.

가족경제학 VS 기업경제학

다시 디즈니로 돌아가보자. 창업자였던 월트와 로이도 툭하면 의견이 엇갈리고 자기주장만 내세울 때가 많았다. 하지만 그래도 두 사람은 미우나 고우나 평생을 함께하며, 서로 힘을 합치고, 함께 회사를 운영할 방법을 찾아냈다. 반대로 아이스너와 로이는 각자 고집을 꺾지 않고 상대의 치부를 만천하에 드러내면서 회사의 이름과 이미지에 먹칠했다.

이들의 갈등을 게임 이론을 이용해 하나씩 분석할 수 있다. 아이스너와 로이가 실험실에서 죄수의 딜레마 게임을 하고 있으며, 걸린 상금은 최대 100달러라고 가정해보자. 말 그대로 제로섬 게임이다. 아이스너가 따는 100달러는 로이가 따지 못한 100달러다. 로이의 상금이 늘수록 아이스너의 상금은 줄어든다.

전통경제학의 합리적 규칙에 따르면 이해 관계가 충돌하는 두 참가자에게 가장 좋은 전략은 서로를 배신하는 것이다. 즉 속은 자가 되는 사태를 피하는 것이다. 아이스너와 로이는 이런 게임 규칙을 충실하게 따랐기 때문에 상대적으로 비참한 결과를 야기했다.

이번에는 월트와 로이 형제가 죄수의 딜레마 게임을 펼친다고 가정하자. 아이스너와 로이와는 다르게 이 형제는 유전자를 50% 공유했다. 이것은 아주 중요하다. 진화적 시각에서 보면 형제의 이득은 곧 자신의 이득도 되기 때문이다. 형제의 생존과 번식에 기여하는 것은 그 무엇이든 자신의 진화 장부에도 성공으로 기록된다.

이렇게 해서 형제의 죄수의 딜레마는 둘 다 이득을 보는 '**포지티브 섬**Positive-sum **게임**'이 된다. 형제가 100달러의 이득을 보면 자신도 50달러 이득을 보는 셈이기 때문이다. 실제로 가끔은 같은 가족 구성원이 패배를 선택해서 승리를 거두는 사례도 종종 있다.

더글러스 켄릭과 페데리코 사나브리아, 질 선디, 피터 킬린은 이런 시각에서 죄수의 딜레마를 다시 계산했다. 두 피험자가 형제일 때는 죄수의 딜레마가 자주 사라졌다. 같은 조건이라면 심층 합리성에 따른 전략은 배신이 아닌 협력이었다. **이 결과를 바탕으로 생각하면 로이 올리버 디즈니는 형제인 월트의 금전 감각 상실을 참아 줬지만,**

로이 에드워드 디즈니는 아이스너의 행동을 참아 주지 않은 이유가 무엇인지 이해할 수 있다. 마이클 아이스너는 유전자가 아닌 금전 관계로만 디즈니와 얽힌 사이였기 때문이다.

유전자를 많이 공유한다고 해서 모든 형제가 항상 사이좋게 지낸다는 뜻은 아니다. 평생을 사업 파트너로 지낸 월트와 로이도 한동안은 서로 얼굴도 보지 않고 중간 대리인을 통해서만 말을 주고받은 적도 있었다. 진화심리학자 로버트 트리버스는 형제자매 사이의 경쟁은 진화적 관점에서 어느 정도 예견된 것이라고 말한다.

일란성 쌍둥이라는 극히 드문 상황을 제외하면, 형제자매는 유전자의 반만 공유한다. 유전자의 이기적 시각에서는 엄마 아빠가 나한테 쓰는 1달러는 전혀 낭비가 아니지만, 형제나 자매한테 쓰는 1달러는 그중 절반이 낭비되는 돈이다공유되지 않은 유전자 비율.

하지만 친동기들이 서로 완전히 협력하는 것은 아닐지라도 혈연이 아닌 사람들보다는 더 많이 하는 편이다. 가족 내의 갈등은 얼마든지 일어날 수 있지만, 혈연 관계가 아닌 사람들 사이의 분란에 비하면 훨씬 점잖은 편이다. 다른 조건이 모두 동일하다고 가정할 때 로이 디즈니는 본인에게 1달러를 쓰는 것을 선호한다. 반대로 아이스너 일족에게 쓰는 1달러는 완전한 돈 낭비다. 하지만 형제인 월트에게 들어가는 1달러는 그나마 50센트의 가치라도 있는 것이다.

게임 이론에 대해서라면 최소 두 가지 게임을 논하게 되는데, 하나는 월가의 가격 결정에 기반한 이론이고, 다른 하나는 친족 유대를 토대로 하는 이론이다. 이 외에 다른 게임 이론이 더 있을까?

앞에서 밝혔다시피 우리가 살펴본 7개 부분자아들은 각기 다른 규칙으로 게임을 진행한다. 기업, 혈연, 친구, 상사, 데이트 상대, 배우자에 따라 우리의 진화적 이해타산도 달라지기 때문에 7개의 부분자아는 나름의 규칙을 정해 협상을 진행한다. 어떤 부분자아가 전면에 나서서 게임을 진행하는지는 게임 상대가 누구냐에 좌우된다.

친구끼리 돕는 게 무슨 대수인가?

×

우정에는 큰 보상이 따르기도 한다. 기대서 울 어깨가 필요할 때 친구는 어깨를 빌려주고, 무거운 가구를 날라야 할 때는 팔과 다리를 빌려준다. 재무적으로 크게 성공하는 사람들의 이야기를 보면 언제나 결정적 순간에 도움을 줬던 친구들이 몇 명씩은 나온다.

《세계 기네스북》에 '대중음악 역사상 가장 성공한 뮤지션 겸 작곡가'로 이름이 오른 사람을 예로 들어보자. 그는 60개의 골드레코드50만 장 이상 판매된 앨범를 가지고 있으며, 그중 한 곡은 2,000명이 넘는 아티스트들이 리메이크했다. 폴 매카트니는 〈예스터데이〉 한 곡으로 영국에서 가장 부유한 사람 중 하나가 되었다. 2023년 매카트니의 순자산은 대략 12억 달러였다.

매카트니가 쿼리맨이라는 스키플Skiffle, 원시적 악기로 연주하는 음악 스타일 밴드의 연주를 들으러 지역 클럽에 간 순간부터, 이 밴드의 젊은 사내들과 강력한 동지애를 형성했다이런 동지애가 없었다면 매카트니의 성공은 가능하지 않았을 것이다.

쿼리맨의 리드 싱어는 으스대기 좋아하는 성격의 17세 소년인 존 레논이었다. 레논은 매카트니에게 밴드 가입을 권했고, 이후 두 사람은 그들이 쓰는 모든 곡의 권리를 똑같이 나누기로 하는 작사 작곡 파트너십을 형성했다. 그들의 우정은 10여 년 정도 이어졌다. 그동안 두 사람은 약 180곡의 노래를 썼고 직접 노래를 녹음했다. 나중에 이 밴드는 쿼리맨에서 비틀즈로 이름을 바꿨다.

모든 권리를 반반씩 나누기로 한 레논과 매카트니의 약속은 친구들 사이에서 흔히 있는 일이다. 거의 20년 후인 1976년 스티브 워즈니악과 스티브 잡스도 공동으로 애플컴퓨터를 설립하면서 회사 주식을 50대 50으로 나눠 가지기로 약속했다.

UCLA의 인류학자 앨런 피스크는 타인과 얼마나 나눠 가질지를 계산할 때, 인간의 정신은 상대가 누구냐에 따라 계산 시스템을 다르게 적용한다고 생각한다. 피스크는 서아프리카에서 인류학 현장 연구를 하면서 이런 가설을 생각하게 되었다. 그는 부르키나파소의 모시 부족과 함께 생활하는 동안 부족 사람들이 거래 상대에 따라 교환 방식을 바꾼다는 사실을 알아챘다. 피스크는 미국에서 자란 사람들 사이에도 같은 교환 패턴이 관찰되며, 평화봉사단 단원이자 현장 연구 인류학자로서 다른 문화를 방문했을 때도 같은 행동이 발견되는 것에 충격을 받았다.

우리는 피스크의 교환 모델 두 가지는 이미 만났다. **첫 번째는 '시장 가격**Market pricing**' 모델로 전통경제학에서는 두 거래 당사자가 냉철한**

금전 추구 시스템에 따라 의사결정을 행한다고 전제한다. 그러나 피스크는 전 세계 사람들의 거래활동을 관찰하면서 다른 교환 시스템도 자주 이용된다고 자세히 설명한다.

두 번째 교환 모델은 가까운 혈연에서 자주 등장하는 '집단 공유 Communal sharing**'다.** 월트 디즈니와 로이 올리버 디즈니, 죄수의 딜레마 실험에 참가한 쌍둥이들이 이 모델에 속한다. 이런 친족 관계에서 발생하는 규칙에서는 줄 수 있는 것은 주고 필요한 것은 얻지만, 개개인이 얼마큼씩 공헌했는지는 기록하지 않는다. 집단 공유는 친족 보살핌 부분자아가 자주 사용하는 모델이다.

세 번째 교환 모델은 '공평 부응 Equal matching**'으로 레논과 매카트니, 잡스와 워즈니악처럼 친구나 동료 사이에서 흔히 발생하는 패턴이다.** 친애 부분자아들은 대개 이 교환 모델을 이용한다. 공평 부응 모델에 따라 움직일 때는 똑같은 금액을 나눠 갖고, 서로 번갈아가며 뭔가를 해주는 것이 공평하다고 느껴진다. 운동장에서 함께 친하게 어울려 노는 아이들, 같은 스포츠팀에 속한 10대 선수들, 카풀을 하는 어른들, 베이비시터 품앗이 모임의 회원들이 여기에 속한다.

친구들끼리는 엄격하게 숫자 계산을 할 필요가 없다. 이번에 내가 친구에게 점심을 쏘거나 저녁 식사에 초대했다면, 다음번에는 그 친구가 밥을 사면 그만이다. 친구끼리 차례를 지키기만 한다면 일급 요리사에 준하는 실력을 가진 친구가 5성급 레스토랑에 버금가는 특별한 스테이크 타르타르 요리를 대접했는데, 나는 겨우 초라한 닭튀김을 해주는 게 전부일지라도 별로 신경쓰지 않아도 된다.

피스크는 친구 사이의 교환 시스템을 전통경제학의 시장 가격 교환 시스템과 대조한다. 시장 가격 교환 모델에서 사람들은 주의깊게 시장 가격을 계산한 뒤, 자신이 받는 것에 비례해 상품의 대가를 지급한다. 모든 사람은 자신에게 가장 유리한 조건에서 교환을 이뤄지기를 원하고, 자본이 많은 사람일수록 좋은 상품을 더 많이 차지한다.

전통경제학이 말하는 합리적 교환 모델과 친구들 사이의 교환 모델이 어떻게 다른지 이해하기 위해 이렇게 생각해보자. 친구가 저녁 식사에 당신을 초대한다. 저녁을 다 먹고 난 후 친구가 계산서를 내민다. 거기에는 오늘 식사에 나온 좋은 와인, 스테이크, 엄선된 버섯 가격과 당신이 지난주에 그 친구를 초대해서 대접한 맥주, 치킨, 감자 가격의 차액이 적혀 있다. 그리고 친구가 요리를 준비하며 쓴 시간과 최고급 요리 솜씨를 보여준 대가로 50%의 추가 서비스 요금이 더해져 있다.

이것은 고급 레스토랑에 갔을 때나 받을 만한 계산서다. 이처럼 이리저리 따지는 전통경제학 모델은 공개 시장에서 재화를 교환하려 할 때는 적절한 방식일지 몰라도, 친구 사이에서는 굉장히 부적절하고 심지어는 아주 모욕적인 행동이다. 친구 사이에서는 당신과 친구가 번갈아 서로를 대접하고 둘 다 거래 결과에 만족했다면 그만이다.

한 연구에 따르면 인간은 타인이 제공하는 보상을 여러 개의 범주로 묶는다. 타인은 사랑을 주기도 하고, 지위를 주기도 한다. 또는 돈이나 재화를 제공하기도 한다.

이 연구에서 실험에 참가한 피험자들은 이 보상 중 하나를 타인에게 제공한 경우를 가정했다. 예를 들어 평소 호감을 느끼고 함께 있으면 즐거운 사람에게는 사랑을 주고, 뛰어난 재능이 있어 평소 존중하고 존경해왔던 사람에게는 지위를 주고, 또 어떤 이에게는 자신이 가지고 있던 특정한 재화를 주는 경우를 상상했다.

그런 다음 피험자들은 이런 보상에 대한 보답으로 무엇을 받으면 좋겠느냐는 질문을 받았다. 가령 상대방에게 애정을 줬다면 그 상대방이 그에 대한 보답으로 애정, 물건, 돈, 기타 부탁을 들어주는 것 중 어떤 보답이 가장 마음에 드는가?

결과는 경제학의 합리성 관점과는 정반대였다. 피험자가 먼저 상대에게 돈을 준 것이 아닌 한 보답으로 돈을 주는 것은 결코 원하지 않았다. 심지어 돈과 사랑은 부負, 마이너스의 관계에 있었다. 이 결과는 비틀즈의 노래 제목처럼 돈으로는 사랑을 살 수 없다는 사실을 증명한다. 혹시라도 사랑한다는 여자 친구의 말에 보답으로 돈을 줬다가는 독신자용 아파트로 돌아가는 편도 차표를 사야 할 수도 있다.

마찬가지로 친구 사이에서 금전적 균형을 강조하면 부정적 결과가 발생한다. 완전히 불공평하다고 느끼는 순간 서로에게 분노를 느끼고, 서로를 헐뜯는 악의적 보복 행위가 오간다. 레논과 매카트니의 불화로 비틀즈에 분열이 생기면서 이런 일이 일어났다.

몹탑Moptop이라는 특유의 헤어스타일까지 유행시켰던 비틀즈는 명성이 무색할 정도로 하모니가 뒤떨어지는 노래를 부르기 시작했다. 그들은 노래 가사를 통해 누가 얼마만큼의 돈을 가져갈 권리가 있는지 다퉜고, 공개적으로 서로를 모욕하기 시작했다매카트니는 〈투 매니 피플〉이라는 곡에서 "너는 그걸 둘로 쪼갰어."라는 가사를 썼고, 레논은 여기에 응수해 〈잠이 잘 오는가?〉라는 곡에 "네가 한 거라곤 '어제(예스터데이)'밖에 없잖아."라는 앙심 어린 가사를 썼다.

애플의 창업자들은 이런 험악한 결별은 피했지만, 워즈니악은 잡스가 비디오 게임 회사인 아타리에서 프로그래밍 프로젝트에 참여하고 받은 5,000달러의 보너스를 공평하게 나누지 않고 거의 다 차지했다는 사실을 몇 년이나 마음에 담고 있었다. 이 프로젝트를 할 당시 잡스는 워즈니악에게 도움을 요청하면서 보너스를 절반씩 나누자고 했기 때문이다.

"그가 정직하게 말해주기를 바랐다. 그 돈이 필요하다고 말했다면 나는 기꺼이 그 돈을 다 가져도 된다고 했을 것이다. 그는 친구였다. 친구끼리 돕는 게 무슨 대수인가."

이렇듯 **친애 부분자아가 이용하는 공평 부응 규칙은 친족 보살핌 부분자아가 이용하는 규칙과는 아주 다르다.** 이제는 사회적 서열을 높이기 위해 독자적으로 특화된 규칙을 준수하는 지위 부분자아가 펼치는 게임 방식을 살펴보자.

높은 사다리일수록 혜택이 올라가지만, 기대치도 함께 올라간다

×

왕, 대통령, 대기업 CEO들은 대궐 같은 저택과 개인 전용기를 가질 수 있고, 식사 준비와 청소를 해주고, 보라색 가운을 세탁소에 맡겨 줄 고용인을 거느릴 수 있다.

디즈니의 CEO였던 마이클 아이스너는 1987년에만 4,000만 달러라는 엄청난 보수를 받았다. 그러나 그는 앞서 서문에서 잠깐 언급한 라진데르 싱의 아들이며 인도 파티알라 주의 7대 마하라자인 부핀데르 싱에 비하면 농노 수준이었다. 부핀데르 싱은 광대한 영토를 다스렸고, 롤스로이스를 수집했으며, 언제라도 자신을 기쁘게 해주기 위해 대기하고 있는 아내와 첩이 백여 명이나 되었다.

우리 대다수 인간이 거주하는 조촐하고 수수한 도시들과 마을들에서도, 지위가 높은 사람은 월급을 많이 받고 널찍한 주차 공간을 차지한다. 그리고 전망 좋은 사무실과 개인 비서를 배정받으며 부자 동네에 산다.

그렇기는 해도 모든 사람이 리더를 꿈꾸지는 않는다. 스티브 워즈니악은 잡스와 함께 애플을 시작했을 때, 엔지니어로 남아 있겠다고 주장하면서 회사 경영을 거절했다. 또 학과장 자리에 오를 자격이 충분한 교수 중 상당수는 높은 연봉 인상과 비서, 코너 오피스를 제공받을 기회에서 발을 뺀다.

사람들이 계층의 사다리를 오르는 것을 주저하는 이유는 무엇일까? 더 높은 층으로 올라갈수록 혜택도 올라가지만 기대치도 함께 올라간다는 사실을 잘 알기 때문이다.

인류학자 앨런 피스크는 리더와 추종자 사이의 교환 규칙은 형제자매 사이, 친구 사이, 소비자와 상점 주인 사이에 이용되는 교환 규칙과 완전히 다르다고 지적한다. 피스크는 위계 서열에 영향을 받는 교환 모델을 '**권위 차등**Authority ranking'이라고 부른다. **지위 부분자아가 이용하는 권위 차등 교환 모델에서는 서열상 위치에 따라 받게 되는 혜택과 치러야 되는 대가가 달라진다.**

공짜 혜택을 누리는 사람은 아무도 없다. 아랫사람은 윗사람에게 충성과 특권을 받치지만 그 대가로 리더들에게 자원, 돈, 보호, 올바른 지도 등을 기대한다.

미국 대통령은 백악관에 살고, 에어포스원을 타고 다니며, 필요하다 싶을 때는 언제라도 TV에서 특별 담화를 발표할 수 있다. 그러나 그 대가로 유권자들을 위해 실업을 줄이고, 국민 모두의 소득 수준을 높여야 한다. 또 유권자들의 자녀들을 위해 최상의 교육 시스템을 마련하고, 전 세계의 군사적 위협에 맞서야 하며 세금을 줄여야 한다.

리더십은 인간과 가까운 친척인 침팬지와 고릴라를 비롯해 꼬리감는원숭이, 얼룩말, 영양, 늑대, 전서구 등 여러 동물종에서 두루 발견된다. 심지어 양 무리에도 리더가 있다. 인간종의 대다수와 마찬가지로 이 동물종에 속한 동물들 대부분은 추종자들이다. 진화적 관점에서 보면 알아서 모든 것을 다하는 쓸쓸한 대장 늑대보다는 늑대 무리의 일원이 되는 편이 더 나을 때가 많다.

물론 리더는 먹이를 먼저 먹을 수 있고, 물웅덩이에서도 가장 좋은 자리를 차지할 수 있다. 그리고 남쪽으로 방향을 틀어 강으로 가야 할지, 북쪽의 초원으로 가야 할지, 동쪽의 산딸기 구역으로 가야 할지를 결정한다. 만약 리더가 없으면 무리는 우후죽순으로 흩어진다. 그러다 무리의 보호라는 이점을 누리지 못한 채 배고픈 포식 동물을 만나는 사태가 벌어질 수 있다.

당연한 말이지만 인간들 역시 리더가 방향과 영감을 주지 못하면 크게 실망한다. 팀원들을 무례한 태도로 대하기 일쑤였던 스티브 잡스는 애플을 창업하고 몇 년도 지나지 않아 자기가 세운 회사에서 이사회 결의로 쫓겨났다. 냉혹하고 강압적인 성격으로 평판이 자자했던 마이클 아이스너는 디즈니의 CEO 자리에서 퇴출당했다.

미국 대통령은 어쩌면 세계에서 가장 높은 지위일지는 몰라도, 최근의 미국 대통령들은 너나 가리지 않고 언론의 분노와 모욕적인 공세에 끊임없이 시달려야 했다. 빌 클린턴은 호색한인 마하라자 부핀데르 싱을 따라 여자를 아주 많이 좋아하다가 탄핵 직전까지 몰렸고, 리처드 닉슨은 워터게이트 사건을 은폐하려 한 사실이 들통나 실제로 탄핵당했다.

이렇게 세상 사람들 앞에서 망신당하는 것은 생각하기도 싫은 끔찍한 대가지만, 그보다 더 최악의 대가를 치른 대통령들도 있었다. 존 F. 케네디, 제임스 가필드, 윌리엄 매킨리, 에이브러햄 링컨은 임기를 마치지도 못한 채 불만을 품은 유권자에게 암살당했다.

여기서 중요한 부분은 리더와 추종자는 서로 다른 방식으로 지위 게임을 펼친다는 것이다. 추종자들은 충성, 복종, 특권을 리더에게 바친다. 하지만 그 바탕에는 리더가 여기에 응답해 자신들의 이익을 보호해주고, 올바른 방향으로 나아갈 비전을 제시해줘야 한다는 조건이 깔려 있다.

어떤 점에서 보면 리더와 추종자는 실세계 버전의 최후통첩 게임을 벌이고 있다고 봐도 과언이 아니다. 추종자는 리더가 좋은 것을 혼자 독차지하지 않고 '노블리스 오블리주'를 보여주기를 기대하기 때문이다.

지금까지 우리는 지위, 친족 보살핌, 친애 부분자아가 이용하는 교환 모델들의 규칙을 이야기했다. 그렇다면 전통경제학자들이 말하는 시장 가격 교환 모델의 규칙을 이용하는 것은 어떤 부분자아일까? 아마 알고 나면 꺼림칙할지도 모른다.

경제학의 합리성 원칙은 인간의 의사결정에서 일부분에만 적용된다

×

1221년, 페르시아의 도시 니샤푸르 주민들은 최후통첩 게임의 딜레마에 처했다. 10만의 몽골 기마병들이 도시를 포위한 상태였고, 몽골군을 이끄는 칭기즈칸은 최후통첩을 보냈다.

"지도자들과 원로들과 백성들에게 전한다. 신은 내게 동에서 서에 이르는 지상의 제국을 내려주셨다. 항복하는 자는 목숨을 구할 것이요, 저항하는 자는 모두 죽임을 당하리라."

외국군에 항복하는 것이 좋은 결말로 이어지기를 기대하기는 힘들다. 역사를 살펴봐도 정복자 부족은 피정복자들을 인간 이하의 존재로 여겼고, 그들을 공평하게 대해야 한다는 생각도 거의 하지 않았다. 정복민은 피정복민의 재산을 착취하고, 여자들을 훔치고, 젊은이들을 강제로 징집했다. 칭기즈칸은 성 하나를 정복하면 다음 전장으로 군대를 이끌기에 앞서, 그 성의 남자들을 행진시키곤 했다. 그리고는 다음으로 정복할 성으로 나아가는 출정로에 해자가 있으면 포로들을 말로 밀쳐 넣어 해자를 메웠다. 그리고 기마대로 하여금 시신들을 밟고 진격하게 했다.

그러나 니샤푸르의 주민들 입장에서는 그럴 가능성이 높을지라도 그 자리에서 칭기즈칸의 군대에게 모두 죽임을 당하는 것보다는 나았다. 결국 니샤푸르는 항복했다. 그렇긴 해도 가끔은 집단 대 집단의 협상이 차라리 덜 고약하다. 이방인들이 우리가 원하는 것을 가지고 있을 때는 그들과 동맹을 맺는 편이 유익할 수 있다. 칭기즈칸은 잔혹한 정복 행위로 악명이 높았지만 아시아와 중동, 유럽을 잇는 세계에서 가장 중요한 교역로를 닦았다.

물론 인간은 다른 민족 혹은 부족과 재화나 용역을 교환할 때는 그 부족이 몽골민이든 다른 부족이든 상관없이, 혹시 속임수나 부당한 대우가 있을까 노심초사하기 마련이다. 이방인들은 친족이 아니므로 자신과 유전자를 공유하지 않으며, 친구나 동지가 아니므로 호혜와 신뢰의 역사를 공유하지도 않기 때문이다.

바로 이 자리에 비용과 편익을 신중하게 계산하고 감독하는 시스템인 시장경제학이 비집고 들어선다. 화폐 제도는 새콤달콤한 사과, 애플 아이패드, 코텍스 생리대, 문자 메시지 서비스, 에로틱 마사지의 가치를 직접 비교해주는 우아한 수단이다. 시장에서 교환을 행할 때 판매자는 마지막 한 푼까지 꼼꼼히 세고, 구매자는 물건에 흠이 없는지 조심스럽게 살핀다. 불공정의 기미가 조금이라도 보이는 순간, 판매자나 구매자는 즉시 화를 낸다.

합리성을 전제하는 전통경제학은 피해를 방지하는 것이 최우선 사항일 때 대단히 이성적인 접근법이다. 그리고 조심성이 강한 자기보호 부분자아가 시장 가격 교환 모델의 규칙을 이용하는 것도 이런 이유 때문이다.

'**시장 가격 교환 모델**'은 인간이 낯선 사람들과 어떤 식으로 거래를 행하는지 이해할 때는 아주 유용한 접근법이다. 하지만 이 모델은 혈연이나 친구, 지위가 높거나 낮은 사람들과 거래할 때 이용하는 계산법은 설명하지 못한다.

그러나 의사결정에 대한 무수한 책과 논문을 읽어봐도 대다수 이론가와 연구자들은 일종의 변형된 시장 가격 교환 모델이 인간의 모든 의사결정을 이끈다고 추정한다.

월가 투자자들의 경쟁 방식을 이해하려는 경제학자들은 시장 가격 교환 모델을 이용하는 것이 맞다. 또한 실험실에서 처음 만난 참가자들처럼, 생면부지인 사람들의 상호 행동을 이해하려는 심리학자들에게도 도움이 될 수 있다. 실험 참가자 두 사람이 그날 처음 본 사이라면 죄수의 딜레마 게임에서 배신을 선택할 가능성이 높다고 보는 것도 수긍이 간다.

하지만 **이 책에서 말하는 핵심은 경제학의 합리성 원칙은 인간의 의사결정에서 일부분에만 적용된다는 사실이다.** 우리는 대부분 친척, 친구, 이웃, 동료, 장기적 사업 파트너들과 거래하고 교환한다.

심지어 우리는 식료품점 주인이나 자동차 딜러들과도 관계를 형성한다. 생판 모르는 사람과 거래하는 일은 거의 없다.

게다가 우리는 타인과의 관계에서 최대한 많은 돈을 챙겨 달아나기보다는 계속 관계를 유지하면서 타인의 호의와 존중을 얻기 위해, 그들이 우리의 행복과 안녕에 관심을 기울이도록 만들기 위해 노력하는 편이다.

완전 경쟁 시장의 합리성 규칙을 주변 인간 관계에 적용하면, 당신을 걱정해줄 가까운 친구나 동료는 거의 남지 않을 것이다. 실제로 타인을 대할 때 숫자만 따지고 자신의 이익에 이용하려 하면서 보답은 쥐꼬리만큼도 하지 않으려고 한다면, 이것은 정신과 의사들이 정신질환이라고 여기는 소시오패스반사회적 인격 장애의 일종으로, 범행 인지를 한다는 점에서 사이코패스와 차이가 있다의 징후인 경우가 많다.

이제까지 살펴본 교환 시스템들 외에도 아직 설명하지 않은 교환 시스템이 두 가지가 더 있다. 이것은 연인이나 배우자 같은 친밀한 사이에서 비용과 편익을 계산할 때 이용하는 교환 시스템이다. 매춘부와 단골손님 사이가 아닌 한, 연인이나 친밀한 사람을 대할 때마다 완전 경쟁 시장의 합리성 규칙을 이용할 사람은 거의 없을 것이다.

짝짓기 게임의 규칙은 대단히 흥미진진한 구석이 많기 때문에, 이것은 성경제학을 다루는 Chapter 8에서 자세히 다룰 것이다. 일단 여기서는 부분자아들이 자기 이익을 어떻게 생각하는지, 앞에서 배운 내용을 토대로 비즈니스 세계의 시장경제 규칙을 다시 검토해보자.

시장경제학은 회사를 위한 최상의 규칙인가?

×

시장경제학은 친구나 친척 사이에는 적용하기 힘들지만 사업할 때는 아주 좋은 방법이라고 할 수 있다. 어쨌든 사업은 사업으로 봐야 하기 때문이다. 하지만 실제로는 그렇지 않다. 오늘 처음 보는 장사꾼과 손님이 석류 1kg의 가격을 두고 한 번 흥정만 하고 마는 사이가 아니라면, 시장경제학에 따른 교환 모델은 대개는 사업을 망치는 지름길이다.

두 번 다시 얼굴을 볼 일이 없는 완전히 적대적인 이방인과 흥정할 때는 차갑고, 계산적이고, 합리적인 자기 이익을 중시하는 것이 합당할 수 있다. 하지만 일정 기간 이상 사업 관계를 유지할 사람들과 거래할 때는 썩 좋은 방법이 아니다. 이것은 상대가 동료든, 대형 회사의 의뢰인이든, 단순히 상점의 단골이든 간에 마찬가지다.

'과학 경영'의 아버지라고 불리는 프레드릭 윈즐로 테일러는 최후의 자본주의 철학자였다. 테일러는 20세기 초 철강 회사를 운영하면서 이렇게 주장했다.

"고용주는 가능한 한 임금을 적게 주려고 하고, 작업자는 이에 대한 보복으로 가능한 한 작업을 적게 하려고 한다. 금세기의 산업은 이 기본 원칙에 따라 운영될 것으로 보인다."

이 문제에 대해 그가 내놓은 대단히 합리적인 해결책은 생산성을 최대로 끌어올릴 수 있도록 동기를 부여해줄 재무적 인센티브를 정확히 계산하는 것이었다. 그러면 그의 회사베들레헴 철강는 작업자들 상당수를 해고할 수 있게 된다.

한 전기 작가는 "테일러는 직원들로부터 아주 많은 증오를 받았다. 그래서 그는 신변이 공격당할지도 모른다는 두려움에 퇴근할 때도 무장 경호원의 보호를 받아야 했다."라고 기록했다. 또한 이 전기 작가는 테일러의 합리적 과학 경영 접근법은 고의는 아니지만 "노동 불안을 일으키는 데 있어 미국 노동총연맹AFL 초대 회장인 새뮤얼 곰퍼스와 미국 사회당 초대 당수였던 유진 데브스를 합친 것보다도 더 크게 일조했다."라고 했다.

오늘 처음 보는 상인과 손님이 북새통 시장에서 망고 값을 두고 흥정하듯이 동료를 대했다가는 낭패를 보기 십상이다. 앞에서도 설명했지만 가족과 친구를 대할 때는 시장 규칙은 저 멀리 내던져야 한다. 하지만 가족 기업을 운영하는 상황이 아니라면 협력과 신뢰의 기업 환경을 조성하기 위해 어떤 방법을 사용해야 할까?

가족 같은 신뢰와 협력심이 최상의 결과를 만든다

×

흥정하듯 하나하나 따지는 시장 가격 교환 모델과 좋은 게 좋은 거라는 식의 가족 교환 모델 사이의 한 가지 중요한 차이는 바로 신뢰다. 게임 이론의 경제학 규칙으로 따지더라도 죄수의 딜레마에서 최상의 결과는 두 참가자가 서로를 충분히 신뢰해 협력을 선택할 때 나온다는 사실을 기억하자.

문제는 한쪽이 다른 한쪽을 믿지 못할 때다. 두 공범자는 정말로 끝까지 서로를 배신하지 않고 침묵을 지킬 것인가?

대다수 경제학자는 한 참가자가 상대 참가자를 배신해서 얻는 인센티브가 크기 때문에 당연히 배신을 선택할 것이라고 가정한다. 이 가정이 정말로 맞다면, 상대 참가자 역시 최상의 이성적 선택은 배신이다. '속은 자의 빈손' 처지가 되고 싶어 하는 사람은 없기 때문이다.

하지만 월가의 게임과 달리 친족 게임에서는 배신에 따른 인센티브가 크지 않다. 형이 동생을 배신해서 약간의 이득을 얻는다고 해도, 진화론적 시각에서 보면 형은 이득 절반에 대해 스스로를 속이고 있는 것이다. 두 형제는 시장에서 처음 본 이방인들이 아니다. 둘은 유전적으로 일치하기 때문에 상대가 배신하지 않을 것이라고 신뢰하고, 따라서 서로 협력할 가능성이 올라간다.

이 모든 설명에서 중요하게 봐야 할 부분은 협상이든 기업 운영이든, 불신을 전제로 한 시장경제학의 심리학이나 신뢰를 바탕에 깐 가족 관계의 심리학 둘 중 하나를 이용한다는 점이다. 여기서 핵심은 친족 관계가 아닌 사람들을 친족 관계로 바꿔보는 것이다.

맥마스터 대학의 진화심리학자 리사 드브륀은 한 가지 흥미로운 실험을 수행하는 과정에서 완전한 타인들을 친족 관계로 바꾸기 위해 기발한 방법을 생각해냈다. 그녀는 실험에 참가할 사람들을 모집해 죄수의 딜레마를 변형시킨 '**신뢰 게임**Trust game'을 진행했다. 신뢰 게임에서 ①번 참가자는 10달러의 돈을 받은 후 양자택일을 해야 한다.

첫 번째 방법에서 ①번 참가자는 자신과 ②번 참가자가 돈을 얼마씩 나눠 가질지 독단으로 결정할 수 있다상대는 거부권이 없기 때문에 본인은 9달러를 가지고 상대에게는 1달러만 주겠다고 결정해도 상관없다. 두 번째 방법에서 ①번은 자신이 결정권을 가지는 대신에 ②번에게 돈을 나누는 비율을 전적으로 일임할 수 있다. ②번에게 배분 조건을 일임하면 나눌 수 있는 돈의 총액이 훨씬 높아진다30달러. 다시 말해 ①번은 자신이 돈을 직접 나눌 때보다 ②번에게 권리를 일임할 경우에 더 많은 보상을 받을 수도 있다.

이 게임에서 ①번의 선택은 ②번을 신뢰하는지 여부에 따라 달라진다. ①번은 ②번이 심보가 나쁜 욕심쟁이인지, 아니면 관대한 사람인지 어떻게 판단할 수 있을까?

드브륀은 참가자들이 시장경제학의 불신 심리에 지배받는지, 아니면 가족경제학의 신뢰 심리에 지배받는지에 따라 다른 선택을 내릴 것이라고 짐작했다. 그래서 실험을 시작하기에 앞서 모든 참가자의 사진을 찍었다. ①번 참가자는 선택의 순간에 자신과 짝이 되는 ②번 참가자의 사진을 보면서 결정해야 했다.

물론 ②번 참가자는 일면식도 없는 완전한 타인이었다. 참가자들은 ②번 참가자를 쉽사리 신뢰하려 들지 않았다. 상대에게 돈을 나눌 권리를 맡기면 보상금이 올라갈지 모르는데도 참가자들 대부분은 그런 위험을 떠안기를 꺼려했다. 낯선 사람의 얼굴을 보는 순간 ①번 참가자들은 베들레헴 철강의 직원들과 비슷한 행동을 보였다. 그들은 상대가 돈을 몽땅 독차지할지도 모른다고 걱정했다.

드브륀은 이번에는 실험 조건을 약간 바꿔서, ①번 참가자의 얼굴을 가지고 컴퓨터로 합성한 사진을 ②번 참가자의 사진이라며 ①번 참가자들에게 보여줬다. 그 결과 ①번의 눈에 ②번은 마치 오랫동안 연락이 뜸했던 친척처럼 보였다. 일가친척처럼 보이는 사람과 펼치는 게임은 친족 보살핌 부분자아를 활성화했다. 갑자기 참가자들은 상대를 신뢰하면서 돈을 나눌 조건을 완전히 넘겨줬고, 그 결과 보상금도 더 많이 탔다.

①번 참가자들은 ②번 참가자가 본인의 얼굴을 합성해서 유사한 생김새로 만든 가상의 존재임을 전혀 몰랐다. 하지만 그들은 마치 가족에게 돈을 주듯이 상대에게 흔쾌히 결정권을 넘겨줬다. 말 그대로, 그들은 서로가 서로의 한 부분이기 때문이었다.

각각의 대상에 따라 다른 편향이 지배한다

×

물론 직원과 고객의 사진을 합성한다고 해서 현실적으로 큰 도움이 되는 것은 아니다. 그러나 드브륀의 신뢰 게임 연구는 인간이 상대방을 가족이라고 생각하는 순간, 신뢰와 협력심이 커진다는 중요한 교훈을 전해준다.

허브 켈러허가 사우스웨스트항공의 CEO로 오랫동안 재직했을 때 바로 이런 일이 일어났다. 전에 사우스웨스트에 다녔던 한 직원은 "사우스웨스트는 직원이 수천 명이나 되는 대기업이라기보다는 식구가 엄청 많은 대가족이다."라고 말할 정도였다.

항공 산업은 경쟁이 매우 치열하다. 하지만 켈러허는 동종 경쟁사들의 CEO들과 다르게 회사 이익 배분에 직원들을 참여시켰다. 또한 가족적 분위기를 키우기 위해 사내 전체와 기내에 흔들의자를 배치했고, 직원들에게는 편한 캐주얼 차림으로 근무할 수 있게 했다.

2001년 9·11 테러 이후 항공 산업 전체가 극심한 부진을 겪으면서 어쩔 수 없이 대규모 정리해고를 단행했을 때도, 켈러허는 직원들의 단결에 호소했다. 그는 회사 직원 모두가 가족이나 다름없는데 누구는 해고하고 누구는 남기는 사태를 피하기 위해서라도 모두가 조금씩 임금을 낮추자고 부탁했다.

그 결과 사우스웨스트항공은 단 한 번도 파업을 겪지 않았으며, 〈포춘〉이 선정한 미국에서 가장 일하기 좋은 직장이자 가장 존경받는 대기업 명단에 이름을 올렸다.

고객들도 사우스웨스트 직원들이 발산하는 즐겁고 가족적인 분위기를 알아차리면서 이 항공사에 대한 충성도가 대단히 올라갔다. 모순도 그런 모순이 없었다. 사우스웨스트는 피도 눈물도 없는 이익 지상주의의 월가적 접근법을 피함으로써 재무적 성공을 거뒀고, 경쟁사들이 이익이 급감하던 시기에도 번영을 이어 나갔다.

사우스웨스트의 성공 비결은 친족 보살핌 부분자아를 활성화해서 혈연이 아닌 사람들이 서로를 가족처럼 대할 수 있는 사내 분위기를 조성한 것이었다. 이것은 앞서 드브륀의 합성 사진 실험에서 사용된 원칙과 아주 흡사했다. 사우스웨스트는 직원 전체를 심리적으로 변형시켜 같은 가족의 일원으로 만들었다.

당연히 사우스웨스트는 가족이 아니라 대기업이다. 그러나 사우스웨스트의 성공담은 우리의 7개 부분자아에 대한 아주 중요한 무언가를 암시한다. **부분자아는 그 자리에 고정돼 있는 것이 아니라 현재의 사회적 맥락에 맞춰 켜질 수도 있고 꺼질 수도 있다.**

보통은 일가친척과 함께 있을 때 신뢰가 바탕에 깔린 친족 보살핌 부분자아가 켜지는 편이지만, 적절한 상황이 오면 언제라도 이 부분자아가 활성화될 수 있다. 친족 보살핌 부분자아가 운전대를 잡을 때는 이권과 관련한 결정에서도 가족을 상대할 때와 비슷한 선택을 내린다. 사우스웨스트가 만든 분위기 속에서 직원들은 스스로를 대가족의 일원이라고 생각했고, 그러면서 게임을 지배하는 심리 규칙이 바뀌었다.

훨씬 넓은 사회적 차원에서도 같은 현상이 벌어질 수 있다. 마틴 루터 킹 2세의 유명한 "나에게는 꿈이 있습니다."라고 시작하는 연설은 여러 이미지를 한꺼번에 전달한다. 그의 연설은 인종이 다를지라도 서로를 같은 부족의 일원이라고 생각하게 하며, 에이브러햄 링컨과 미국 헌법과 독립선언문의 땅에서 살고 있는 동등한 시민으로 생각하게 한다.

그는 형제와 자녀라는 말을 자주 사용해서 청중에게 같은 공동체의 일원이라는 생각을 불러일으켰다. 킹의 연설은 수십 년 동안 여러 세대의 아이들에게 거듭 전달되었고, 이것이 풍기는 가족적 심상은 단순히 인권 침해 행위를 엄단하는 법안의 가결을 넘어 인종 간 관계 개선에도 크게 기여했다.

이제 각각의 부분자아가 사업을 행하는 방식을 고려해서 디즈니의 문제를 생각해보자. 디즈니는 애초에 출발부터 가족 회사였고 월트와 로이가 죽은 후에도 오랫동안 가족 회사로서의 원칙을 이어 나갔다. 그런데 마이클 아이스너가 들어왔다. 아이스너가 들어오면서 이익만을 강조하는 월가의 융통성 없는 태도도 함께 들어왔고, 그 결과 차갑고 이해타산적인 사내 분위기가 조성되었다.

월트와 로이는 수익성이 좋지 않은 순간에도 디즈니 가족으로서 결속력을 유지했지만, 아이스너는 이익을 내지 못하기 시작한 순간 낯선 땅에서 온 외국인 침입자 대접을 받았고 로이 에드워드 디즈니는 그를 거리에 내던질 준비를 했다.

우리의 부분자아들은 서로 각기 다른 규정집을 참고하여 협상을 행한다. 우리는 상황에 상관없이 매번 차갑고, 객관적이고, 이기적인 규칙으로 상대방을 대하는 것이 아니다. **게임 상대에 따라 우리를 지배하는 편향도 달라진다. 이런 편향에 지배되면 우리는 곧잘 얄팍한 자기 이익을 옆으로 밀쳐둔다.**

하지만 선조들에게는 자기 이익을 무시하고 친구, 일가친척, 사업 동료에 따라 접근법을 다르게 하는 것이 더 좋은 사업 관행이었다. 그리고 각기 다른 편향의 지배를 받은 덕분에 우리 조상들은 가족, 친구, 사업 파트너들과 함께 서로 도움되는 거래를 행할 수 있었다.

• Chapter 4 •

왜 잠비아 국민들은 식량 비상사태에도 불구하고 미국의 원조를 거부했는가?

잠비아는 코로나19 팬데믹 이후, 아프리카 대륙 가운데 처음으로 채무불이행디폴트을 선언한 나라다. 그전에도 잠비아는 2002년에 국가 식량 비상사태를 선포했었다. 2002년 식량 위기가 아니더라도 잠비아의 문제는 상당히 심각했다. 오랫동안 빈곤국이었던 잠비아는 가구당 연평균 소득이 395달러에 불과했고, 영아 사망률은 10%나 되었다. 그런데 2002년 들어 상황이 훨씬 심각해진 것이다.

보통 이 나라의 우기는 11월에 시작해 4월까지 이어지는데, 2002년에는 1월 중순에 갑자기 우기가 끝나 버렸다. 지난해 가을 수천 에이커에 심은 작물이 바짝 말라 죽었다. 봄이 끝나지도 않았는데 나라의 식량 비축분이 바닥을 드러냈고, 잠비아 국민들은 독이 있는 야생 풀뿌리를 8시간 삶아 독기를 제거한 후 먹거나 보호종인 코끼리를 잡아먹었다. 전 국민의 필사적인 노력에도 불구하고 300만 명에 달하는 잠비아 국민이 아사 위기에 몰렸다.

비상사태가 선포되고, 곧바로 세계가 잠비아 원조에 나서면서 희망이 보이는 듯했다. 몇 주 후 미국은 기아로 고통받는 잠비아에 3만 5천 톤의 식량을 보냈다. 그 정도면 국민 전체가 다음 수확까지 버티기에 충분한 양이었다. 원조 식량의 대부분은 전년도 풍작으로 곡식이 남아돌던 미국의 농부들이 보낸 것이었다. 그런데 예상하지 못했던 상황이 발생했다. 세계는 경악했다. 음와나와사 대통령이 원조를 거부한 것이다!

일각에서는 이 경악스러운 상황 이면에는 국민들을 손아귀에 쥐고 흔들려는 사악한 독재자의 계략이 숨어 있을지도 모른다고 주장했다. 다른 것은 차치하더라도 부유한 지도층인 대통령이 굶어 죽을 리는 없기 때문이었다.

하지만 정부는 물론이고 대다수 국민마저 음와나와사 대통령의 식량 원조 거부 결정을 지지했다. 한편에서는 사람이 먹기 힘들 만큼 원조 식량의 질이 너무 떨어지기 때문이 아니냐는 추측도 등장했다. 그러나 잠비아에 보내진 구호 식량은 미국인들 대부분이 먹는 것과 같은 식량이었다.

문제는 구호 식량 상자에 작은 글씨로 적혀 있던 **'유전자 변형 식품'**이라는 문구였다. 분노한 잠비아 국민들은 상자에 손도 대지 않으려

했고, 음와나와사 대통령은 "유전자 변형 식품을 먹느니 차라리 굶어 죽겠다."라며 단호하게 원조를 거부했다.

전 세계 사람들은 잠비아의 결정이 믿기 힘들 만큼 심각한 판단 착오라며 거세게 비난했다. 하지만 우리는 다르게 생각한다. 아마 음와나와사 대통령과 비슷한 처지에 놓인 사람들이라면, 그와 같은 결정을 내릴지도 모른다. 대통령의 원조 거부는 판단 오류일 수도 있지만, 그 오류는 훨씬 대가가 따르는 실수를 피하기 위해 설계된 **'심층 합리성의 편향'**에서 비롯된 것이었다.

이제부터 우리는 조상 시절부터 인간의 판단과 선택을 이끈 여러 편향을 살펴보려 한다. 심리 편향은 흔히 심리적 결함 내지는 잘못된 의사결정과 동급으로 여겨지지만, **진화적 시각에서 바라보면 대부분의 편향은 조상들의 진화적 도전 해결에 도움되었던 적응 행동에서 연유한다. 우리 인간은 태어날 때부터 편향을 가지고 있다. 그리고 그럴 만한 이유가 있다.** 선천적 편향은 가끔 착오와 실수를 이끌지만, 이런 착오의 본질을 통해 심층의 현명한 뇌가 드러난다.

정확한 판단이 항상 현명한 판단은 아니다

앞에서 인간의 대표적인 편향 몇 가지를 이미 소개했다. 이것은 하얀 실험 가운 속에 롤링 스톤스 티셔츠를 입고 인간들의 어이없는 행동에 너털웃음을 터뜨리는 행동경제학자들이 밝혀낸 것들이다. 실제로 끝없이 길게 나열된 판단 착오 목록을 읽다 보면 실소를 참기 힘들 정도다.

우리의 현실 인식은 이를테면 '**허구적 일치성 편향**'과 같은 인지 편향에 의해 총체적으로 뒤틀린다. 이것은 자기 의견이나 행동에 아주 많은 사람이 동의한다고 착각하는 편향으로, 우리 중 절반이 매번 선거가 끝나고 나서 충격을 받는 것도 바로 이 편향 때문이다.

자신이 대부분의 일에서 평균치 이상의 실력을 발휘한다고 믿는 '**과잉 확신 편향**Overconfidence bias'도 현실 인식을 크게 왜곡시킨다. 그러나 이것은 수학적으로도 불가능한 믿음이다. 어쨌거나 인구의 절반은 어떤 일에서든 실력이 평균치 이하일 수밖에 없다. 가끔은 과잉 확신이 터무니없을 정도로 커질 때가 있는데, 자동차 사고로 병원 신세를 진 사람들조차도 자기 운전 실력이 평균치 이상이라고 고집을 피우는 경우가 그렇다.

기나긴 착오와 편향 목록 아래로 쭉 내려가면 영화 〈매트릭스〉에서 키아누 리브스가 열연한 네오와 비슷한 인간들을 만날 수 있다. 뇌가 우리의 인식을 워낙 심하게 뒤틀고 왜곡시키는 탓에 진짜 현실에는 접근조차 못하고 있다는 느낌마저 든다.

그러나 진화심리학자가 보기에는 인간의 정신이 그토록 뒤죽박죽이라는 주장에 의문이 든다. 우리의 조상들이 현실에 접근조차 못했다면 자손을 낳고 키우는 건 고사하고 생존조차 힘들지 않았을까? 또 그 자손들은 어떻게 생존하고 번성해서 다시 후손을 낳을 수 있었을까?

뇌는 다른 신체 기관들보다 에너지 소모가 심하고 작동시키는 데에도 에너지가 아주 많이 들어가는 기관이다. 신체 질량에서 뇌가 차지하는 비중은 2%에 불과하지만, 뇌는 우리 몸이 소비하는 칼로리의 20~30%를 집어삼킨다. 그럴지라도 칼로리 낭비는 아니다. 다른 동물들의 뇌와 마찬가지로 인간의 뇌는 놀랍도록 효율적으로 설계되어, 굉장히 다양한 환경에서 번성할 수 있게 해준다.

그렇다고 해서 뇌가 편향에서 자유롭다는 것도, 인간이 가끔 어리석은 선택을 내린다는 사실을 부인하는 것도 아니다. 다만 현명한 판단과 결정이라는 것의 의미를 이제는 재고해볼 필요가 있다는 말이다.

정확한 행동은 항상 현명한 행동일까? 전통적인 시각과 진화론적 시각의 가장 결정적인 차이는 바로 이 질문과 관련이 있다. 대다수 사회과학자의 주장대로라면 인간은 왜곡되지 않은 순수한 진실을 발견하고 이해하기 위해 노력해야 한다. 진실을 알 때 우리는 더 정확하고 올바른 판단을 내릴 수 있기 때문이다. 하지만 자연 선택이 반드시 진실을 추구하도록 설계된 생명체를 만들어내는 것일까?

아닐지도 모른다. 오히려 몇몇 상황에서, 진화는 진실과 정확성을 내켜 하지 않을 수도 있다.

진화에서 중요한 것은 인간의 판단이 적합도를 향상시킨다는 점이다. 그리고 공교롭게도 어떤 상황에서는 편향과 부정확이 적합도라는 목표 달성에 도움이 된다면, 우리의 정신은 그 상황에 처했을 때는 계속 편향되고 부정확한 판단을 내릴 것이라고 기대할 수밖에 없다.

인지과학자인 패트리샤 처치랜드는 이렇게 주장한다.

"신경계의 주요 기능은 생명체가 생존할 수 있도록 신체 각 부분을 원래 있어야 할 자리에 있게 하는 것이다. 진실은 그것이 무엇이든 간에 가장 뒷전이다."

구제불능의 망상에 빠져 진실은 조금도 보지 못하는 사람이 진화적 성공을 거둔다는 뜻이 아니다. 대다수의 경우 정확하지 않은 행동보다는 정확한 행동이 더 많이 수확한다. 그러나 정신은 언제나 100%의 진실과 정확성만을 추구하도록 설계되어 있지 않다. 뒤에서 설명하겠지만, 가끔은 사실을 왜곡하는 것이 진화적으로 더 합당한 행동이 될 만한 이유가 있다.

예를 들어 어떤 물체가 당신을 향해 초속 6m의 속도로 날아오고 있고, 현재 물체와의 거리가 36m라고 하자. 이 물체는 얼마 뒤에 당신을 맞히게 될까?

답은 6초다물리학자라면 공기 마찰까지 고려해 6.001초라고 답할지도 모른다. 4초는 당연히 틀린 답이다. 아니, 명백한 판단 착오다. 하지만 우리의 정신은 이 명백한 판단 착오를 의도적으로 행하도록 설계되어 있다. 물체가 날아오면 우리의 뇌는 실제보다 조금 빠르게 이 물체가 우리를 맞힐 것이라고 예상한다.

사실 뭔가 다가오는 듯한 소리만 들려도새가 쌩하고 공중 낙하하는 소리, 덤불에서 무언가 부스럭대는 소리 등 이와 똑같은 판단 착오가 발생한다. 뭔가 다가오는 소리에, 그것의 속도를 실제보다 더 빠르게 생각하는 편향을 '**청각 접근 편향**Auditory looming bias'이라고 한다. 한 연구에서는 참가자의 100%

가 이런 오류를 보였다.

비이성적 행동으로 여겨지는 대다수 오류나 편향과 같이 청각 접근 편향도 자세히 검토해보면 사실은 아주 똑똑한 행동이다. 붉은털원숭이를 비롯해 다른 동물종들도 같은 편향을 진화시켰다. 이 의도적 오류는 자기보호 부분자아의 조기 경보 장치로 작용해서, 잠재적으로 위험한 물체가 다가올 때 최후의 안전선을 확보하게 해준다.

만일 코뿔소가 돌진해오고 있거나 산사태가 밀려오고 있는 모습을 보면, 당신은 재빨리 그 자리를 벗어날 것이다. 눈앞에 오기까지 기다리는 짓은 당연히 하지 않을 것이다.

위험이 다가오면 기다리지 않고 즉시 몸을 피할 때의 진화적 이득은 아주 컸기 때문에, 자연 선택은 인간에게그리고 여타 동물들에게도 고의적으로 세상을 부정확하게 보는 뇌를 제공한 것이다. 청각 접근 편향은 실험에서 경제적이고 합리적인 판단을 내리는 데는 방해가 될지 모르지만, 실세계에서는 오히려 심층 합리적 행동을 하도록 이끌어준다. 정확한 판단이 항상 현명한 판단인 것은 아니다.

모든 오류는 평등하지 않다

×

선택 오류와 편향 대부분이 표면적으로는 무질서한 설계상 결함으로 보이지만 더 깊이 관찰하면 결코 무질서한 결함이 아니다. **진화를 거듭하면서 우리의 정신은 편향의 지배를 받게 되었을 뿐 아니라,**

어떤 편향은 일부러 만들어내기도 한다.

최근에 내 친구는 새집에 이사한 첫날밤에 정말로 몸서리치는 일을 경험했다. 식구가 모두 자고 있는데 천장에 달린 화재경보기가 삑삑대며 날카롭게 울어대기 시작했다. 매캐한 냄새에 소스라치게 놀라 일어난 친구는 스토브 옆에 포장 박스들을 아무렇게나 놔뒀다는 사실을 기억하고는 공포에 사로잡혔다. 아내가 아이들을 집밖으로 미친 듯이 피신시키는 동안 친구는 911에 전화했다.

다행히도 잘못된 경보였다. 뭔가 타는 냄새는 이웃이 송진을 바른 난로에 나무를 태우는 냄새였다. 하지만 몇 주 후 새벽에 친구네 가족은 또다시 화재경보기가 울어대는 소리에 단잠에서 깨야 했다. 이번에도 불은 아니었다. 그리고 몇 주 후 다시 경보기가 잘못 울렸고, 그 뒤에도 또 같은 일이 일어났다. 화재경보기의 잦은 오작동에 화가 잔뜩 난 친구는 경보기의 감도를 조금 줄여 놓기로 했다. 그러나 그의 어린 딸이 불쑥 끼어들며 이렇게 말했다.

"아빠, 불이 났는데도 경보기가 안 울리면 어떻게 해?"

이것이 화재경보기의 딜레마다. 경보기의 감도를 줄여야 할까, 높여야 할까? 답은 짜증난 마음과 화재를 피하려는 마음 중 어느 것을 더 높게 치는지에 좌우된다.

대다수 사람은 경보기 감도를 계속 높게 설정해두는 쪽을 선택한다. 가족의 목숨이 안전할 수 있다면 짜증나는 오작동쯤은 참을 수 있기 때문이다. **우리가 이 화재경보기 같은 선택 편향을 의도적으로 택하는 이유도 그것이 우리의 생존에 도움이 되기 때문이다.**

화재경보기의 딜레마는 자연 선택이 우리의 선천적 의사결정 시스템 상당수를 설계할 때 해결해야 했던 문제와 똑같다. 우리의 뇌는 선택의 순간에는 대부분 고대의 뇌와 비슷하게 작동한다. 화재경보기는 정보가 불완전해도 판단을 내려야 한다. 공기 중에 연기 비슷한 입자가 일정 수준 이상 감지되면 화재경보기는 집이 떠나갈 듯 경보를 울리든가, 침묵을 유지하든가 둘 중 하나를 선택해야 한다. 마찬가지로 우리의 뇌도 중요 정보를 다 갖추지 않아도 판단을 내리도록 진화해왔다.

외출해야 하는데 우산을 가져갈지 말지 선택해야 한다고 가정해보자. 거추장스러운 우산을 가방에 넣고 하루 종일 시내를 돌아다니든가, 아니면 비가 오지 않기를 바라며 집에 두고 가든가 결정을 내려야 한다. 비가 올 확률이 얼마나 되는지에 따라 결정은 달라진다. 일기예보에서는 비가 올 확률이 50%라고 하고 하늘도 조금 흐린 편이다. 그러나 흐리더라도 꼭 비가 오는 것은 아니고, 일기예보는 원래 잘 틀리기로 악명이 높다. 결국 우리는 화재경보기처럼 불완전한 정보를 토대로 결정해야 한다.

의사결정 과정에서는 어느 정도의 오류 발생이 불가피하다. 불충분하고 불완전한 정보로는 세상사를 다 알아맞힐 수 없다. 하지만 모든 오류가 평등하게 태어난 것은 아니다. 오류는 기본적으로 두 가지 종류로 나눌 수 있는데, 한쪽은 다른 한쪽보다 훨씬 피해가 크다.

앞서 우산의 예에서 첫 번째 오류는 우산을 들고 나가는데 비가 오지 않는 것이다. '**오경보**False alarm'라고 불리는 이 오류는 화재가 아닌

데도 화재경보기가 울리는 상황과 비슷하다. 짜증은 나지만 큰 피해는 없다.

두 번째 오류는 우산을 안 가지고 나갔는데 비가 오는 경우로 이를 **'놓침**Miss **오류'**라고 한다. 위협을 탐지해야 하는 상황에서 놓침 오류는 오경보보다 훨씬 큰 대가를 요구한다. 이 놓침 오류로 인해 우리는 비를 맞고 속옷까지 흠뻑 젖어 새로 산 정장 재킷을 못 입게 될지도 모른다. 화재경보기의 경우는 훨씬 심각한 결과를 초래해서, 심지어 목숨을 잃을 수도 있다.

뇌와 마찬가지로 자연 선택도 피해가 더 큰 오류를 최소화하기 위해 편향된 시스템을 만든다. 이처럼 진화적 대가가 큰 오류를 피하려는 선천적 편향을 '화재경보기 원칙'이라고 한다.

진화심리학자 마티 해이즐턴과 랜디 네스의 주장에 따르면 자연 선택은 인간의 판단과 결정이 화재경보기 원칙에 따라 편향되도록 획책해왔다. 성능 좋은 화재경보기처럼 우리의 뇌는 불이 나지 않았어도 경보를 울리도록 만들어져 있다. 그래서 우리는 치명적 피해를 입을지도 모르는 놓침 오류를 피하기 위해서라도 오경보의 불편함은 감수해야 한다.

진화적 성향은 우리를 값비싼 오류로부터 최대한 멀리 떨어뜨리려 하기 때문에, 우리는 선택을 내리는 과정에서 작은 오류를 더 자주 저지르게 된다. 결국 우리가 작은 오류를 자주 저지르는 이유는 큰 실수를 피하기 위해서다.

작은 오류를 자주 저질러 큰 실수를 피한다

×

화재경보기 원칙의 바탕에는 무수한 의사결정 오류가 깔려 있다. 한 예로, 기껏 안전벨트를 착용했는데 아무 사고도 나지 않는 경우다. 안전벨트를 착용하기로 한 결정이 오류가 될 확률은 무려 1,000분의 999나 된다. 대부분 우리는 아무 도움도 되지 않는 성가신 띠에 묶인 상태에서 운전해야 한다.

그러나 수십 년 동안 불편을 감수한 끝에, 사람들은 기꺼이 안전벨트 착용의 오류를 수용하여, 벨트 착용을 거부하던 조부모 세대보다 자동차 사고 사망자 수를 현저히 줄이는 결과를 이끌었다. 화재경보기 원칙에 이끌린 사람들은 벨트를 착용하지 않아서 큰 사고가 발생하는 훨씬 치명적인 실수를 피하기 위해 안전벨트 착용이라는 작은 오류를 저지른다.

의사결정 오류를 바라보는 화재경보기의 시각과는 현격히 차이가 난다. 상당수 경제학자들은 인간이 돈과 관련된 문제에서는 특히 오류를 범하기 쉽다고 주장한다.

테리 버넘의 《비열한 시장과 도마뱀의 뇌》에 따르면 인간은 어리석은 금융 투자자다. 인간이 돈 문제에서 가장 흔히 저지르는 실수 중 하나는 투자 위험을 너무 적게만 감수하려드는 태도다. 역사를 보더라도 미국의 주식은 다른 어떤 투자 수단보다 장기적으로 높은 실적을 거뒀는데도 불구하고, 주식에 투자하는 사람은 늘지 않고 있다.

합리성을 중시하는 경제학자들은 이런 사실에 당황한다. 5,000달러를 모았고 이 돈을 노후 자금으로 묶어 둘 생각이라면, 똑똑하고 합리적인 이콘은 당연히 이 돈을 여러 투자 상품에 혼합해 투자한다. 당연히 거기에는 위험성이 높은 주식 비중도 상당할 것이다.

그러나 실제로 대다수 사람은 5,000달러를 은행에 묵히면서, 물가 상승은 거의 따라잡지도 못하는 쥐꼬리만한 금리만 받는다. 전통경제학의 시각에서 보면 참으로 비이성적인 행동이다.

이런 투자 결정을 화재경보기 원칙에서 생각해보자. 은퇴 계좌에 넣은 5,000달러와 관련된 투자 결정은 두 가지 오류를 낳을 수 있다. 첫 번째 오류는 은행에 묶어 뒀는데 증시가 활황을 맞는 경우다. 그러면 계좌 주인에게 돌아오는 돈은 원금 5,000달러와 1.8%라는 궁색한 금리가 전부다. 이런 웃지 못할 오류가 발생하면 위험 회피는 굉장히 비이성적 행동으로 간주된다.

두 번째 오류는 돈을 주식에 몽땅 투자했는데 증시가 폭락한 경우다. 노후 자금은 흔적도 없이 사라진다. 우리 저자 중 한 사람도 은퇴 계좌의 상당 부분을 뚝 떼어 저금리 채권에서 주식 투자로 갈아탔다. 그리고 두세 달도 지나지 않아 주식 시장은 역사상 유례없는 수준으로 폭락했고, 그후에도 잠시 또 한 차례 급전직하했다.

서문에서도 말했지만 이제 그는 80살까지는 일해야 하고, 은퇴한 다음에는 에콰도르 어딘가의 초라한 오두막에서 황혼기를 보내야 할지도 모른다.

화재경보기 원칙에 따라 설정된 뇌는 재산을 잃는 것이 훨씬 대가가 큰 오류기 때문에, 그런 상황이 올 것 같다 싶으면 극도로 경계한다. **인간은 위험 회피 성향에 이끌려 오류를 범하기도 한다. 그러나 이 오류는 더 큰 실수를 피하기 위해 자연 선택이 설계한, 계산된 편향이다.**

과민 반응하는 몸과 행동면역계의 역학

×

우리는 어떤 판단을 내려야 할 때 몸을 사리고, 어떤 판단을 내려야 할 때 경솔해지는가?

이것은 그 순간 어떤 부분자아가 판단과 결정의 주도권을 쥐는지에 달려 있다. 부분자아들은 진화 목표가 다 다르다. 그렇기에 지금 가장 관심 있는 부분이 질병 예방인지, 짝 찾기인지, 아이를 보살피는 것인지에 따라 결정을 위한 기준도 달라진다. 이제부터 부분자아들의 속으로 들어가, 그 자아들이 어떻게 결정을 내리는지 살펴보자.

재채기하던 순간을 떠올려보자. 몸이 정말로 위험해졌기 때문에 나온 재채기인가?

아닐 것이다. 진짜 위협받은 것이 아닌데도 우리의 몸은 재채기라는 오류를 자주 범한다. 실제로는 먼지 입자나 고춧가루 냄새를 맡아도 오경보가 발령된다. 호흡기에 약간의 자극만 입어도 재채기가 나오도록 생리적으로 정해져 있다. 우리의 신체 방어는 때늦은 후회보다는 안전을 도모하도록 진화했기 때문이다.

면역계도 같은 방식으로 짜여 있다. 백혈구 세포 군대는 혈류에 병균 비슷한 물체가 떠다닌다고 감지한 순간 전쟁 준비에 들어간다. 그러나 몸 전체가 전쟁 준비에 들어가면 귀중한 신체 자원이 소모되기 때문에 대가가 너무 클 수 있다. 그래서 자연 선택은 병원균과 맞서 싸우기 위해 신체에 조잡한 1차 방어선을 부여했다. 이런 1차 방어선을 진화심리학자 마크 샬러는 '**행동면역계**'라고 부른다. 이 심리적 시스템은 우리의 질병 회피 부분자아가 질병을 피하기 위해 운영하는 생각과 행동의 시스템이다.

행동면역계는 병원균 감지기다. 화재경보기가 연기 비슷한 냄새만 나도 민감하게 반응하듯이, 행동면역계는 질병과 관련된 그 무엇에든 과민 반응을 한다. 행동면역계는 근처의 사람이나 장소나 물질의 모습, 냄새, 소리에서 위험한 병원균일지도 모르는 신호가 나타나면 즉시 가동된다.

누군가의 팔에 있는 보기 흉한 상처, 고기 썩는 냄새, 버스 안에서 누군가 재채기하는 모습을 접할 때마다 우리의 행동면역계는 경보를 발령한다. **낯설고 이질적인 냄새, 외양, 소리 혹은 누군가가 우리의 감각에 감지된 순간 질병 회피 부분자아는 즉시 우리가 행동을 바꾸도록 이끈다.**

조시 타이버와 앤젤라 브라이언이 수행한 연구에서 실험 참가자들은 불쾌한 냄새에 접했을 때 콘돔 사용에 더 적극적이었다. 이 실험에서 병원균 신호는 피상적이고 무해한 신호였다한 번만 뿌려도 속이 부글거리는 이산화황 냄새가 심하게 나기 때문에 '리퀴드애스(Liquid ass, 액체 항문)'라는 기막힌 별명까지 붙은 에어로솔 스프레이였다. 하지만 아무 해가 없는 악취에도 참가자들은 성관계로 옮을지도 모르는 질병으로부터 스스로를 보호하려는 행동 성향을 보였다.

심리적 영역행동면역계과 생물적 영역신체면역계은 대개 서로 독립된 영역으로 여겨진다. 그러나 진화는 현명하게 조율된 심층 합리성의 시스템 속에서 심리적 영역과 생물적 영역 모두를 활용한다. 행동면역계가 활성화되면 몸의 신체면역계인 T세포를 비롯해 병균과 싸우는 림프구 상비군에도 적색경보가 켜진다.

마크 샬러는 두 면역계가 얼마나 밀접하게 협력하는지 알아보기 위해 기발한 실험 한 가지를 진행했다. 그와 연구진은 실험 참가자들에게 병자처럼 보이는 사람들의 사진이 담긴 슬라이드를 보여줬다. 발진이 난 사람들, 매독에 걸린 사람들, 재치기나 기침을 하면서 콧물이 코 밖으로 튀어나오는 사람들의 사진이었다. 참가자들은 사진을 보기 전과 본 다음에 혈액 샘플을 제출했다.

연구진은 백혈구가 미생물 침입을 감지할 때 만들어내는 염증성 시토카인Cytokine, 즉 염증 유발 인자인 인터류킨-6IL-6 수치를 측정하기 위해 참가자들이 제출한 혈액 샘플을 박테리아 감염에 노출시켰다. 인터류킨-6 수치가 높을수록 감염에 저항하기 위해 몸이 훨씬 공격적인 면역 반응을 보이기 시작했다는 뜻이다. 결국 이것은 면역계의 '군대'가 출정 준비를 하고 있다는 말이나 다름없다.

연구진은 피험자들이 질병에 걸린 사람들의 사진을 보기만 해도 실제로 면역계가 자극받아 질병과 맞서 싸우는지 알아보기 위해 슬라이드 쇼를 보여주기 전과 후에 피험자들의 염증 반응을 측정했다. 그런

데 정말로 그랬다. **그들은 아픈 사람들의 사진을 보기만 했을 뿐인데도 백혈구 세포가 자극되어 박테리아 감염에 대해 격렬한 반응을 보이기 시작했다.**

게다가 연구진이 알아낸 바에 따르면, 면역계는 생물학적 반응을 유발하는 종류의 사진에도 심층 합리성을 발휘했다. 연구진은 다른 피험자 집단에게는 위험해 보이는 사람들의 사진을 보여줬다. 사진 속의 사람들은 카메라를 향해 총을 똑바로 겨냥하고 있었는데, 마치 사진을 보는 사람들을 조준하고 있는 것처럼 보였다이런 종류의 사진은 자기 보호 부분자아를 촉발한다.

질병에 걸린 사람들의 사진보다 **총을 겨냥하고 있는 사람들의 사진이 훨씬 큰 불안감을 불러일으켰음에도, 물리적 위험을 드러내는 사진은 면역계 반응에 아무 영향도 미치지 않았다.** 질병 신호에 접했을 때만 면역계가 자극되어 더 공격적으로 움직이기 시작했다.

미국인들, 맥도날드에 분노하다

×

행동면역계는 감염 예방을 위해 설계된 여러 반응을 만들어낸다. 어떤 반응은 비이성적일뿐더러 질병 예방과는 전혀 관련이 없어 보인다. 가령 질병 회피 부분자아가 지휘권을 잡으면 사람들은 스리랑카와 에티오피아처럼 이국적인 곳에서 온 외국인들에 대한 편견이 증가한다.

얼핏 생각하면 말도 안 되는 논리다. 그러나 낯선 외부인들이 원주민들의 면역계가 전혀 대처하지 못하는 낯설고 치명적인 질병을 옮긴 사례는 역사적으로 많았다. 이런 사실을 고려하면 그런 편견에도 어느 정도 수긍이 간다.

콜럼버스 도착 이후 아메리카 원주민 수가 급감한 가장 큰 이유는 유럽인들이 가지고 들어온 질병에 접촉했기 때문이었다. 천연두에 비하면 운디드니에서의 원주민 대학살은 아무것도 아니었다. **우리 인간의 질병 회피 시스템은 심층 합리성의 반응을 조장한다. 생리학적 희생을 무릅쓰고라도 진짜 면역계를 총동원할 필요가 있어 보이는 사물이나 사람과 접촉을 피하도록 유도한다.**

이런 행동면역계에 대한 지식을 바탕으로 잠비아의 식량 원조 거부를 다시 생각해보자. 그들은 굶어 죽기 직전이었음에도 유전자 변형 식품을 먹지 않겠다고 거부했다. 사람들은 유전자 변형 식품을 먹어야 한다고 생각하면 흔히들 물리적으로 비정상적이고, 낯설고, 알 수 없는 무언가를 몸속에 집어넣는 상상을 한다.

우리는 우리가 먹는 과일과 야채가 '자연스러운 것'이기를 원한다. '유전자 변형'이라는 딱지는 공상과학 영화에서나 등장하는 비정상적 이미지를 떠올리게 한다. 이를테면 흉물스럽게 생긴 파란 감자나 여기저기 혹이 달린 빨간 바나나 등이 떠오르는 것이다.

국제 구호대는 원조로 보낸 유전자 변형 식품을 잠비아 대통령이 거부하자 크게 화를 냈다. 보내진 식량은 대다수 미국인이 매일 먹는 식품이었기 때문이다. 잠비아가 식량 원조를 거부한 그때에, 미국 맥도날드 매장에서 판매되는 모든 프렌치프라이는 유전자 변형된 감자로 조리한 것이었다. 훗날 밝혀졌지만 미국 소비자들은 맥도날드의 맥스퍼드를 즐겨 먹긴 했지만, 그들 대부분이 유전자 변형된 감자를 먹고 있다는 사실은 전혀 몰랐다.

이 프렌치프라이의 진짜 재료를 안 순간, 미국인들은 크게 분노했다. 이것은 잠비아가 보인 분노와 별로 다르지 않았다. 미국인들은 '정상적인' 감자만 먹겠다고 주장했다. 농업 검사원이 유전자 변형된 감자의 안전성을 표명했다는 사실도 중요하지 않았다.

또한 세계보건기구가 유전자 변형 식품이 인체에 미치는 악영향을 전혀 발견하지 못했다는 사실도 사태 완화에는 별 도움이 되지 못했다. 질병 회피 부분자아가 주도권을 쥔 순간 인지적 추론은 별 힘을 발휘하지 못한다. 소비자의 거센 항의에 맥도날드는 옛날의 '자연적인' 감자로 돌아갈 수밖에 없었다. 잠비아 국민들이 유전자 변형 식품의 섭취를 거부한 것처럼, 미국인들도 변종 프렌치프라이는 만지지도 않으려 했다.

계산된 오류, 남자들은 여자가 자기에게 관심을 보인다고 착각한다

×

지금까지는 조상 대대로 성공적 방어를 위해 설치된 편향에 초점을 맞춰 질병 회피 부분자아가 병에서 우리 몸을 보호하기 위해 사용하는 편향에 대해 설명했다. 그러나 자연 선택 게임에서 좋은 방어는 이야기의 일부에 불과하다. **진화적 성공을 거두려면 위험과 질병의 도전을 해결하는 것**훌륭한 방어**도 중요하지만, 친구를 사귀고 지위를 확보하고 번식의 기회를 움켜쥐는 것**훌륭한 공격**도 중요하다.**

솔직히 말해 진화적 관점에서는 훌륭한 공격이 훨씬 중요하다. 방어에 성공한 사람이 100살까지 산다고 해도 짝짓기 임무를 통해 유전자 일부를 남기지 못하면, 그가 죽으면서 그의 유전자도 함께 죽기 때문이다. 이와 반대로 어떤 사람이 방어력은 그저 그래서 서른 살까지 겨우 살더라도 유전자 일부를 짝짓기 원정에 파견해 임무를 성공적으로 완수했다면, 그의 유전자는 후대에도 계속 전해질 가능성이 높아진다.

동물들은 위험과 질병을 탐지하는 감지 시스템을 갖췄을 뿐만 아니라 기회를 탐지하는 기제도 갖추고 있다. 곤충학자들에게는 라틴어 학명 'Bombyx mori'라고 알려진, 고대 중국에서는 '날아다니는 환금작물換金作物'이라고 불렸던 누에나방을 예로 들어보자. 암컷 누에나방은 짝짓기 시기가 되면 봄비콜Bombycol이라는 화학 물질을 방출한다. 수컷 누에나방은 진화적 성공을 거두려면 짝짓기에 관심을 보이는 암컷의 존재를 파악할 수 있어야 한다.

그러나 여기에는 한 가지 문제가 있다. 암컷이 발산하는 성페로몬은 아주 미미한 양에 불과하다. 그래서 수컷들은 굉장히 민감한 봄비콜 감지기를 진화시켜 이 화학 물질의 농도가 공기 분자 1,000,000,000,000,000,000개 중 1개 정도에 불과할 때도 봄비콜을 탐지할 수 있다사실 돈을 셀 때도 100경이라는 숫자까지 셀 일은 거의 없다.

감지기의 민감도가 굉장히 높기 때문에 수컷 누에나방은 10km 밖에 있는 암컷 누에나방의 냄새도 알아차릴 수 있다. 짝짓기에 관해서라면 수컷 누에나방은 마치 바닷물에 피 한 방울만 떨어뜨려도 저 멀리서 쏜살같이 달려오는 상어와도 비슷하다.

진화가 우수한 방어를 위해 인간에게 한쪽으로 치우친 화재경보기를 부여했듯이, 자연 선택 역시 짝짓기 공격을 행할 수 있도록 편향된 섹스 감지기를 만들어냈다. 경보기가 삑삑 날카로운 소리를 내서 치명적인 실수를 피하도록 이끈다면, 섹스 감지기는 듣기 좋은 신호음을 내보내 우리가 생식 기회를 향해 나아가도록 재촉한다.

예를 들어 남자들은 여자들의 연애 관심도를 측정하는 문제에 있어서는 걸핏하면 판단 착오를 하는 것으로 유명하다. 많은 여성이 입증하듯이, 남자들은 곧잘 망상에 빠져서는 실제로 전혀 그렇지 않은데도 저 여자가 자신과 연애하고 싶어 한다고 착각한다. 즉 매력적인 여자가 자기 쪽을 여러 번 쳐다보면 '저 여인이 나를 원한다'고 생각한다.

우리는 한 연구에서 남자들에게 아름다운 여자들의 사진을 보여줬다. 사진 속 여자들은 모두 중립적인 표정을 하고 있었지만, 피험자들남자들에게 그녀들이 특정한 감정을 억누르고 있다고 말했다. 그리고 피험자들이 타인이 숨기고 있는 '미세한 표정'을 간파할 수 있는지 알아보는 것이 실험 목적이라고 설명했다. 다시 말해서, 여자들의 진짜 감정을 알아내는 것이 목표라고 설명했다.

사진 속 여자들이 어떤 감정을 억누르고 있다고 보이는지 질문하기 전에, 우리는 피험자들에게 낭만적인 감정을 유도하는 영상을 보여줬다. 아름다운 여성이 잘생긴 남자에게 반하는 내용의 영상이었다. 짝 획득 부분자아가 각성된 후, 대다수 피험자는 미녀의 얼굴 표정에서 아주 미세하지만 억눌린 성적 흥미의 신호를 읽어냈다고 믿었다.

완벽하게 중립적이고 금욕적인 표정만의 사진을 고르고 골랐다는 점도 피험자들에게는 중요하지 않았다. 심지어 이들은 사진 속 미녀들이 자신에게 추파를 던지고 있다고까지 했다.

짝 획득 부분자아는 남자의 섹스 감지기 감도를 굉장히 높게 설정해뒀다. 이런 과민감 설정 탓에 남자들은 자주 판단 착오를 범하지만 진화적으로 보면 이것은 계산된 오류다. 섹스 감지기의 편향은 값비싼 실수를 피하려는 판단 편향이 설정된 화재경보기 원칙의 뒷면인 셈이다.

앞에서 말했지만 **오류에는 놓침 오류와 오경보라는 두 종류가 존재한다. 여자의 관심을 끌려는 남자들에게 오경보는 있지도 않은 성적 관심을 감지한 것이다. 그러나 놓침의 오류를 저지른다는 것은 여자가 실제로 성적 관심을 보이는 데도 남자는 이를 감지하지 못한다는 뜻이다.**

진화적 시각에서 보면 남자는 섹스 기회를 못 보고 지나칠 경우놓침, 냉담한 여자의 뒤꽁무니를 좇으며 시간을 허비할 때보다오경보 더 큰 대가를 치러야 한다. 보통의 남자에게는 짝짓기 기회가 그렇게 많이 오지 않으므로 단 한 번의 기회라도 놓치지 않는 것이 중요하다.

자연 선택이 남자들의 짝 획득 부분자아를 편향되게 조작해둔 탓에 남자들은 여자가 자기에게 관심을 보인다고 착각하곤 한다. 그래서 곧잘 망상에 빠진 바보가 되지만, 짝짓기 세상에서 진화적 성공은 숫자 놀이다. 많이 구하면 구할수록 더 많은 짝을 얻는 것이다.

연구에 따르면 평범한 외모의 남자 대학생이 애인이 없는 여대생에게 다가가 데이트 허락을 받아낼 확률은 50%다. 남자는 여자가 자기한테 관심이 있다고 생각할 때 데이트 신청도 더 많이 할 것이다.

반대로 저 여자가 냉담할 것이라고 지레짐작하는 남자는 여자가 데이트 신청을 허락할 가능성이 높은데도 뒤로 물러설 공산이 크다. 가끔 기꺼이 스스로를 속이지 못하는 남자는 결코 데이트 약속을 잡지 못한다. 반면 여자는 이런 성적 과잉 인식 편향을 보이지 않는다. 오히려 여자들은 남자 문제에 있어서는 대체로 현명한 회의주의를 가지고 있다. 물론 다 그런 것은 아니다.

나쁜 남자를 좋아하는 여자들의 심리

×

많은 여성은 자상하고, 듬직하고, 좋은 아빠가 될 사람이 훌륭한 연애 상대라고 믿는다. 그러면서도 대다수 여자는 카리스마 있고, 모험심이 강하고, 듬직함이라고는 하나도 없는 남자가 눈에 들어오면 마음이 흔들린다.

드라마 〈매드맨〉의 핸섬한 주인공 돈 드레이퍼나 E.L. 제임스의 베스트셀러 《그레이의 50가지 그림자》의 크리스천 그레이 같은 남자들을 떠올려보자.

남자들의 데이트 지침서는 미혼남들에게 여자들이 거부하기 힘든 위험한 냄새를 풀풀 풍기는 나쁜 남자가 되는 방법을 가르친다. 반면 여성 독자를 위한 데이트 지침서는 헌신이라면 질색하는 섹시한 바람둥이를 멀리하고, 대신에 듬직하고 '그럭저럭 괜찮은 남자'를 선택하라고 구구절절 설명한다.

이런 경고를 끊임없이 들으면서, 그리고 번번이 심장이 산산조각 나는 경험을 하면서도 왜 어떤 여자들은 계속 나쁜 남자에게 목을 매는 것일까?

앞에서 말했지만 여자의 쇼핑 행동과 스트립 댄서들의 춤은 배란 주기에 무의식적으로 영향을 받는다. 배란기인 여성들은 더 섹시한 옷을 고르고, 더 유혹적으로 춤을 춘다. 배란은 여성의 짝 획득 부분 자아를 위한 호르몬 자극제다. 임신 가능성이 가장 높아지는 배란기 동안 여자들은 세상의 조지 클루니와 제임스 본드에게 무의식적으로 더 끌린다. 그들은 매력적인 외모에, 남성성을 뽐내고, 대담하게 구는 남자들에게 더 끌린다.

이 남자들은 누가 봐도 플레이보이다. 그러나 일부 여자들은 핸섬한 돈 후안도 잘만 길들이면 좋은 남편이 될 것이라고 스스로를 납득시킨다. 몇몇 진화심리학자들의 주장에 따르면 자연 선택은 배란기 여성들이 나쁜 남자에게 끌리도록 조정해뒀다. 균형미를 갖춘 외모, 남성성, 사회적 우위는 수컷의 유전자 적합도를 보여주는 지표기 때문이다.

조지 클루니의 핸섬하고 남성적인 외모는 더 튼튼하고, 강하고, 섹시한 후손방어를 잘하고 공격도 잘할 아이들을 낳을 유전자를 갖고 있다는 신호일 수 있다. 그러나 다른 여자들도 그런 남자들의 관심을 끌려고 하기 때문에, 결국 이런 남자들은 오랜 관계를 이어 갈 파트너로서는 적합하지 않다.

여자들 대부분은 하룻밤 연애보다는 오랜 기간에 걸친 헌신적인 관계를 원한다. 그런데도 왜 여자들은 거짓말을 밥 먹듯이 하고, 금방 다른 여자에게로 가버릴 바람둥이 남자들과 장기적인 연애 관계를 가지려고 할까?

밝혀진 바에 따르면 배란은 섹시한 나쁜 남자에 대한 여자의 인식을 왜곡시킨다. 한 연구에서는 배란기와 비배란기 성인 여성들막 대학에 들어갈 연령이 된 여성들에게 두 남자를 소개했다. 실험에 참가한 여성들은 화상 채팅으로 남자들과 이야기를 나눴다.

첫 번째 남자실제로는 배우였다는 '좋은 아빠'를 연기했다. 그는 친절하고 자상했으며 그럭저럭 호감 가는 외모였고, 무엇보다도 헌신적인 관계와 가족을 원한다는 티를 냈다. 하지만 그런 바람직한 형질에도 불구하고 이 착한 남자는 숫기가 너무 없고, 유머 감각도 없었으며, 자신감도 없었다.

두 번째 남자그도 훈련받은 배우였다는 훨씬 재미있었다. 그는 섹시한 나쁜 남자였다. 근육으로 다져진 멋진 몸매를 가졌고, 자석 같은 카리스마를 뽐냈다. 그는 대화를 이끄는 방법이라든가 여자를 재미있게 해주는 방법을 잘 알고 있었지만, 듬직하거나 믿을 만한 구석이 전혀 없다는 적신호를 온몸에서 풀풀 풍기고 있었다.

두 남자와 대화를 나눈 후 배란기 여성들과 비배란기 여성들은 그들의 점수를 매겼다. '좋은 아빠' 타입의 첫 번째 남자를 평가할 때 배란기는 아무 영향도 미치지 않았다. 여자들은 그에게 꽤 괜찮은 남자라는 점수를 줬지만, 배란기든 비배란기든 상관없이 특별히 두드러진 점은 없었다.

그러나 섹시한 나쁜 남자를 평가할 때 배란기 여성들은 착각에 빠졌다. 자연적인 생식 호르몬에 영향을 받은 여성들은 섹시한 바람둥이도 헌신적이고 안정적인 연애 상대가 될 수 있다고 생각했다. 어쩌면 기적이 일어나 이상적인 남편이자 아버지로 변신할 수 있을 것이라고 믿었다.

여자들은 호르몬이 넘쳐흐르는 배란기에는 로맨스 소설의 클라이맥스에서나 나올 법한 기적이 일어날 것이라고 믿는다. 제임스 본드도 기저귀를 갈고, 요리하고, 기꺼이 아기 목욕을 시키고, 심지어는 육아 부담도 절반 이상 가져갈 것이라고 믿으며 스스로를 속이는 것이다. 이들의 눈에는 최악의 남자가 이상형으로 둔갑해 있다.

연구 결과에 따르면 생식 호르몬은 여성의 섹스 감지기를 자극한다. 배란기 여성들은 섹시한 나쁜 남자의 의도를 회의적으로 바라보지 못하고, 먼저 적극적으로 움직인다. 자각하지 못하지만 그들은 섹시한 바람둥이를 좋은 남편이자 아버지로 바꿀 수 있다고 믿는다.

자연 선택은 여자들이 나름의 방법으로 우수한 수컷 유전자를 쟁취하게끔 여성의 정신을 미리 조정해뒀다. 그런 점에서 **배란기의 이런 착각은 여성들이 우수한 유전자를 가진 남자와 성적 접촉을 해야 할 때 필요한 추가 압박을 가해준다고도 볼 수 있다.**

때론 근거 없는 자신감이 큰 성공을 만든다

×

앞서 스티브 잡스가 친구인 스티브 워즈니악과 어떻게 애플을 창업했는지 약간 언급했다. 사람들은 잡스야말로 현대의 가장 눈부신 비전가 중 한 명이라고 생각한다. 그러나 그가 정확한 현실 파악 능력이 있었다고 말하는 사람은 별로 없다.

잡스는 본인의 아이디어에 대해 추호의 의심도 하지 않는 것으로 악명이 높았다. 이 지나친 자신감에 잡스의 주변 사람들은 그의 객관적 세계 인식 능력이 **'현실왜곡장**Reality distortion field, 동료들에게 확신을 심어 주고 몰아붙여 불가능한 일을 하게 하는 독특한 리더십'에 의해 영구적으로 왜곡되었다고 말할 정도였다.

단순히 엄청난 성공을 거뒀기에 그의 자만심이 부풀어오를 대로 올라 있었다는 말로는 이런 자신감의 이유가 제대로 설명되지 않는다. 1970년대에 대학을 중퇴했을 때도 잡스는 이미 남의 눈 따위는 의식하지 않았다. 그는 회사 회의에 맨발로 참석했고 몸에서는 지독한 악취가 났다. 투자자들을 설득해서 수백만 달러를 투자받아야 할 때도 아랑곳하지 않았다.

잡스는 일주일에 한 번만 샤워했으며, 사과를 충분히 먹으므로 탈취제도 뿌릴 필요가 없다고 거부했다. 변변한 제품 하나 없는 햇병아리 회사를 운영할 때도 그는 자신의 아이디어를 대단히 확신하면서, 자기의 부랑아 같은 모습과 악취에도 투자자들이 별로 신경쓰지 않을 것이라고 자신했다.

그런데 깜짝 놀랄 정도로 많은 사람들이 잡스와 같은 과잉 확신 편향을 가지고 있다. 남자들에게 그들의 운동 능력을 물어보면 모두가 평균 이상이라고 답한다. 시카고 대학 MBA 과정의 1학년 학생들도 마찬가지다. 그들은 첫 수업을 들으면서 자신이 평균 이상을 받을 것이라고 기대한다. 당연히 그들 중 절반은 평균 이하의 점수를 받는데도 말이다.

심리학자들이 과잉 확신 편향이라고 일컫는 이런 편향이 말도 안 된다는 사실은 굳이 논할 필요조차 없다. 모두가 평균 이상이 되는 것은 절대로 불가능하다. 그런데도 우리는 과잉 확신 편향에 지배되어 어리석고 비이성적으로 보이는 행동을 저지른다. 하지만 이것은 지위 확보를 위한 기회를 이용하는 문제에서는 오히려 현명한 행동일 수도 있다.

정치과학자이며 진화생물학자인 도미닉 존슨은 자신감, 특히 과잉 확신이 진화적으로 적응된 편향일지도 모른다는 증거를 제시한다. 업무 실적, 스포츠, 기업의 성공에서 자신감은 없어서는 안 될 요소다. 자신감이 클수록 나태하고 부주의해진다고 생각하는 사람들도 있지만 실제로는 정반대다. 자신감은 야망, 결단력, 끈기를 높여준다.

자신감이 큰 사람일수록 낙관적 태도를 유지하고 불확실성에 부딪쳤을 때도 노력을 포기하지 않는다. 한 예로, 과잉 확신에 빠진 생명보험 중개인은 큰 실패를 맛볼지라도 이것을 자신의 무능함을 드러내는 신호라고 여기지 않는다. 그는 어쩌다 운이 나빴을 뿐이라고 생각하면서 더 끈질기게 노력해서, 결국 더 많은 보험을 판매한다.

도미니크 존슨과 그의 동료인 제임스 폴러가 정교한 수학 모델을 이용해 발견한 결과에 따르면, 자원을 두고 경쟁할 때 과잉 확신은 실제로 개인의 진화적 적합도를 높여줄 공산이 크다. 이것은 지위 부분자아 영역과 관련된 문제인데, 이 부분자아야말로 과잉 확신 편향에 빠지기가 특히 쉽기 때문이다. 자신감은 우리를 기회로 향하도록 이끌며, 실패해도 축 처지거나 한탄만 하지 않고 다시 일어나 끈기를 발휘하게 해준다는 점에서 진화적 적응이다.

물론 지나친 과잉 확신은 오만을 낳고 때로는 손쓸 수 없을 만큼 끔찍한 선택을 이끌기도 한다. 제1차 세계대전, 베트남전쟁, 이라크전쟁, 치명적인 환경 재앙에 대한 준비 미흡 등이 그 예다. 그러나 그럴지라도 **성공 가능성을 낙관할 때 우리는 벤치에 멀뚱히 앉아 하염없이 행운만 꿈꾸는 태도를 버리고, 적극적으로 방망이를 휘두를 마음을 먹는다. 그리고 실제로도 홈런을 친다.**

자신감은 승진과도 관련이 많다. 자신만만해 보이는 사람들은 더 유능하다고 여겨진다. 그리고 리더를 선택해야 할 순간이 오면 사실이야 어떻든 간에 겉으로 더 유능해 보이는 사람들이 중책을 맡게 된다는 연구 결과도 있다.

각 분야에서 가장 성공을 거둔 거인들은 대체로 과잉 확신 편향을 가지고 있었다. 〈타이타닉〉, 〈아바타〉를 제작한 제임스 카메론이 딱 여기에 해당된다. 그와 함께 일했던 사람들은 그의 자신감이 대단했다고 평한다. 〈타이타닉〉 제작비가 예산을 크게 초과하자 스튜디오 경영진은 예산 지급을 중단하고는 자신들의 말을 들으라고 카메론을 압박했다.

그러나 카메론은 경영진의 요구를 따르기는커녕 그들과 협상을 나누는 것도 거부했다. 그는 2억 7,000만 달러라는 어마어마한 제작비를 대기 위해 돈을 있는 대로 끌어모았다. 영화 역사상 가장 큰 규모였다. 결국 카메론의 자신감이 성공했다. 〈타이타닉〉은 전 세계적으로 21억 달러의 흥행을 거두면서 최고 흥행 수익을 올린 영화에 올랐다. 이 영화는 그의 또 다른 영화인 〈아바타〉가 27억 달러의 총수익을 거두기 전까지 1위 자리를 굳건히 유지했다.

스티브 잡스는 부랑아 같은 외모와 코를 찌르는 악취를 풍기고 다니면서도 한 번도 주눅들지 않았다. 그는 자신의 아이디어가 옳다고 확신했기 때문에 직감을 따르지 않을 이유가 하나도 없다고 생각했다.

그러나 모든 사람이 그의 자신감에 공감한 것은 아니다. 잡스는 아타리의 엔지니어인 론 웨인에게 창업 준비 중인 애플의 세 번째 파트너자신과 워즈니악 다음으로가 되어 달라고 설득했고, 웨인도 이를 수락했다. 하지만 잡스가 여기저기 창업 자금을 빌리는 모습을 본 웨인은 곧 겁을 먹고, 이 신생 회사의 주식 10%를 잡스와 워즈니악에게 800달러에 넘겼다.

하지만 잡스의 끈질긴 자신감은 큰 결실을 거뒀고, 애플은 세계 역사상 가장 가치 있는 회사가 되었다. 론 웨인이 잡스의 자신감에 공감했다면, 그의 투자 원금 800달러는 2010년 26억 달러로 불어나 있었을 것이다.

우리의 정신은 편향에 지배되도록 진화해왔다

편향은 흔히 안 좋은 어감으로 사용된다. 우리는 편향을 피해야 한다고, 정확하고 이성적이며 현명한 판단을 내리기 위해 노력해야 한다고 배운다. 그러나 **우리의 정신은 편향에 지배되도록 진화해왔다. 우리는 비합리적이라고 여겨지는 특정한 오류와 결정을 내릴 수밖에 없도록 진화되었다.** 앞에서도 설명했지만 전통적 시각에서 보면 현명한 행동일 수 있다.

우리가 의식하든 의식하지 않든 인간의 뇌는 영원히 이어질 진화적 도전을 해결하기 위해 무엇이든 하도록 설계되어 있다. 위험과 질병이라는 문제를 해결하기 위해 우리의 정신은 낯선 외부인에게, 이상한 냄새에, 병자의 모습에 과민 반응을 보이도록 설정되어 있다.

이로 인해 간혹 편집증이나 건강 염려증이 생기지만, 그래도 순진하게 방심하고 있다가 모르는 사람에게 공격을 당하거나 낯선 사람의 재채기를 통해 치명적 바이러스를 한 바가지 얻는 사태보다는 낫다.

또한 남자의 짝 획득 부분자아가 지배권을 잡는 순간, 정신이 편향에 지배되어 매력적인 여성이 보내는 아주 희미한 관심 신호에도 과민하게 반응한다. 반대로 여자들은 배란기에 짝 획득 부분자아가 지배권을 잡으면 잘생긴 돈 후안이 자신과 평생을 함께할 것이라는 착각에 빠진다.

남자든 여자든 가끔 스스로를 기만하지만, 매번 이리 따지고 저리 따지다가는 평생 혼자 살 공산이 크다. 때로는 현실 인식을 왜곡함으로써 우리의 뇌는 자기 본분을 더 충실히 이행한다. 즉 우리가 계속해서 생존하고, 생식활동을 하고, 끝없는 진화적 도전을 해결할 수 있도록 해준다.

이런 모든 망상 중에서도 가장 큰 망상은 무엇일까? 미국에서는 결혼한 커플의 50%가 결국에는 이혼으로 끝난다. 그런데 이들 부부의 86%는 자신들의 결혼생활이 영원할 것이라고 믿는다1,000쌍의 신혼부부 중 갈라서는 500쌍 가운데 360쌍은 과잉 확신에 찬 예측을 한 셈이다.

이 사람들이 어리석고 비합리적인 행동을 했을지는 몰라도 사랑이라는 거대한 망상이 없었다면, 그들은 아예 결혼조차 하지 않았을 것이다. 그리고 바로 이 부분에서 우리의 진화적 편향이 의식의 커튼 뒤에서 감정의 끈을 잡아당기고 있다고 말할 수 있다.

결혼은 자녀 생산을 알리는 가장 강력한 예측기다. 식을 올린 사람들은 곧바로 아기를 가지는 편이며, "결혼할래."라고 말하고는 몇 년도 지나지 않아 줄줄이 아이를 낳는 부부도 많다. 결혼을 마음먹게끔 만드는 착각은 그 무엇이든 본인의 유전자가 복제될 가능성을 높이는 편향이라는 소리가 된다. 인정한다. 판단의 정확성 면에서만 따진다면 사랑은 비이성적 행동을 이끈다. 하지만 이 망상이라는 근본적 시스템의 바탕에는 심층 합리성이 깔려 있다.

우리의 부분자아는 자주 편향에 지배되어 오류를 범하지만일반적인 이혼율을 무시하고 결혼반지를 교환하는 행위, 바로 이런 편향이 있기에 우리는 커다란 '**진화적 실수**유전자 복제에 실패'를 피하게 된다. 그렇다면 우리는 깊숙한 곳에 존재하는 편향에 이끌려 언제나 현명한 결정을 내리게 되는 것일까?

그렇지는 않다. 솔직히 말해 편향은 심각한 문제를 야기하기도 한다. 이런 편향들은 선조들이 살던 마을에는 딱 들어맞을지 몰라도 외부인과 고층 건물, SAT 대학 입학시험이 존재하는 현대 세상에는 전혀 들어맞지 않는다.

• Chapter 5 •

어떻게
아마존의 밀림 부족은
하버드대생들도 어려워하는
시험을 통과했는가?

아마존 열대 우림 깊숙한 곳, 에콰도르와 페루를 갈라 흐르며 어떤 위험이 도사리고 있을지 모르는 강 유역에 시위아르 부족이 살고 있다. 이들은 오지 깊숙이 틀어박혀 사는 탓에 외부인과의 접촉이 거의 없었으며, 우리의 진화적 과거의 여러 모습을 거울처럼 보여준다.

시위아르족은 견과류와 과일을 채집하고, 작살로 물고기를 낚으며, 아르마딜로에서 큰부리새에 이르기까지 여러 종류의 동물을 사냥한다. 자주 쓰는 사냥 도구는 입으로 부는 화살이다.

이들은 외부인들을 경계해서 교류 상대는 주로 가까운 친인척들이다. 사소한 뒷소문, 약간의 주술, 언제나 현재형인 질병, 죽음의 위협이 이들의 일상사다. 독사와 곤충에게 물릴 위험이 만연하고 말라리아를 비롯한 치명적인 전염병도 득실댄다. 그리고 기생충에서 간신히 벗어났다 싶은 순간, 사냥감의 머리를 물어 한 방에 치명타를 날리는 재규어가 다가와 머리뼈를 으스러뜨릴지도 모른다.

시위아르 부족을 연구하는 인류학자 래리 수기야마는 인간의 추론과 인지 능력에 관심이 많다. 그는 허를 찌르는 논리 문제를 제시하고는 상대가 정답을 맞힐 만큼 똑똑한지 알아보는 것을 즐긴다. 언젠가 그는 하버드 대학 재학생들에게 문제 하나를 낸 적이 있었는데, 시위아르족도 이런 까다로운 논리 문제를 풀 수 있을지 궁금해졌다.

문맹의 밀림 부족 아이들이
하버드 학생들보다 더 우수하다?

"시위아르족과 하버드 대학 학생들만큼 차이 나는 인구 집단도 찾아보기 힘들 것이다."라고 수기야마는 말한다. 세계에서 몰려든 가장 우수한 인재들로 선발된 하버드대생들은 12년이 넘게 서구교육을 접하면서 인류가 누적한 엄청난 양의 지혜를 흡수한 사람들이다.

반대로 시위아르족은 문맹이며 공교육 시스템은 접해본 적도 없다. 하버드대생들이 지능을 향상시키기 위해 베이비 아인슈타인 두뇌 퍼즐을 가지고 노는 동안, 시위아르족 아이들은 마체테Machete, 중남미 원주민들이 벌채나 사냥할 때 쓰는 넓은 칼를 들고 밀림으로 들어가 저녁거리를 잡아와야 했다. 하버드대생들과 시위아르족 아이들의 교육 수준 차이를 생각하면, 둘의 논리 시험 성적을 비교하는 것 자체가 말이 안 되는 짓이다.

그렇다면 원시 부족 사회의 주민들과 문명 수준이 높은 현대 세상에서 사는 학생들의 지능은 얼마나 차이가 날까?

수기야마는 시위아르족의 논리 시험 결과에 충격을 받았다. 시위아르족 아이들은 어려운 문제에서 고득점을 받았다. 이들은 하버드 대학 학보인 〈하버드 크림슨〉의 기사를 장식하는 천재들에게 필적하는 성적을 거뒀을 뿐 아니라, 사실 그들보다 좀 더 높은 점수를 받았다. 대체 어떻게 문맹의 밀림 부족이 세계에서 가장 명망 높은 하버드대생들보다 더 우수한 논리력을 갖추게 된 것일까?

이 당혹스러운 질문을 이해하려면 우리는 선조 때부터 내려온 인간 정신의 본성을 더 깊이 이해해야 한다. 이번 정거장에서 우리는 진화적 과거를 샅샅이 뒤지면서, **현대인의 머리뼈에 석기시대의 뇌가 들어 있다는 것이 얼마나 놀라운 의미를 갖는지 탐구하려 한다.** 실제로도 우리 모두가 현대의 혈거인穴居人, 동굴 속에 사는 사람임을 밝히는 증거가 속속들이 등장하고 있다.

결국 우리는 선조들이 부딪친 문제에 안성맞춤으로 진화한 뇌를 가지고 현대 사회의 복잡한 문제에 접근하고 있다는 뜻이 된다.

그러나 고대로부터 내려온 정신의 작동 방식을 자세히 이해하는 과정에서, 수기야마를 비롯한 과학자들은 인간의 의사결정 결함은 대부분의 경우 문제를 푼 사람들의 결함이라기보다는 문제를 낸 사람들의 결함이라는 사실을 발견했다.

진화적 과거에서 얻은 통찰을 적용한 결과, 수기야마와 동료들은 **질문의 형태를 조금만 바꿔도 사람들이 우둔한 멍청이가 아니라 심층 합리성을 가진 현자로 변신한다는 사실을 알게 되었다.**

문제는 답이 아니라 질문에 있다

앞부분을 몽땅 건너뛰고 아마존 밀림의 부족이 하버드대생들보다 우수한 성적을 냈다는 이야기를 읽은 게 아니라면, 우리가 말하려는 논지를 지금쯤은 확실히 파악했을 것이다.

판단과 의사결정 편향이 겉으로는 비이성적으로 보일지라도 자세히 살펴보면 대다수는 아주 현명한 편향이라는 것이 우리의 논지다. 손실 회피, 과잉 확신, 여성의 성적 관심에 대한 남자의 과민 반응 등 비이성적이라고 치부되는 편향들은 진화라는 렌즈를 끼고 보면 훨씬 합리적인 선택이었다는 사실이 드러난다. 대체적으로 이런 편향들은 우리 조상들이 살아남고 후손을 생산하는 데 도움이 되었다.

하지만 모든 오류의 바탕에 심층의 지혜가 깔려 있지는 않다. 어떤 오류는 그냥 오류일 뿐이고, 심지어는 굉장히 비극적인 오류도 많다. 미국에서만 해도 매해 약 6만 명이 의료진의 판단 실수로 목숨을 잃는다.

의료 실수는 미국의 여섯 번째 사망 원인으로써 알츠하이머, 유방암, 자살, 살인보다도 더 많은 죽음을 불러온다. 의료 실수는 큰 실수를 피하게 해주는 작은 오류가 아니다. 매해 수천 명의 목숨을 앗아가는 커다란 실수다.

연구 보고에 따르면 인간은 약간의 수학과 논리 추론 능력이 필요한 문제를 접할 때, 특히 오류를 범할 확률이 높다고 한다. 행동경제학의 선구자 대니얼 카너먼과 아모스 트버스키가 개발한 고전적인 '**린다 문제**'를 예로 들어보자.

> 린다는 31세고, 독신이며, 외향적인 성격의 아주 똑똑한 여성이다. 전공은 철학이다. 학창 시절에는 차별과 사회 정의에 관심이 많았으며, 반핵 시위에 참여한 이력도 있다.
>
> 다음 중 가능성이 더 높은 것은?
>
> A. 린다는 은행 직원이다.
>
> B. 린다는 은행 직원이며, 적극적인 페미니즘 운동가이다.

정답은 A다. 린다가 그냥 은행 직원일 뿐이라고 추측하는 것이 확률이 더 높다. 하지만 카너먼과 트버스키의 실험에서 거의 90%의 참가자들이 B라고 답했다. 대다수 사람은 린다가 은행 직원으로 일하면서 열렬한 페미니즘 운동가로도 활약할 공산이 크다고 생각한다.

이것은 잘못된 가정이다. 두 사건이 동시에 발생할 확률은 사건 각각이 따로 발생할 확률보다 낮기 때문이다. 〈린다 문제의 시각화〉 그림을 보면 왜 그런지 수긍이 갈 것이다. 린다와 같은 이력을 지닌 여성이 은행 직원이 될 가능성이 낮고 적극적인 페미니스트가 될 확률이 높을지라도, 그녀는 이미 은행 직원이다. A와 B의 보기 모두 그녀가 은행에서 일한다고 말하기 때문이다.

린다가 은행 직원이라는 가정이 두 보기 모두에 포함되어 있다면, 이 여성은 왼쪽 원은행 직원의 어딘가에 해당될 확률이, 은행 직원이자 페미니스트로서 두 원이 겹치는 작은 영역에 해당될 확률보다 당연히 높다.

수학적으로 따질 때 은행 직원이면서 페미니스트 운동가이기도 한 여성은 그냥 은행 직원이기만 한 여성들의 수보다 훨씬 적다. 따라서 B를 선택한다면 틀릴 가능성도 굉장히 높아진다.

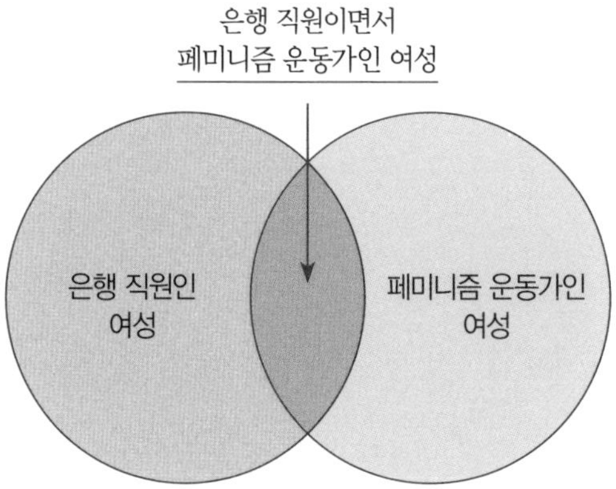

| 린다 문제의 시각화 |

행동경제학자와 심리학자들이 발견한 대로 사람들은 별로 어렵지 않은 문제에도 곧잘 헤매곤 한다. 그러나 수많은 연구는 연구자들의 한계를 드러냈다. 연구 대부분이 인간은 수학, 논리, 추론 문제에 전반적으로 약하다고 분석한다. 그런 이유라면 이런 결함을 고치기 위해서는 그런 분야들에 대한 공식교육을 더 많이 행해야 한다. 공식교육을 더 많이 받고 연습하면 정답을 맞힐 확률도 그만큼 더 높아진다는 것이다.

하지만 이런 분석은 한 가지 문제가 있다. 하버드 대학, 예일 대학, 프린스턴 대학의 졸업장을 가진 사람들도 거의 같은 수준의 오류를 보인다는 것은 어떻게 설명해야 할까?

몇 년씩 학교에서 수학, 논리, 추론 수업을 받은 사람들도 린다 문제와 같은 기본적인 문제에 어려움을 겪기는 마찬가지다. 게다가 매년 의료 사고로 6만 명이 죽는다는 사실은 어떻게 설명해야 할까?

의료 사고는 고등교육을 받은 전문가들이 저지르는 실수다. 그들은 환자의 생사가 좌우되는 순간에 올바른 판단을 내리기 위해 몇 년이나 고된 훈련을 받은 사람들이다. 그런 의사들마저 올바른 결정을 내리는 일에 어려움을 겪는다.

자세히 관찰해보면 사람들을 애먹게 만드는 질문들에는 뭔가 뚜렷한 특징이 존재한다. 사람들은 린다 문제에 담긴 논리를 시각화해서 보여주면그림처럼 두 개의 원으로 제시된 문제를 보고 나면 답을 완벽하게 이해하고 문제도 별로 어려워하지 않는다.

그러나 처음과 같이 **문장으로 문제를 제시하면 같은 문제인데도**

이 단순한 답을 잘 이해하지 못한다. 답은 확실하지만 그 확실성이 모호하게 가려져 있다. 이런 패턴은 의사결정을 내릴 때, 왜 그토록 많은 오류가 발생하는지에 대한 중요한 신호를 보여준다.

우리가 오류를 범하는 이유는 정신 능력이 떨어지기 때문이라기보다는 질문이 제시되는 방식과 관련이 더 많을지도 모른다.

왜 말하기는 쉽고 쓰기는 어려울까?

×

살다 보면 쉽게 되는 일도 더러 있다. 말하기를 배우는 것도 마찬가지다. 대부분의 아기는 두 살 정도가 되면 말을 시작한다. 세 살 정도가 되면 아이들은 평균 수백 개의 단어를 알고 되며, 한 번 들은 단어를 곧바로 사용하기도 한다. 네 살 정도가 되면 케임브리지에 살든, 캄보디아에 살든 이미 훌륭한 커뮤니케이터가 되어 있다. 아이들은 어떤 장난감을 갖고 싶은지, 어떤 음식이 싫은지, 엄마와 아빠 중 누가 자기 말을 더 잘 들어주는지 조잘조잘 떠들어댄다.

말하기 능력은 부모가 얼마나 열심히 이 능력을 길러 주려고 노력하는지와 상관없이 꽃을 피운다. 어떤 부모는 하루도 빠지지 않고 아기에게 끊임없이 말을 늘어놓는다. 반면 어떤 부모는 말도 안 통하는 갓난아기에게 독백이나 다름없는 말을 늘어놓는 건 시간 낭비라고 생각한다.

어떤 방법을 쓰는지는 별로 중요하지 않다. 아기들은 부모의 대화를 간간이 듣기만 해도 말하는 법을 배운다. 아이들은 〈도라 디 익스플로러〉를 보면서 호기심으로 똘똘 뭉친 소녀 도라와 원숭이 친구 부츠의 대화를 듣기만 해도, 아니면 부엌 바닥을 기어다니면서 부모와 조부모가 남의 흉을 보는 것을 듣기만 해도 어느 순간부터 재잘재잘 말하기 시작한다. 인생에서 말하기만큼 배우기 쉬운 것도 또 없을 것이다.

하지만 어떤 일은 정말로 어렵다. 이를테면 쓰기는 쉽게 배워지지 않는다. 읽기와 쓰기펜으로 쓰든, 컴퓨터나 휴대전화로 쓰든는 어렵다. 아직 아기인 딸에게 크레파스 한 움큼과 〈도라 디 익스플로러〉 책을 안겨준다고 해도 아이가 곧바로 이해할 수 있는 문장으로 자기 생각을 표현할 수 있는 것은 아니다.

부모와 선생님이 몇 년 동안 여러 유인을 제공하고 가르쳐주지소리를 문자에 연결하고, 문자를 연결해 단어를 만들고, 멈춤과 강조를 위해 구두점을 사용하는 방법 않으면, 아이가 조리 있는 문장을 적어 낼 가능성은 거의 제로에 가깝다. 읽기와 쓰기를 익히기는 대단히 어렵기 때문에 현대의 공교육 제도는 두 능력을 향상시키기 위해 몇 년이나 공식 과정을 할애한다. 우리는 연습하고 외우고, 또 연습하고 외워야 한다.

하지만 말을 거의 래퍼 수준으로 유창하게 하는 아이도 이렇게 많이 연습해서 생각을 글로 표현할 때면 갑자기 힘들어하는 경우가 많다. 세상에는 쓰기를 전혀 배우지 않는 사람들도 많다. 아마존 밀림의 시위아르 부족도 여기에 포함된다. 심지어 도시에 살면서 오랫동안 쓰기교육을 받은 시민들조차도 상당수는 글로 자기 생각을 전달해야 하는 일에 어려움을 느낀다. 많은 대학교수가 학생들의 글쓰기 실력이 형편없다고 말한다. 12년 동안 학교에서 글쓰기를 열심히 배운 학생들마저도 이런 지경인 것이다!

말하기는 쉽게 배우는데, 왜 쓰기는 배우기가 어려운 것일까? 그 답은 우리의 진화 역사에 있다. 우리의 조상들은 수십만 년 동안 대화를 나눴다. 말하기 능력은 매우 큰 우위를 줬기 때문에, 전 세계의 인간들은 훌륭한 화자가 되도록 자연 선택이 되었다. 이것은 걷기와도 같다. 우리는 걷기 수업에 등록할 필요가 없다. 걷기는 그냥 되기 때문이다.

하지만 쓰기는 아주 다른 문제다. 문어文語는 진화의 길목에 새롭게 등장한 얼굴이다. 200만 년이나 되는 인류의 역사에서 인간이 글이라는 것을 사용한 시간은 아주 짧다. 게다가 지난 몇 천 년 동안 글쓰기는 선택된 소수의 전유물이었다. 현대 사회에서도 많은 사람들이 여전히 문맹으로 지낸다. 그들은 말은 잘하지만 쓰기나 읽기는 못한다.

말하기가 걷기와 비슷하다면 쓰기는 발레와 비슷하다. 딸아이에게 발레 슈즈를 사준다고 해서, 아이가 곧바로 한 발로 세 바퀴를 도는 트리플 피루엣을 할 수 없다. 엉거주춤 공중 점프를 하다가 바닥에 머리를 찧지만 않아도 다행이다. 〈백조의 호수〉와 비슷한 장면을 조금이라도 흉내 내려면 적어도 몇 년은 발레 수업을 받아야 한다.

많은 인생사가 말하기와 비슷하다. 이런 것들은 진화적으로 오래되었으며 배우기도 쉽다. 보기, 숨쉬기, 먹기, 달리기를 배우는 데는 큰 노력이 필요하지 않다. 그러나 현대 사회에 존재하는 많은 것은 진화적으로 새롭고 배우기도 힘든 쓰기와 비슷하다. 읽기, 쓰기, 바이올린 켜기, 뇌수술, 로켓과학 등 현대 사회에 필요한 기술 대부분이 여기에 속한다.

마찬가지로 의사결정 과정에서 발생하는 오류 대부분은 우리가 10년이 넘게 배우고 수천 시간을 열심히 노력하는 데도 잘되지 않는 특정한 능력과 관련이 있다. 그 능력은 바로 수학이다.

왜 숫자만 나오면 바보가 되는가?

부인과 의사의 진료실에 앉아 있는 여성을 생각해보자. 의사가 여성에게 유방암 검사를 위한 유방조영술유방암을 선별하거나 발견하기 위해 유방 조직을 엑스레이로 촬영하는 검사을 찍자고 했고, 최악의 우려가 현실이 되었다. 양성 반응이 나왔다. 그러나 그녀는 유방조영술이 100% 정확하지 않다는 말을 들은 적이 있어서 의사에게 이렇게 묻는다.

"양성 반응이 유방암에 걸렸다는 뜻인가요? 확률은 얼마인가요?"

암에 걸렸을 가능성이 1%인 것과 90%인 것은 확실히 큰 차이가 있다. 그리고 많은 사람은 의사라면 당연히 정답을 알 것이 생각한다. 하지만 그렇게 확신해서는 안 된다. 최근의 한 연구에서는 160명의 존경받는 의사들에게 양성 반응의 여성이 실제로 암일 확률을 계산해 달라고 요청하면서, 다음과 같은 통계 정보를 보여줬다.

- 여성이 유방암에 걸릴 확률은 1%다.
- 유방암에 걸린 여성이 유방조영술에서 양성 반응이 나올 확률은 90%다.
- 유방암이 아닌 여성이 양성 반응이 나올 확률은 9%다.

질문 : 어떤 여자가 유방조영술에서 양성 반응이 나왔다면, 실제로 그녀가 유방암에 걸렸을 가능성은 얼마인가?

정답은 10% 안팎이다. 위의 정보를 감안해서 어떤 여성이 양성 반응이 나왔다면, 그녀가 실제로 유방암일 가능성은 약 10%다조금만 계산하면 100명 중의 9명은 유방암이 아닌 가양성이라는 사실을 쉽게 알 수 있다. 그리고 100명 중 1명만이 진양성이다. 따라서 양성이 나온 10명 중 1명, 즉 10%만이 실제로 유방암 환자다.

하지만 이 질문을 받은 의사들 중 21%만이 정답을 맞혔다. 이 수치만으로도 꽤나 당혹스럽지만, 상황을 알면 훨씬 당황스럽다. 먼저 질문에 답한 의사들은 모두 부인과 의사들이었다. 실제로 유방조영술 촬영을 하는 사람들이다. 그들은 가양성에 대해 아는 지식을 떠올렸을 법도 했지만 그러지 않았다.

더 심한 문제는 그들의 응답 수치였다. 거의 절반에 해당하는 의사들이 양성 반응이 실제 유방암일 확률은 90%라고 답했다. 그리고 5명 중 1명은 유방암 가능성이 1%밖에 되지 않는다고 말했다!

마지막 결정타가 남았다. 문제는 사지선다형이었기 때문에 의사들은 네 개의 보기90%, 81%, 10%, 1% 중 하나만 고르면 되었다. 원숭이들조차도 문제의 답을 맞힐 확률이 더 높을지도 모른다는 소리다. 원숭이들한테 아무 답이나 고르게 해도 정답을 맞힐 확률은 25%나 되는 데 반해, 의사들의 정답 비율은 21%에 불과했다.

이런 식으로 판단과 의사결정에 대한 충격적 연구 결과를 담은 문헌은 차고 넘친다. 이런 연구 결과야말로 인간의 어리석음과 무능함을 보여주는 결정적 증거라고 말하고픈 생각이 굴뚝같다. 여기저기서 믿을 수 없는 오류가 발생하고 있다. 그것도 그 분야에서 최고 지식을 쌓은 사람들이 저지른 총체적 오류다.

하지만 인간을 구제불능의 결함투성이 존재로 비난하기 전에 잠시 한발 물러나 상황을 생각해보자.

위 사례에서 오류를 저지른 사람들은 의사들이다. 그들은 다섯 살 때부터 서른 살까지 하루 종일 정식교육을 받아 왔다. 그들은 일반적인 학교교육만 받은 것이 아니다. 의대에 가려면 머리가 좋아야 하고, 동기도 충분해야 하며, 의대를 무사히 마치더라도 여러 시험을 통과해야 전문의가 될 수 있다. 이런 사람들을 어리석은 부류라고 도매금 취급하는 것은 말이 되지 않는다.

진화심리학자의 관점에서 보면, 뇌는 멍청이가 되려고 진화했을 리가 없다. 어쩌면 문제의 원인은 질문에 답한 사람이 아니라 출제자에게 있을지도 모른다.

위 유방암 질문은 우리의 뇌가 받아들이지 못하는 주파수로 질문을 던지고 있다. 이런 질문에 당황하지 않도록 우리는 안테나를 잘 조절해야 한다.

어려운 문제를 쉬운 문제로 만들기

×

지금의 시대는 숫자로 표현한 통계 정보가 넘쳐난다. 수학 공부를 충분히 오래했기 때문에 0.07의 확률과 7%의 가능성이 같은 의미라는 사실을 곧바로 인지하는 사람도 있겠지만, 우리 대다수는 0.07의 확률을 이해하려 할 때면 여전히 이맛살이 찌푸려지고 눈은 가늘게 뜨게 된다.

통계 정보를 제시할 때는 흔히 확률과 가능성을 들먹이지만, 이 둘은 진화의 역사로 볼 때는 최근 발명품에 불과하다. 수학 확률 개념은 1600년대 중반 유럽에서 발명되었다. 이 통계 르네상스 덕분에 오늘날 우리는 아주 근사한 방법으로 숫자를 제시할 수 있지만, 너무 근사한 방법이라 종종 우리 머리가 따라가지 못할 때도 있다.

독일 최고의 연구 집단으로 알려진 막스플랑크협회Max Flank Institute 산하 인간개발연구소 소장인 게르트 기거렌처는 수학 확률과 가능성 추산의 열렬한 팬이 아니다. 그는 확률과 가능성을 이해하려는 노력은 진화적으로 볼 때 쓰기와 말하기를 익히는 것과 비슷하다는 사실을 일찌감치 깨달았다. 즉 어떤 형태로는 쉽게 이해되고 배울 수 있는 것이, 다른 형태로 제시되면 부자연스럽고 어려운 것이 되어 버린다는 사실이다.

따라서 확률 형태로 제시된 통계는 여러 문제점을 낳을 수 있다. 고등교육을 받은 저자들조차도 'Dumbbell아령, 얼간이', 'Embarrass당황하게하다', 'Misspell맞춤법 오류' 같은 단어의 철자를 헷갈려 하듯이, 머리가 좋은 의사들도 유방조영술 결과가 양성인 경우의 유방암 가능성을 계산할 때 헷갈릴 수 있다.

기거렌처는 사람들이 조건부 확률이나 가능성 수치가 아닌 '**자연스러운 빈도**Natural frequency'의 형태로 정보를 제공받을 때, 통계 정보를 더 정확히 계산한다는 사실을 입증했다. 그는 **"빈도는 고대의 인간이 정보를 암호화한 방식을 나타낸다."**라고 말한다. 확률이 쓰기와 비슷하다면 빈도는 말하기와 비슷하다.

강을 거슬러 올라가 다시 시위아르족을 만나보자. 시위아르족의 촌장은 오늘 저녁거리를 잡으러 갈 생각이기 때문에 인근 붉은 협곡으로 사냥을 가도 될지 결정을 내려야 한다. 우리의 조상들이 그랬듯이 시위아르족도 뭔가 계산 비슷한 것을 할 때, 이용할 수 있는 데이터라고는 본인이 직접 관찰한 내용과 부족 사람들 몇몇이 전해준 정보가 전부다.

촌장은 붉은 협곡으로 사냥을 가도 될지 판단할 때, 부족 사람들이 최근 20번 동안 사냥 나간 결과가 어떠했는지를 자료로 삼을 수 있다. 여기서 촌장이 관찰하는 것은 빈도다. 이를테면 붉은 협곡으로 갔던 최근 20번의 사냥 중 5번이 성공적이었다는 식이다. 여기서 그는 확률은 계산하지 않는다.

우리 조상들도 자기들이 사는 자연 환경에서의 확률은 관찰하지 않았다. 그 결과 우리의 뇌는 빈도20번 중 5번 성공를 처리하는 것과 같은 방식으로는 확률0.25의 성공을 처리하지 못한다. 우리는 여러 해 동안 수학교육을 받으면서 두 가지 방식이 통계적으로는 같은 의미임을 배웠다. 하지만 수십 년간 쓰기 훈련을 했음에도 불구하고 우리가 여전히 맞춤법 검사 프로그램을 버리지 못하고 있음을 잊지 말아야 한다.

기거렌처는 어려운 문제도 확률이 아닌 빈도의 형태로 내면 수학 초보든 전문가든 모두 정답률이 극적으로 증가한다는 사실을 알아냈다. 앞에서 부인과 전문의들을 바보 집단으로 만들었던 유방암 질문을 다시 해보자. 다음은 똑같은 정보를 빈도 형태로 제시한 것이다.

- 1,000명의 여성 중 10명이 유방암에 걸린다.
- 유방암에 걸린 여성 10명 중 9명은 유방조영술에서 양성이 나온다.
- 유방암이 아닌 여성 990명 중 약 89명은 양성 반응이 나온다.

질문 : 어떤 여성이 유방조영술에서 양성 반응이 나온다면, 실제로 그녀가 유방암에 걸렸을 가능성은 얼마인가?

기거렌처가 같은 질문을 이렇게 바꿔 제시하자, 의사들의 정답률이 눈에 띄게 달라졌다. 확률 형태로 제시했을 때는 21%의 의사들만이 정답을 맞혔다. 하지만 빈도로 문제를 냈더니 정답률이 87%나 되었다. 한쪽 질문은 어려웠고 한쪽 질문은 쉬웠다. 비록 수학자들한테는 어차피 같은 질문이지만 말이다.

앞에 나온 린다 문제를 기억하는가? 이것도 비슷한 혼동을 불러일으켰다. 이 문제는 간단한 질문을 복잡한 확률 형태로 제시하고 있었다. 린다 문제를 빈도 형태로 바꿔보면 다음과 같다.

연구자들은 다음의 특징을 가진 여성 100명에 대해 투표를 진행했다. 그들의 평균 나이는 31세고, 독신이며, 외향적이고 아주 명석하다. 전공은 철학이다. 이 여성들은 학생 시절에 차별이나 사회 정의와 같은 문제에 관심이 많았으며, 반핵 시위에도 동참한 이력이 있다.

이 여성들 중 어느 쪽이 더 많겠는가?

A. 이 100명의 여성들 중 은행 직원으로 일하는 여성의 수

B. 이 100명의 여성들 중 은행 직원으로 일하면서 활발한 페미니즘 운동가이기도 한 여성의 수

앞서 확률 형태로 제시된 린다 문제의 정답자는 10%에 불과했지만, 빈도 형태로 문제를 냈을 때의 정답률은 거의 100%에 육박했다. 수학적으로 두 질문은 형태만 다를 뿐 어차피 같은 질문이다. 그러나 첫 번째 형태는 혼란스럽고 오류를 불러일으키는 반면, 두 번째 형태는 놀랄 만큼 쉽다.

인간의 뇌가 선천적으로 타고난 지혜에 물꼬를 트려면, 뇌가 어떤 형태로 정보가 들어오기를 기대하는지 이해해야 한다. 우리의 뇌는 선조들과 똑같은 방식으로 정보를 받아들이도록 설계되어 있다. 그런 이유로 선조 때와 같은 형태로 문제가 제기될 때 문제 해결 능력도 훨씬 올라간다. 이를테면 **확률**0.05**보다는 빈도**100명 중 5명**로 문제가 제시될 때 훨씬 능숙하게 해결한다.**

또한 인간은 선조들이 부딪쳤던 진화적 도전 과제에서는 뛰어난 문

제 해결자다. 그리고 우리의 부분자아는 각자 다른 문제를 특화해서 전담하기 때문에, 추론 능력을 기르려면 복잡한 문제를 각 부분자아가 유의미하게 여기는 것으로 바꿔야 한다.

지금부터는 우리 내부의 팀 플레이어인 친애 부분자아의 지혜를 끄집어내는 두 가지 사례를 살펴볼 것이다.

사기꾼 찾기 게임

×

인지심리학자들은 이른바 인간의 '**조건 논리**Conditional logic' 판독 능력을 측정하기 위해 고난도 문제 몇 개를 만들어냈다. 가장 대표적인 테스트는 '**웨이슨 선택 과제**Wason Selection Task'다.

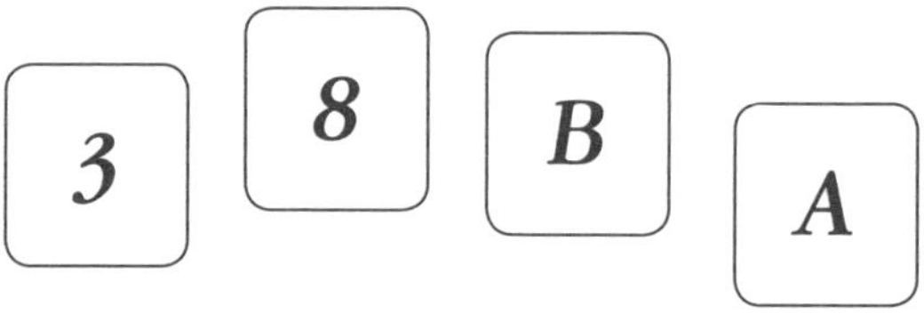

| 웨이슨 선택 과제 |

그림과 같이 네 장의 카드가 있다. 모든 카드는 한 면에는 숫자가, 반대쪽에는 문자가 적혀 있다. 카드의 한 면에 짝수가 적혀 있을 경우

뒷면에는 자음이 적혀 있다는 규칙이 참이 되려면 어떤 카드(들)를 뒤집어야 하는가?

정답은 '8'이 적힌 카드와 'A'가 적힌 카드 두 장이다. 다른 카드는 뒤집을 필요가 없다. '3'을 뒤집었는데 뒷면이 자음이면 규칙이 참이 되지 않는다규칙에는 홀수에 대한 언급은 없다. 또한 'B'를 뒤집어서 홀수가 나와도 마찬가지로 규칙이 참이 되지 않는다.

정답을 맞히지 못했다고 낙심할 필요 없다. 대부분의 사람은 이런 식의 문제는 잘 풀지 못한다. 대학생들의 10% 정도만 정답을 맞힌다. 아마존 시위아르족의 정답률은 0%다.

수년 동안 받은 공식교육의 대가가 시험 점수의 상승이라는 사실10%에서 우리는 위안을 얻을 수 있다. 혹시 궁금해할까 봐 덧붙인다면, 하버드 대학에서 매년 5만 달러가 넘는 학비를 지급하는 학생들은 정답률이 훨씬 높았다. 무려 12%였다.

대다수 사람이 쓰기를 어려워하듯이 웨이슨 카드 문제를 어려워한다. 대학에서 고급 조건 추론 강의를 듣지 않는 이상 정답을 유도하기는 쉽지 않다. 마치 문맹자가 에세이를 써야 하는 것과 비슷하다. 심지어 철학 교수와 수학자들도 오답을 낸다솔직히 털어놓겠다. 우리도 이 책을 쓸 때 답이 틀려서 두 번이나 뒤집은 카드를 물리고 다시 맞혀야 했다. 하지만 이런 문제를 발레 배우기가 아닌 걷기처럼 자연스럽게 받아들일 수 있는 방법으로 제시할 수 있다면 어떨까?

캘리포니아 대학의 진화심리학자 레다 코스미데스는 그 방법을 찾아냈다. 추상적 논리 문제는 진화적으로 새로운 것이기 때문에 풀기가 어렵지만, 코스미데스가 보기에 인간은 수십만 년 동안 온갖 종류의 복잡한 논리 문제를 풀어 왔다.

결국 선조 때부터 내려온 문제를 풀려면 웨이슨 카드 문제를 풀 때처럼 복잡한 논리력이 필요하다.

선조 때부터 내려온 논리 문제는 사회 집단에서의 생활을 관리하는 친애 부분자아의 전담 영역이다. 사회 집단에서 살면 큰 우위가 있다. 열 명이 머리를 맞대면 해법을 찾을 가능성이 극적으로 올라간다. 하지만 집단 프로젝트에 한 번이라도 참여한 사람은 잘 알겠지만, 집단 내 작업에는 어두운 면도 있다. 아무 일도 하지 않은 사람이 얌체처럼 성과를 나눠 가져가는 경우가 발생한다.

선조들이 작은 집단을 이뤄 살면서 걸핏하면 굶주림의 위험에 직면했던 시절에는 들인 노력보다 더 많은 몫을 받아 가는 사람은 없는지 알아낼 기준이 필요했다. 먹기는 똑같이 먹으면서 사냥과 채집을 할 때는 자기 몫을 하지 않는 사람이 있다. 이런 사람이 집단에 한두 명만 있어도 생사 여부가 달라질 수 있다.

조상들은 사회의 기생자를 간파할 수 있어야 했다. 즉 우리 속에 숨은 사기꾼을 찾아내야 했다.

레다 코스미데스는 사기꾼을 찾아낼 때 사용하는 논리 추론이, 웨이슨 카드 문제를 풀 때 필요한 논리 추론과 똑같다는 사실을 깨달았다. 이번에는 다른 방식으로 웨이슨 카드 문제에 접근해보자. 여기서는 친애 부분자아를 깨워 조상들과 같은 방식으로 정보를 처리하게 할 것이다.

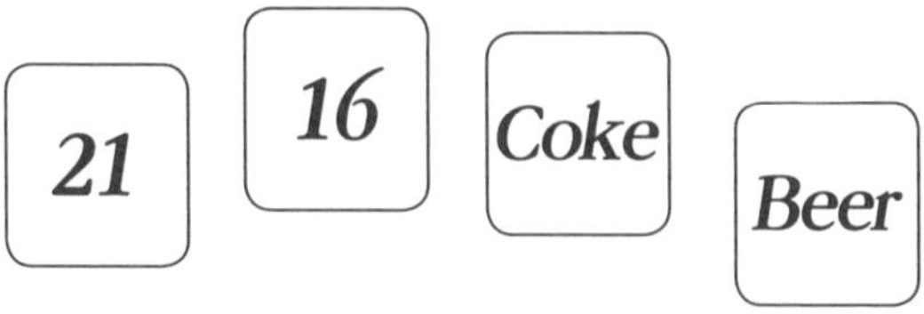

| 웨이슨 선택 과제의 사기꾼 찾아내기 버전 |

그림과 같이 네 장의 카드가 있다. 카드의 한쪽에는 한 사람의 나이가 적혀 있고, 뒷면에는 그 사람이 마시는 음료나 술이 적혀 있다. 술을 마시고 있는 사람이 18세를 넘었다는 규칙이 참이 되려면 어떤 카드(들)를 뒤집어야 하는가?

이렇게 조금 달라진 버전으로 문제를 제시했더니 대다수 응시자가 즉시 답을 맞혔다. 이 과제에서는 '16'과 '맥주Beer' 카드를 뒤집어야 한다. 다른 두 장은 뒤집지 말아야 한다. '21'이 적힌 카드는 뒤집어도 소용이 없다. 어차피 이 사람은 사기꾼이 아니기 때문이다. 또한 '콜라'라고 적힌 카드도 뒤집을 필요가 없는데, 이 사람은 속임수를 쓰더라도 그가 가져갈 이익이 없기 때문이다.

사기꾼 문제를 푸는 데 필요한 복잡한 추론 능력이나, 앞에서 나온 웨이슨 카드 문제에 필요한 복잡한 논리 능력이나 수학적으로는 똑같은 것이다.

코스미데스는 위와 같은 문제를 수십 가지 형태로 제시했는데 매번 거의 똑같은 결과가 나왔다. 카드에 적힌 문구가 음주 연령 같은 익숙한 내용이든, 아니면 카사바 뿌리를 먹는 적절한 방법과 같은 낯선 내용이든 상관없었다. 사기꾼을 찾아내는 내용으로 꾸며진 문제에서 대다수 응시자는 뛰어난 논리학자였다.

이번 챕터를 시작하면서 만난 인류학자인 래리 수기야마도 아마존의 시위아르족에게 이런 식으로 문제를 제시했다. 처음의 과제에서 시위아르족의 정답률은 0%였지만, 진화적 도전 과제 버전으로 바꾼 문제에서는 83%나 정답을 맞혔다. 사실대로 말하면 하버드대생들보다 1%나 높았다.

즉 자연스러운 버전으로 바꾼 웨이슨 선택 과제에서는 공식교육을 받지 않은 시위아르족이 고등교육을 받는 하버드 대학팀을 이겼다.

코스미데스와 수기야마는 굉장히 중요한 것을 증명했다. 인간은 복잡한 논리 문제를 풀 능력이 없지 않다. 그보다는 대다수 학술 문제가 우리 안에 있는 부분자아의 정교한 재능과는 상관없는 방식으로 기술된다는 점이 문제다. 이것은 마치 자동차 수리공에게 유압잭을 이용하지 말고 수학 벡터와 에너지 교환 법칙을 증명해, 차를 들어올리는 문제를 해결하라고 요구하는 것이나 다름없다.

우리 저자 중 한 사람은 조건 확률은 고사하고, 아직 곱셈도 배우지 않은 일곱 살짜리 아들에게 사기꾼 찾기 문제를 냈다. 아이는 웨이슨 카드 문제는 이해하는 것 자체를 어려워하면서 모든 카드를 뒤집으려 했다. 그러나 레고 유니버스 컴퓨터 게임에서 누가 요금을 내고 누가 요금을 내지 않았는지에 대한 문제를 냈더니 쉽게 답을 맞혔다.

원래의 웨이슨 카드 과제는 어렵다. 이것은 현대 사회에서 가족 관계에 대한 에세이를 써야 하는 것과 비슷하다. 하지만 진화적 도전

차원으로 각색한 웨이슨 카드 문제는 아이들의 행동에 대해 이웃과 수다를 떠는 것과 비슷하다. 쓰기는 어렵고 말하기는 쉽다. 양쪽 모두 전달하는 내용은 똑같을지라도 말이다.

개미에게는 쥐나 공룡이나 똑같이 크다

×

비행기 추락 사고가 발생해서 타고 있던 승객 200명이 전원 사망했다는 뉴스를 접했다고 하자. 사람이라면 누구나 이 뉴스를 듣고 안타까움과 슬픔을 느낄 것이다. 그러면 이제는 규모를 조금 늘려 아주 큰 비행기 사고가 났고 승객 600명 모두가 사망했다고 하자. 어떤 느낌이 들까?

대다수 사람은 이번에도 슬픔과 안타까움을 느끼지만 그렇다고 해서 먼젓번 사고보다 세 배 더 큰 슬픔을 느끼는 것은 아니다. 실제로 두 비행기 사고에서 사람들이 느끼는 감정적 수준은 거의 비슷하다. 오히려 죽은 사람이 많을 경우 감정적 강도는 줄어들기도 한다.

이런 현상을 '**큰 수의 역설**Large numbers paradox'이라고 한다. 주위에서 쉽게 발견할 수 있는 현상이다. 대다수 미국인은 21세기의 첫 10년 동안 미국군의 이라크와 아프가니스탄 주둔에 들어간 비용이 10억 달러가 넘었다는 사실을 알면 화를 낸다. 그러나 이 비용이 1조 달러가 넘는다고 했을 때 미국인들의 분노가 더 커지지는 않는다. 처음보다 1,000배가 넘는 비용이고, 이게 실제에 더 가까운 비용일지라도 말이다.

수학적으로 이 차이는 똑같은 샌드위치를 가게 점원이 4달러가 아닌 4,000달러라고 말한 것과 같은 차이다. 하지만 국민들은 정부 지출이 1,000배로 늘어난다고 해도 더 분노하지 않는다!

큰 수의 역설을 이해하려면 우리는 다시 밀림을 통과해 시위아르족의 세계로 들어가야 한다. 시위아르족은 50~100명 정도에 불과한 작은 부락을 이루고 산다. 부락 사람들은 서로 잘 아는 사이로 대개 친척이거나 가까운 친구 관계다. 50~100명의 범위가 중요한 이유는 이 규모가 어느 장소, 어느 시대에나 반복해서 등장하기 때문이다.

오늘날 아프리카, 남아메리카, 오세아니아에 사는 수렵 채집 부족의 구성원은 50~100명 정도다. 만약 외부인을 한 번도 접한 적이 없는 부족을 어떤 탐험가가 처음으로 발견한다면, 전문가들은 이 부족의 규모가 대략 50~100명 정도라고 말해줄 것이다.

고고학적 증거도 있다. 만일 우리가 '우리 증조모의 증조모의 증조모의 증조모의 증조모의…… 증조모'가 살던 1만 년 전으로 여행을 간다면, 이 증조모가 속한 유목 부족의 크기도 대략 50~100명 사이일 확률이 높다. 오늘날 우리 대다수는 수백만이 거주하는 대도시에 산다. 그러나 우리의 '**사회적 네트워크**평소 우리가 상호 행동하는 사람들'의 규모는 여전히 50~100명 정도다.

시위아르족 족장에게 다가가 600명이 죽을지도 모른다고 말하면 족장은 머리를 긁적이며 말할 것이다.

"응? 그게 무슨 뜻이지?"

수렵 채집 사회는 수와 양을 뜻하는 단어가 아주 적다. 보통은 '하나, 둘, 두서넛, 부락 크기' 정도가 고작이다. 여기에 200, 600, 100만, 10억의 개념을 가르치면 앞서 우리가 10억이나 1조나 상관없었던 미국 시민들처럼 시위아르족도 무슨 소린지 감을 못 잡고 따분해할 것이다.

큰 수를 계산해 합리적 결정을 내리는 것은 진화상 새로운 개념이다. 이런 결정은 말하기가 아닌 쓰기와 비슷하다. 큰 수에 대해 보이는 시위아르족의 반응이 재미있다고 생각될지도 모른다. 그러나 우리의 뇌는 시위아르족의 뇌와 진화적으로 아주 흡사하다는 사실을 잊지 말아야 한다. 우리의 뇌는 약 5만 년 전 아프리카를 벗어나 이주한 인류 공통의 선조들 뇌와 비슷하다.

우리 대부분은 몇 년이나 수학 수업을 들었고 1,000이라는 수가 100만이 되려면 0이 세 개 추가되어야 한다는 사실을 충분히 인지하고 있다. 하지만 앞서 말한 비행기 추락 사고와 납세자들의 역설적 사례가 보여주듯이, 우리의 뇌는 숫자 단위가 커지면 둔해진다. 1광년, 또는 1,012nm란 대체 무엇인가?

지나치게 큰 수는 우리의 뇌에서는 진화적으로 중요한 의미가 없는 혼란스러운 개념이다. 이것은 인간의 오류와 비이성적 결정을 이해할 때 아주 중요한 문제다. 평범한 사람에게 큰 수를 계산해야 하는 논리 문제를 풀어보라고 하는 것은 메트로폴리탄 오페라 하우스에서 〈백조의 호수〉를 공연하라는 것과 다르지 않다.

질문의 숫자를 바꾸면, 응답 결과가 달라진다

대니얼 카너먼과 아모스 트버스키는 판단과 의사결정에 대한 획기적 연구로 노벨 경제학상을 수상했다. 두 사람은 행동경제학에 여러 공헌을 했는데, 그중에서도 인간의 추론 능력이 얼마나 오류를 범하기 쉬운지 드러내는 굉장히 기발한 질문을 여러 가지 고안해낸 것으로 유명하다.

한 가지 예를 들면 아래와 같다.

다음과 같은 가정을 해보자. 미국은 아시아에서 발발할지도 모르는 특이 질병에 대처하려고 준비 중이다. 이 특이 질병으로 인한 사망자 수는 600명으로 예상된다. 질병을 막기 위해 다음 두 가지 방안이 제안되었다.

프로그램 A : A안을 선택하면 200명의 목숨을 구할 수 있다.

프로그램 B : B안을 선택하면 600명을 다 구할 확률이 $\frac{1}{3}$ 이고 한 사람도 살리지 못할 확률이 $\frac{2}{3}$ 다.

두 프로그램 중 어느 쪽을 선택하겠는가?

주목해야 할 부분은, 두 선택안 모두 몇 명을 살릴 수 있는지 예상되는 '**기댓값**'은 똑같다는 사실이다600명 중 200명. 다만 프로그램 A는 확실하게 살릴 수 있는 사람들의 숫자를 정확하게 보여주지만, 프로그램 B는 불확실성이 높다는 것이 두 선택안의 차이점이다.

이 질문으로 카너먼과 트버스키가 실험한 결과, 대다수 사람은72% 확실성이 높은 프로그램 A를 선택했다. 하지만 두 사람이 노벨상을 수상한 이유는 사람들이 확실성이 높은 방법을 더 선호한다는 사실을 발견해서가 아니었다. 여기서 그들은 문제를 유의미하게, 조금 다르게 만들었다.

두 번째 피험자 집단에도 똑같은 아시아 질병 문제와 똑같은 선택안을 제시했다. 다만 제시된 선택안은 내용은 그대로지만 형태가 조금 달라졌을 뿐이다.

프로그램 A : A안을 선택하면 400명의 사람이 죽게 된다.

프로그램 B : B안을 선택하면 아무도 죽지 않을 확률이 $\frac{1}{3}$ 이고, 600명이 죽게 될 확률이 $\frac{2}{3}$ 다.

두 프로그램 중 어느 쪽을 선택하겠는가?

두 번째 문제는 수학적으로나 논리적으로나 처음 문제와 하나도 다르지 않다. 이번 문제에서도 몇 명을 살릴 수 있는지 예상되는 평균 숫자의 기댓값은 두 선택안 모두 600명 중 200명으로 똑같다.

다른 점이라면 먼젓번 선택안은 손실 프레임으로 제시하지 않았다는 것이다. 두 번째 문제를 제시했을 때 피험자의 상당수78%는 확실성이 낮은 B안을 선택했다. 이런 선호 역전은 의사결정 과정에 '**보정 오류**

Miscalibration'가 노골적으로 관여한다는 사실을 드러낸다.

아시아 질병 문제에서 나타난 인간의 변덕스러운 선호 역전 현상은 인간의 비합리성을 드러내는 단적인 특징이다. 이것은 합리적 인간을 대전제로 삼는 전통경제학의 뒤통수를 때리는 결과다. 하지만 그렇다고 인간이 수학을 못한다는 말은 아니다이 문제는 대학생들이라면 쉽게 기댓값을 계산할 수 있도록 일부러 어림수로 표현되었다. 그보다는 인간은 어차피 동일한 결정이라도 수학적으로 제시된 문제를 다룰 때는 비이성적이고 모순된 행동을 보인다고 말해야 옳다.

이번 문제를 정리하고 고등교육을 받은 사람들도 바보 같은 결정을 내릴 때가 많다는 결론을 내리기 전에, 진화적 돋보기를 들고 탐정 놀이를 해보자.

앞서 우리 조상들이 어울려 살던 집단의 크기는 100명 이하로 구성되어 있었다고 했다. 그리고 인간의 뇌는 큰 수를 이해하도록 설계되어 있지 않다는 사실도 설명했다. 무엇보다 우리 조상들은 아주 많은 수와 양을 접한 적이 없었을 것이다.

의사결정을 연구하는 X.T. 왕은 이 전형적인 아시아 질병 문제가 진화적으로 새로운 질문이기 때문에 선조 때부터 내려온 심층의 논리를 끄집어내지 못하는 것일 수도 있다고 추측했다. 왕이 보기에 이 질문은 글을 모르는 사람에게 쓰기를 요구하는 것이나 다름없었다. 혹은 우리 두 저자에게 〈백조의 호수〉에 나오는 어려운 발레 동작을 해보라고 요구하는 것과도 비슷했다.

수렵 채집 사회의 규모는 웬만하면 100명을 넘지 않았다. 따라서

왕은 선조들이 이해할 수 있는 범위 내의 숫자로 문제를 제시하면 응답 결과가 크게 달라질지도 모른다고 예상했다. 600명이 아니라 조상들의 친애 부분자아가 다룰 수 있는 범위 내의 숫자인 60명으로 숫자를 바꾼다면, 응답 결과는 어떻게 달라질까?

왕은 카너먼과 트버스키가 제시한 질문과 똑같은 내용의 질문을 피험자들에게 제시했다. 다만 여기서는 고대의 부족 규모에서 가능한 범위로 숫자를 바꿔 제시했다.

피험자들은 20명을 확실히 살릴 수 있는 선택안과 $\frac{1}{3}$의 확률로 60명을 구할 수 있는 선택안하나도 구하지 못할 확률은 $\frac{2}{3}$ 사이에서 하나를 결정해야 했다.

두 번째 집단은 40명이 죽게 되는 선택안과 한 사람도 죽지 않을 확률이 $\frac{1}{3}$ 인60명이 전부 죽을 확률은 $\frac{2}{3}$ 선택안 사이에서 결정해야 했다.

놀라운 결과가 나왔다. 숫자의 크기를 600명이 아닌 60명으로 줄여서 질문했더니, 질문의 프레임 변화는 피험자들의 선택에 아무 영향도 미치지 못했다. 손실을 강조하는 프레임이든 이득을 강조하는 프레임이든, 피험자들은 일관되게 같은 선택을 했다.

왕의 연구 결과는 인간을 비이성적인 오류투성이 존재로 가정하는 이론에 잿밥을 뿌리고, 대신에 **인간에게는 오류를 피할 능력이 충분하다는 사실을 입증한다. 관건은 선조들에게 유의미했던 방식으로 질문을 던져야 한다는 점이다.**

문제 방식만 조금 바꿔도 의사결정 능력이 극적으로 향상된다

바다거북은 물기 없는 얕은 해안에 알을 낳는다. 갓 부화한 수백 마리의 새끼 바다거북들은 고향인 바다를 향해 해안을 기어 내려간다. 영화 〈니모를 찾아서〉에서 바다거북인 크러쉬는 매력적인 서퍼의 억양으로 말한다.

"정말 멋지지 않니, 젤리맨. 저 조그만 애들은 그냥 알이야. 해변에 놔두면 알아서 부화해. 그리고는 룰루랄라, 알아서 커다랗고 푸른 바다를 찾아가."

크러쉬의 말이 사실이라면 이것은 아무런 문제가 되지 않는다. 그러나 최근 세대에 부화한 바다거북들은 끔찍한 의사결정 오류를 저지르고 있다. 해변을 기어다니는 바다거북들에게 바다로 향할지, 아니면 대형 트럭들이 쌩쌩 달리는 아스팔트로 올라갈지 선택하게 하면 놀랍게도 수천 마리의 거북들은 후자를 선택한다. 이것이야말로 목숨과 맞바꾸는 비이성적 선택이다.

플로리다에 사는 한 남자가 이런 거북들의 자살 행렬을 막기 위해 한 가지 기발한 방법을 찾아냈다. '포트로더데일, 거북들의 자살을 막다'라는 제목의 보도 기사는 그가 바다거북들의 잘못된 선택을 줄이기 위해 고안한 기막힌 방법을 설명한다. 그 방법이란 바다거북이 길을 잃는 원인인 불빛을 꺼버리는 것이었다.

갓 부화한 거북들은 빛을 향해 기어가도록 진화했다. 이것은 수백만 년 동안 아주 합리적이고 효과적인 전략이었다. 깜깜한 해변에서 빛이란 바다 표면에 반사된 달빛과 별빛을 의미했다. 새끼 거북들은 빛을 따라가면 고향인 바다로 돌아갈 수 있었다.

그런데 인간들이 해변의 다른 한쪽에 해안가 주택과 불빛이 현란한 호텔을 짓기 시작하면서 문제가 생겨났다. 갓 부화한 포트로더데일의 바다거북들은 근처의 가장 환한 불빛을 향했고, 결국은 도로 한복판으로 직진했던 것이다. 이렇게 자살 행동을 하는 바다거북들을 비합리적이라고 봐야 할까?

현대 세계에서는 그렇다. 하지만 여기에는 더 깊은 진실이 존재한다. 바다거북은 빛이라는 단순한 신호에 따라 선택하며, 이런 선택은 거북들의 선조대에서는 완벽히 합리적인 선택이었다. 하지만 바다거북 대대로 진화해온 의사결정 기제는 오늘날 현대 문명의 불빛에 의해 쓸모없게 되었다.

현대를 살아가는 인간도 이 바다거북들과 비슷하다. 우리의 심층에도 합리적 의사결정 기제가 존재하지만, 이 기제는 현대 세계의 특징으로 인해 가끔 눈이 멀어 버리곤 한다.

판단과 의사결정을 연구하는 행동경제학자들과 심리학자들은 온갖 오류로 채워진 집을 세우고는 요란한 팡파르를 울리며 인간이 자살을 선택하는 거북과 얼마나 비슷한지 증명해보인다.

"어서 오세요, 여러분. 아주 놀라운 바보 멍청이를 보여드리겠습니다! 20달러를 내면 거울에 비친 자기 모습을 볼 수 있습니다! 50달러를 내면 두 번 볼 수 있습니다!"

그러나 이런 바보짓 카니발에 몰두하다가 인간에 대한 더 깊은 진실을 망각할 수 있다. 호모 사피엔스는 지구상에서 가장 성공한 종 중 하나며이것은 우리가 어느 정도 옳게 행동하고 있다는 사실을 암시한다 언어 이해, 문법 학습, 얼굴 표정과 물체 인식과 같은 아주 복잡한 문제에서 문명 사회가 만들어낸 가장 고성능의 컴퓨터를 능가하는 능력을 습득했다. 우리는 이런 사실을 망각해서는 안 된다. 하지만 종종 우리는 이런 본분을 망각하고, 때론 치명적인 실수를 저지르기도 한다.

현대의 불빛에 눈이 먼 순간, 우리는 아주 단순한 문제에서도 오류를 범할 수 있다. 우리 인간이 저지르는 오류와 비합리성 대부분은 우리의 능력에 결함이 있어서라기보다는, 능력을 시험하는 방식에 결정적인 결함이 있기 때문이다.

방법을 바꿔서 조상 시대에 유의미했던 방식으로 정보를 전달하면 다시 말해 눈을 멀게 하는 빛을 끄기만 하면, 변화에 적응하지 못해 멸종한 도도새나 다름없어 보이는 인간은 그 즉시 대단히 이성적인 현자로 돌변할 수 있다.

선조 때부터 물려받은 현명한 정신을 끄집어내기 위해 어려운 문제를 내는 방식을 조금만 바꿔도 오류가 크게 줄고, 의사결정 능력이 극적으로 향상한다. 그러나 똑같은 결정일지라도 누구에게는 대단히 합리적인 판단이지만, 누구에게는 비이성적인 선택이 될 수 있다는 것은 대단히 흥미로운 사실이다.

• Chapter 6 •

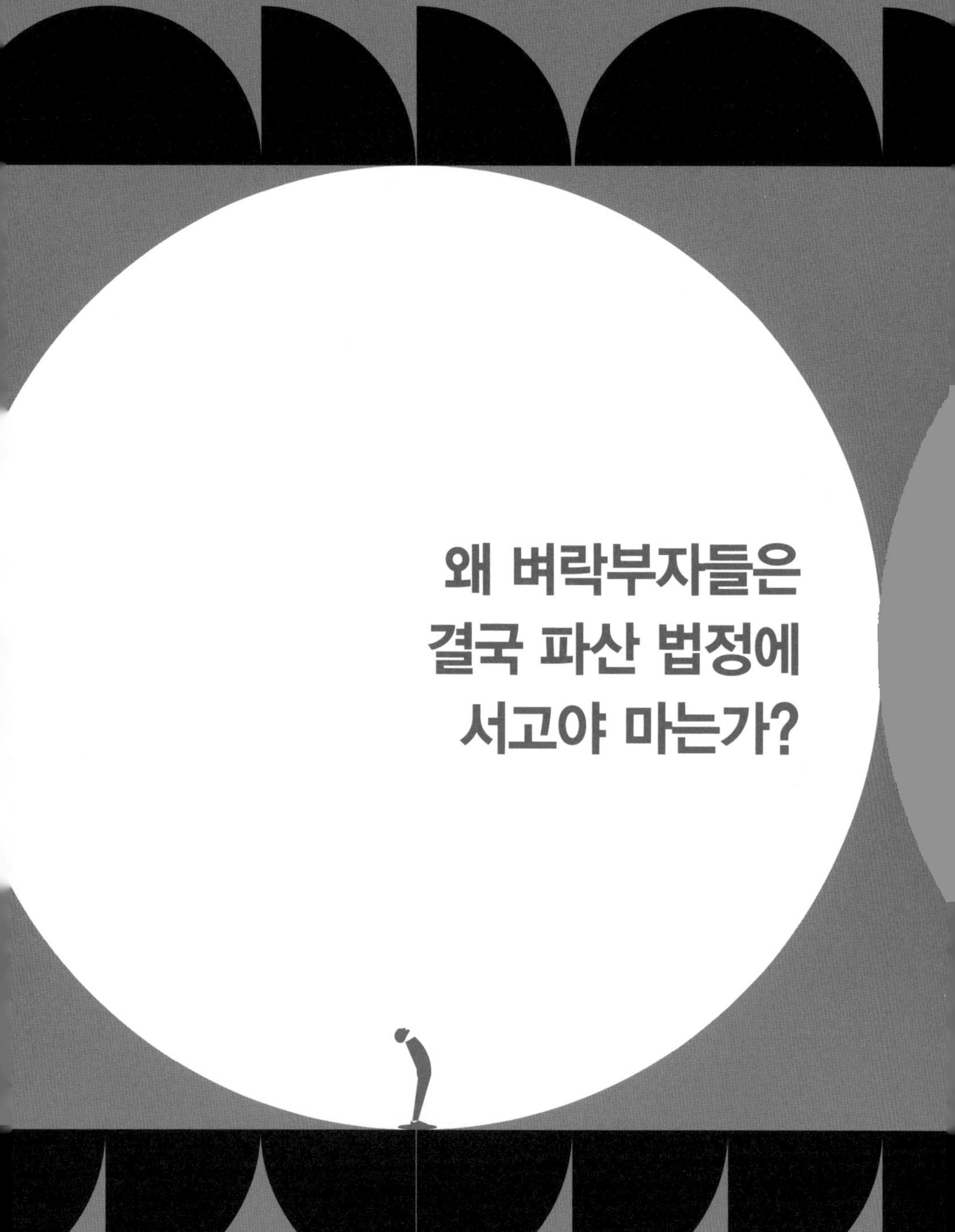

왜 벼락부자들은 결국 파산 법정에 서고야 마는가?

스탠리 버렐이라는 이름을 들으면 누군가 싶을 것이다. 소설에나 나올 법한 그의 인생사를 시시콜콜 알지는 못할지라도, 아마 그의 다른 이름은 한 번쯤은 들어본 적이 있을 것이다.

버렐은 이스트오클랜드 임대 주택단지에 있는 비좁고 복닥대는 아파트에서 여덟 명의 형제자매와 함께 성장했다. 편모슬하에서 자란 버렐은 돈을 벌기 위해 밀짚 야구공을 팔았고, 오클랜드 콜로세움 주차장에서 비트박스에 맞춰 춤을 췄다.

버렐의 에너지와 재능은 전염성이 강했다. 오클랜드 애슬레틱스의 구단주 찰스 핀리가 다리를 일자로 찢으며 팬들을 열광시키는 버렐을 보고 그를 배트보이로 고용했다. 한 선수는 새로 온 배트보이가 홈런왕 행크 아론을 닮았다고 생각했는데, 이후 소년은 아론의 별명인 해머링Hammerin을 본떠 '해머'라는 별명으로 불리기 시작했다.

27세에 버렐은 뛰어난 퍼포먼스와 끼를 가지고 슈퍼스타 뮤지션으로서 커리어를 쌓기 시작하면서, 'MC 해머'라는 이름으로 대중에게 알려졌다. 대중은 그의 현란한 댄스 동작과 트레이드마크인 낙하산 팬츠, 〈유 캔트 터치 디스〉에 열광했다. 1990년에 〈포브스〉는 가난뱅이 소년이었던 해머가 5,000만 장이 넘는 음반을 판매했고, 이 곡의 인기로 3,300만 달러를 벌었다고 추정했다.

그러나 몇 년 후인 1996년 해머는 개인파산을 신청했다. 가진 재산을 다 잃은 것은 물론이고 1,300만 달러의 빚까지 진 상태였다. 해머는 공연에는 일가견이 있었지만그래서 'MC'라는 별명도 얻었다 저축의 개념은 배우지 못했다. 그가 구입한 2만 5천 평의 캘리포니아 저택에는 테니스 코트, 풀장 2개, 옥내 영화관, 자동차 17대를 주차할 수 있는 차고, 30km의 배선이 깔린 사운드 시스템이 완비되어 있었다.

또한 해머는 경주마 여러 필과 헬리콥터 한 대를 구입했고, 로트와일러 종 경비견 네 마리를 위해 금 체인까지 샀다. 해머의 사치스러운 소비는 그 자신에게만 국한되지 않았다. 그는 200명의 수행원을 유지하는 비용에만 매년 680만 달러를 썼다.

가난뱅이에서 부자로, 이후 파산 법정으로 향했던 인물은 MC 해머만이 아니다. 〈스포츠 일러스트레이티드〉에 따르면 프로풋볼NFL 선수의 78%가 평생에 한두 번은 파산 법정에 서며, 프로야구 선수의 60%

는 은퇴 후 5년 내에 파산한다. 2023년 NFL의 최저 연봉은 66만 달러고, NBA의 평균 연봉은 무려 800만 달러인데 어떻게 이런 일이 있을 수 있는지 믿기 힘들다.

그 돈은 다 어디로 갔을까? 미국 프로농구 뉴욕 닉스의 센터 패트릭 어윙은 이렇게 말한 적이 있다.

"우리는 많이 벌지만, 쓰기도 많이 한다."

권투 선수 마이크 타이슨은 씀씀이가 헤픈 운동 선수의 전형이었다. 그는 재미 삼아 레슬링을 하려고 18만 8,000달러를 주고 벵골 백호 두 마리를 샀으며, 저택에 딸린 38개의 욕실 중 한 곳에 200만 달러짜리 욕조를 들여놓았다. 한 번은 부엌 7개와 나이트클럽이 있는 집을 구입해서, 그곳에 딱 하룻밤만 머물렀던 적도 있다. 그는 선수 시절에 3억 달러가 넘는 돈을 벌었지만 파산 신청을 낸 2003년에는 빚만 2,400만 달러였다.

낭비벽은 운동 선수나 엔터테이너들만의 이야기가 아니다. 《이웃집 백만장자》라는 책에서는 의사를 포함해 존경받는 전문가들 상당수가 벌이보다 지출이 많아서, 말년에 파산한다고 전한다. 심지어 오랫동안 CNN 방송에서 최고의 인터뷰어로 활약한 래리 킹도 빚을 갚지 못해 파산을 신청했다. 그러나 파산 신청한 후에도 이 브루클린의 가난한 집안 출신 남자는 계속해서 빚을 졌다.

왜 상당수 벼락부자는 미래를 위해 저축하지 못하고 흥청망청 돈을 낭비하는 것일까? 이런 충동적 낭비벽이 어리석고 비합리적인 선택이기는 하지만, 한 번쯤은 다른 각도에서 생각해봐야 한다. 마치 내일이 오지 않을 듯 돈을 소비하는 행동에는 심층 합리성이 깔려 있을지도 모르기 때문이다.

이제 우리는 사람마다 추구하는 인생 전략이 서로 다르다는 사실을 보여주는 증거를 검토할 것이다. MC 해머 같은 사람들은 단숨에 가난뱅이에서 부자가 되기를 열망한다. 그들은 **위험 감수와 충동성 그리고 요절에 이르기도 하는 위험한 라이프스타일과 연관이 있는 '빠른' 궤도를 추구한다. 반면 어떤 이들은 '느린' 길을 걸으면서 만족을 뒤로 미루고 안전을 추구한다.**

본질적으로 어떤 전략이 더 좋고 어떤 전략이 더 나쁘다고 말할 수는 없다. 단지 사람들은 태어난 환경에 맞게 상황을 최대한 이용할 뿐이다. 삶의 두 가지 전략과 이런 전략을 야기하는 상황을 이해하면, 같은 결정일지라도 누구에게는 비합리적이고 비적응적인 선택이 다른 누구에게는 대단히 합리적이고 적응적인 선택이라는 사실을 이해하게 된다.

생활사 이론, 시간과 에너지를 어떻게 사용할 것인가?

×

돈이 많다고 문제가 더 많이 생기지는 않지만, 돈을 어떻게 써야 하는가는 딜레마가 될 수 있다. 수중에 100달러가 있다면 이런저런 일에 돈을 쓸 수 있다. 식료품을 쟁여 놓거나 연인을 위해 장미를 살 수도 있고, 아이에게 바이올린 교습을 받게 해주거나 새 옷을 살 수도 있다.

지출의 딜레마가 생기는 이유는 돈이 한정된 자원이기 때문이다. 쓸 돈이 100달러밖에 없다면 냉장고에 식료품을 꽉꽉 채워 넣고, 새 옷을 사고, 아이를 바이올린 학원에 보내는 일을 동시에 할 수는 없다. 한정된 자원을 배분할 때는 우선순위를 정해야 한다.

한정된 자원은 돈 말고도 더 있다. 시간도 한정된 자원이며, 음식에 들어 있는 칼로리 에너지도 한정된 자원이다. 자원을 어떻게 이용해야 할지 정할 때는 '**맞교환 효과**'를 생각해야 한다. 시간이 한 시간밖에 없으면 아이랑 놀아주든가, 이메일에 답장을 쓰든가, 낮잠을 자든가, 어느 하나만을 골라야 한다. 한 가지 일에 시간을 투자하면 다른 일에는 투자할 수 없다.

칼로리도 마찬가지다. 100cal의 에너지를 소모해서 면역계 기능을 유지하든가, 근육을 움직이든가, 아니면 나중에 사용하기 위해 두툼한 지방 형태로 에너지를 저장해놓을 수 있다.

합리성을 전제하는 경제학자들은 개인과 기업이 한정된 자원을 어떻게 할당하는지 이해하기 위해 '**미시경제학**'이라는 독립된 학문 분야를 만들어냈다. 미시경제학은 인간의 의사결정에 관심을 갖지만 한정된 자원의 배분은 비단 인간만의 문제가 아니다. 단세포 박테리아, 로트와일러 종 경비견, 벵골호랑이, 줄기가 기다란 장미 등 모든 생명체는 맞교환 효과를 감내해야 한다.

결국 인간이 부딪치는 맞교환 효과나 다른 모든 종이 직면하는 맞교환 효과나 다를 바가 없다.

생물학자들은 모든 생명체가 한정된 자원을 어떻게 배분하는지 이해하기 위해 **'생활사 이론**Life history theory'이라는 강력한 이론 모델을 만들어냈다. 이 이론은 미시경제학과 비슷하지만 생물학적 맞교환 효과를 다룬다는 점에서 차이가 난다.

생활사 이론은 몇 가지 질문을 던진다. 하나의 동물 개체는 얼마나 오랫동안 성장하고 발달해야 새끼를 낳는 시기에 이르는가? 동물은 자손을 생산한 후에도 자손을 보살피는 일에 자원을 배분해야 하는가? 그렇다면 자손이 스스로를 부양할 수 있는 나이가 되어 둥지를 떠나기 전까지 동물은 자손을 얼마나 많이 보살펴야 하는가?

생활사 이론에 따르면 모든 생명체가 처하는 기본적인 생활 과제는 크게 두 가지 범주로 나뉜다. 하나는 '체세포적 노력 Somatic effort**'이고 다른 하나는 '생식 노력**Reproductive effort**'이다.** 체세포적 노력은 건강한 몸으로 성장하고 이를 유지하는 데 들이는 노력이다. 생식 노력은 생명체가 자신의 유전자를 복제하는 데 쏟는 에너지를 의미한다.

체세포적 노력은 은행에 돈을 예금해 조금씩 잔액을 늘려 가는 것과 비슷하다. 반면 생식 노력은 예금 통장에서 인출한 돈을 유전자 복제에 도움되도록 지출하는 것과 비슷하다고 생각하면 된다.

인간이 저축하는 목적이 순전히 은행 잔고를 불리기 위해서만이 아니듯, 동물들이 체세포적 노력에 투자하는 것도 순전히 몸집을 키우기 위해서만은 아니다. 그보다는 미래의 번식을 위한 투자다. 동물 개체는 은행 잔고를 조금씩 불림으로써, 미래에 성공적으로 자손을 생산할 가능성을 늘릴 수 있게 된다.

생활사 이론은 모든 동물이 기본적으로 똑같은 맞교환을 행하고 있음을 강조한다. 생의 한 지점에서는 우리 인간도, 고양이도, 다람쥐도 체세포적 노력이든 생식 노력이든 둘 중 하나에만 한정된 자원을 투입할 수 있다.

맞교환은 동물들마다 서로 다른 방식으로 행해지는데, 이를 '**생활사 전략**Life history strategies'이라고 한다. 어떤 동물은 '느린' 생활사 전략을 추구하면서 체세포를 키우는 일에 아주 많은 시간과 노력을 투자한 후에야 생식활동을 행한다. 반면 어떤 동물은 더 빨리 생식활동을 하기 위해 체세포적 노력은 건너뛰는 '빠른' 전략을 추구한다.

마다가스카르 섬에 서식하는 고슴도치와 비슷한 동물인 텐렉은 빠른 전략을 택한다. 생후 불과 40일 만에 '**성성숙**Sexual maturity'에 접어드는데, 신체적으로 출산이 가능한 시기가 되자마자 한 번에 최대 32마리의 새끼를 낳으며 다산한다.

반대로 코끼리는 느린 전략을 추구하며 성성숙에 이르는 시기가 텐렉보다 100배는 더 오래 걸린다. 코끼리들은 신체가 준비된 후에도 몇 년을 더 기다린 다음에야 새끼를 낳는다. 새끼를 낳을 때도 한 번에 한 마리만 낳으며, 이후 몇 년이 더 지난 후에야 아기 코끼리 덤보에게 형제를 만들어준다.

인간은 생활사 전략에 있어서 텐렉보다는 코끼리에 가깝다. 우리는 체세포 발달에 아주 많은 투자를 하고, 성성숙에 이르기 전까지 알맞은 때를 기다린다. 몸이 다 성숙한 후에도 몇 년 또는 몇 십 년을 기다린 후에 아이를 가지기도 한다.

코끼리처럼 인간도 뇌는 크지만 신체적 성숙이 느린 아기를 보살피는 일에 많은 정성을 쏟는다. 이 무기력한 작은 생명체들은 역사적으로 봐도 부모 양쪽이 자원을 제공해주지 않으면 살아남기가 어렵다.

코끼리와 인간을 비롯해 상대적으로 무기력한 아기를 출산하는 동물들에게 생식 노력은 단순히 교미하는 것보다 훨씬 큰 의미를 지닌다. 이 생식 노력은 다시 두 개의 중요한 과제로 나뉜다.

첫째는 지위 경쟁, 짝 유혹, 교미 행동 등에 에너지 자원을 투입하는 '짝짓기 노력 Mating effort**'이고, 둘째는 자손이 살아남아 생식 능력을 갖출 때까지 돌봐주는 일에 에너지 자원을 소비하는 '육아 노력**Parenting effort**'이다.** 코끼리와 마찬가지로 인간의 생활사도 많은 체세포적 노력과 약간의 짝짓기 노력, 그리고 많은 육아 노력으로 이루어져 있다.

인간도 동물들처럼 예정된 발달 순서를 따른다

×

생활사 이론이라는 렌즈를 통해 우리 자신을 바라보면, 인간도 다른 동물들처럼 평생 동안 어느 정도 예정된 발달 순서를 따른다는 사실을 알 수 있다. 다른 동물들처럼 인간의 생활사도 세 단계로 진행된다. 체세포적 노력, 짝짓기 노력, 육아 노력이다. 이 세 가지 단계별 노력을 지배적으로 주도한다.

이 세 가지 단계는 우리의 우선순위와 심리가 평생에 걸쳐 어떻게 달라지는지 설명해준다. 실제로 한 인생 단계에서는 특정 부분자아가 다른 부분자아를 뒤로 제치고 선택을 이끈다. Chapter 1에 나온 〈진화적 관점에서 바라본 인간 욕구 단계〉 피라미드 그림을 다시 떠올려보자. 이 피라미드는 한 부분자아가 어떤 순서로 앞서의 부분자아를 밟고 올라서는지를 보여준다.

모든 동물은 우선은 생존하고 성장해야만 번식할 수 있다. **체세포적 노력이 주를 이루는 생의 첫 단계는 짝짓기 노력을 행하기 전에 필요한 발달 토대를 제공한다.** 이 첫 단계 동안 아이들은 신체가 발달하고, 면역계가 강화되며, 친구들을 만드는 데 도움이 될 사회적 기술을 습득하기 시작한다.

이 체세포 성장과 발달 단계에서는 자기보호와 질병 회피 부분자아가 전면에 대두된다. 유아기 때는 외부인에 대한 경계심이 대단히 높으며이방인에 대한 두려움은 2~3세 사이에 정점을 이룬다 새로운 음식을 거부하고 매일 똑같은 음식만 먹으려 든다. 피넛버터 샌드위치는 천 번이라도 기쁘게 먹지만, 호두와 아보카드가 들어간 샌드위치에는 역겹다는 반응을 보일 수 있다.

아이들이 친구 사귀기에 관심을 가지는 것은 훨씬 나중에, 생활사의 두 번째 단계로 접어들어 친애 부분자아가 활동하기 시작하면서부터다. 자녀의 10대 시절이나 본인의 고등학교 시절을 떠올려보자.

이 두 번째 단계에서는 짝짓기 노력과 관련해서 하는 일마다 서툴고 짜증이 난다. 남자든 여자든 10대 중반부터 20대 후반까지인 성년기 초입에 짝짓기 노력이 정점에 달한다. 성에는 무관심하고 순수했던 초등학생 시절이 끝나면, 어느 순간부터 갑자기 짝짓기 노력이 학창 시절의 시간과 에너지를 거의 독점하기 시작한다.

나는 인기가 있나? 나는 외모가 괜찮은가? 아이들이 나를 우러러보는가, 아니면 무시하는가? 나는 친구들과 잘 지내는가? 나는 관심을 끌 만큼 충분히 튀는가? 그리고 결국에는 이런 질문을 던진다. 교실에서 내 옆자리에 앉은 저 근사한 아이랑 데이트할 수 있을까?

동물의 왕국에서 짝짓기 노력은 맹렬한 공격과 이목을 끌기 위한 과시 행위를 수반한다. 이것은 인간 사회에서도 마찬가지다. 이 연령대에서는 다리에서 뛰어내리거나 끝이 보이지 않는 동굴을 탐험하는 등 위험한 일을 할 때 아드레날린이 최대치로 치솟는다.

청소년과 청년기에는 약물이나 술, 위험한 성행위에 마음이 솔깃해진다. 미국 10대들의 사망 사고 1위가 자동차 사고인 것은 우연의 일치가 아니다. 10대들은 안전띠를 잘 착용하지 않으며, 본인의 운전 실력을 과신한다. 술을 마시고 운전하거나 친구들을 차에 태우고 운전하는 것을 좋아한다. 본인의 무모함을 남들에게 과시하고 싶기 때문이다.

활발한 짝짓기 노력은 우리 몸에 흐르는 테스토스테론 수치와 직접 연관이 있으며, 이 수치는 10대 중반부터 크게 오르고 20대에 가장 높다. **테스토스테론은 승부욕, 반항심, 성욕의 불꽃을 지핀다. 남녀 모두 테스토스테론을 주입하면 공격성이 높아지고 섹스에 대한 관심도 커진다.**

4,462명의 참전 군인들을 조사한 연구에 따르면 테스토스테론 수

치가 높은 군인일수록 군법을 많이 어겼으며, 폭력적이었고, 성적 파트너를 동시에 여러 명 사귀려는 경향이 강했다.

사춘기의 테스토스테론 수치 증가는 생의 두 번째 단계 내내 우리의 행동을 가장 크게 지배하는 짝 획득과 지위 부분자아가 등장함을 알리는 신호다. 정맥을 질주하는 테스토스테론은 어린 시절에 크게 활성화되었던 자기보호와 질병 회피 부분자아를 억누른다. 무모하고 위험한 행동으로 자신을 과시하면서, 동시에 건강과 신체의 안전까지 챙기는 것은 어쨌든 쉽지 않다.

안전에 대한 관심이 줄어들면서 짝짓기 단계는 굉장히 위험해질 수 있다. 진화심리학자 마틴 댈리와 마고 윌슨은 캐나다에서 케냐 그리고 중세 유럽에서 칼라하리 사막의 쿵 부족까지, 인류에 벌어진 살인 패턴을 연구하면서 살인자들 중 청년기의 성인이 압도적으로 많다는 사실을 발견했다. 40대 초반 성숙한 남성에 비해 20대 초반 젊은 남성이 살인을 저지를 가능성은 400%나 높다.

이런 폭력이 발생하는 주요 동기는 무엇인가? 살인의 가장 큰 원인은 '**사소한 시비**Trivial altercation'로써, 전체 살인 사건의 37%를 차지했다. 경찰이 사소한 시비라고 이름 붙인 이유는 정말로 별것 아닌 일이 살인의 도화선이 되기 때문이다. 몇 마디 모욕이나 욕설 또는 우연히 부딪친 것이 살인으로 번진다.

댈러스의 살인 사건 전담 형사는 이렇게 말한다.

"아무것도 아닌 일로 말싸움을 하다가 살인이 벌어진다. 성미를 참지 못하고 싸움이 시작된다. 그리고는 누군가 칼에 찔리거나 총에 맞는다. 내가 맡은 사건 중에는 범인들이 주크박스에 넣은 10센트 때문에 혹은 주사위 게임을 하면서 빚진 1달러 때문에 다툼을 벌이다 범행을 저지른 경우도 있었다."

댈리와 윌슨은 대부분의 폭력은 지위나 짝, 특히 이 둘이 없는 것과 관련이 깊다고 지적한다. 디트로이트의 살인 사건을 조사한 연구 결과에 따르면 범인의 41%는 실직자였고, 73%는 미혼자였다.

이렇게 위험한 짝짓기 노력 단계에서 살아남은 사람은 생의 세 번째 단계에 접어들어 육아 노력에 전념할 가능성이 높아진다. 이 마지막 단계에서는 보통 결혼이라는 형태로 타인과 장기적인 유대 관계를 형성하며, 이런 관계는 자손을 낳고 성공적으로 기르기 위한 토대가 된다.

육아 단계가 어디서부터 시작되는지 공식적인 시간표는 정해져 있지 않다. 미국의 경우 1972년과 2015년을 비교하면, 첫 아이를 낳는 여성의 나이는 25세에서 27세로 늘었다. 또한 남성의 나이는 28세에서 31세로 늘었으며, 마흔을 넘겨 아빠가 되는 남성도 9%를 차지했다. 한국의 경우 1997년과 2014년을 비교하면 여성은 27세에서 31세로, 남성은 30세에서 33세로 늦어졌다. 하지만 대다수 사람은 40세가 되기 전에 육아 단계에 접어든다.

또한 생의 세 번째 단계는 자기 아이들을 다 길렀다고 해서 끝나지 않는다. 인간의 육아 노력에는 손자 손녀를 돌보는 것도 포함되기 때문이다.

육아 단계에 접어들면 호전성과 승부욕이 줄어든다. 한 연구에서는 캐나다의 아마추어 하키 선수들을 관찰했다. 연구진은 비교적 젊은 20대 미혼 선수들의 경기와 좀 더 나이가 든 30대 기혼 선수들의 경기를 비교했다. 나이든 선수들의 공격성은 젊은 선수들의 35%밖에 되지 않았다.

또한 몸이 부딪치거나 고성이 오갔을 때도 나이든 선수들은 가벼운 농담 정도로 치부하면서 대수롭지 않게 넘겼다. 하지만 젊은 선수들은 속된 말로 '죽기 살기'로 경기에 임했다. 이들은 아무렇지 않은 일에도 곧잘 성을 냈다. 그리고 연구진이 '**차가운 적개심**Cold hostility'이라고 이름 붙인 의도적인 밀치기, 떼밀기, 상대 선수를 친 후에도 사과할 기색을 전혀 보이지 않는 행동을 나이든 선수들보다 4배는 더 많이 하는 경향을 보였다.

남녀 모두 30대에 접어들면 테스토스테론이 감소하기 시작한다. 이 호르몬 수치 감소는 미리 정해진 생물학적 타이머를 그대로 따른다기보다는 육아 노력 단계에 접어들었는지 여부에 좌우된다. 결혼하면 테스토스테론 수치가 감소하고 아이를 낳은 후에는 훨씬 더 줄어든다. 한 예로 아이를 출산한 경험이 있는 필리핀 여성들은 나이가 같고 사회경제학적 지위도 같지만, 아이를 낳지 않은 여성들에 비해 테스토스테론 수치가 30% 적었다. 북미 남성들도 마찬가지다. 결혼 후 그들의 테스토스테론 수치는 줄어들었고, 아이를 가진 후 다시 줄어들었다.

육아 노력 단계에 이르면 짝 유지와 친족 보살핌 부분자아가 무대의 중앙에 오른다. 오랫동안 관계를 유지할 파트너와 새로운 아기와 생활하면서, 좋은 배우자가 되고 부모가 되는 것이 1차 목표인 두 부분자아가 계속 활성화된다.

한편으로는 그동안 방치되었던 자기보호와 질병 회피 부분자아도 어느 정도 부활한다. 자손을 기르고 그들을 여러 위협으로부터 보호하려면 우선은 본인이 안전하고 건강해야 하기 때문이다. 결혼하고 아이가 생기면 다리 아래로 뛰어내리거나 적색등을 무시하고 액셀을 밟는 일에 큰 재미를 못 느낀다. 그리고 모욕을 폭력으로 되받아치거나 적대적인 태도로 경기할 필요도 별로 느끼지 못한다.

성공과 테스토스테론 수치는 상관 관계가 있을까?

×

생의 세 단계를 거치며 바뀌는 우선순위 변화는 각 단계마다 재무 결정에 접근하는 방식에도 중요한 영향을 미친다. 청년기에는 테스토스테론 수치가 높은 탓에 짝짓기 단계에 이른 이들은 위험, 모험, 도박을 추구하는 성향도 가장 높다.

라스베이거스에서 열리는 세계 최대 규모의 포커 토너먼트인 월드 시리즈 포커 대회 참가자들의 나이를 살펴보자. 참가비가 1만 달러인 이 대회에는 약 1만 명의 갬블러가 등록하는데, 평균 나이는 25세다. 나이가 들고 노련한 베테랑 플레이어들은 매년 신출내기 젊은이들이 겁 없이 게임하고, 허세를 부리며, 말도 안 되는 순간에 올인한다고 불평을 늘어놓는다.

그러나 이런 대담한 플레이는 나름의 보상을 거두는 것 같다. 가장 최근에 우승 상금 규모가 1,200만 달러에 이르는 그랑프리를 수상한 다섯 명의 나이는 21세, 22세 두 명, 23세, 24세였다.

나이와 테스토스테론은 라스베이거스의 도박판에만 영향을 미치지 않는다. 이 두 가지는 금융 부문 종사자들의 일일 거래활동에도 영향을 미친다. 영국에서 진행된 한 연구는 몇 주 동안 매일 아침마다 런던증권거래소 선물 트레이더들이들의 평균 나이는 27.6세였다의 테스토스테론 수치를 측정했다. 트레이더들은 테스토스테론 수치가 평균인 날보다 평균보다 높은 날에 8배나 높은 차익을 올렸다. 연구진은 테스토스테론으로 인해 뜻밖의 상황에서도 집요함과 대담함이 늘어나기 때문이라고 해석한다.

연구 결과가 발표된 후 뉴욕의 병원들에서는 테스토스테론 치료 사례가 늘어났다. 어퍼웨스트사이드의 개인병원에서 호르몬 대체 요법을 행하는 라이오넬 비순의 말에 따르면, 테스토스테론은 월가 트레이더들이 일종의 경쟁 우위를 갖기 위해 선택하는 약물 비슷한 것이 되었다. 그의 환자 중 90%는 금융 부문에서 일하는 30~40대의 남성들로, 이들은 테스토스테론을 증가시키면 업무 실적이 올라가고 더 오랜 시간 동안 일할 수 있으리라고 기대한다.

하지만 비순 박사는 이렇게 충고한다.

"월가에서 트레이딩을 하거나 큰돈을 다루는 사람은 먼저 자신감부터 기르는 게 좋다. 뜨뜻미지근한 태도로는 성공하기 힘들다."

20대 초에 테스토스테론 수치가 가장 높다는 사실로 미루어, 나이는 혁신적 사업 같은 고도의 위험 감수가 필요한 커리어를 시작할 때 굉장히 중요한 요소가 될 수 있다. MC 해머는 고작 22세에 오클랜드 애슬레틱스의 마이크 데이비스와 드와인 머피로부터 4만 달러라는 거금을 빌려 자신의 음반사인 버스트 잇 프로덕션을 차리는 대모험을 감행했다.

차 트렁크에 앨범을 진열해놓고는 무작정 마케팅에 들어간 이 젊은 CEO는 곧이어 자신의 앨범 〈필 마이 파워〉를 녹음했다. 앨범에서 해머는 본인을 '세상 최고'라고 선언하는 등 라이벌 래퍼들에게 공격적으로 선전 포고를 했다.

인터넷 거인들의 세상에 대해 말하자면, 최소한 한 벤처 투자자는 이렇게 말한다.

"인터넷 기업가들은 프로농구 선수와 비슷하다. 그들의 능력은 스물다섯에 최고치를 찍고 서른이 되면 대개는 끝나 버린다."

래리 페이지와 세르게이 브린은 둘 다 25세인 1998년에 구글을 창업했다. 빌 게이츠는 21세에 마이크로소프트를 세웠고, 마크 저커버그는 21세에 페이스북을 차렸으며, 스티브 잡스는 21세에 스티브 워즈니악과 애플을 창업했다당시 워즈니악은 25세였다.

처음에 애플은 잡스, 워즈니악, 론 웨인이 각자 상당 주식을 보유한 3인 운영 체제로 시작됐다. 웨인이 투자 원금을 빼내기로 결정하지 않았다면 그 돈은 오늘날 26억 달러로 불어났을 것이다. 아마도 웨인은 위험성이 큰 혁신 벤처를 하기에는 배짱이 부족했을지도 모른다. **그가 겁을 먹고 발을 뺀 것은 나이와 상관이 있었을까? 당시 20대의**

젊은이였던 잡스나 워즈니악과 달리 웨인의 나이는 42세였다.

테스토스테론이 넘치는 젊은이들은 위험 감수에만 배짱을 발휘하는 것이 아니라 다른 사업가들과 거래할 때도 훨씬 공격적이다. 357건의 인수합병 거래를 조사한 연구에서는 젊은 CEO일수록 전투적이었으며, 다른 회사를 인수하는 일에 적극적이었고, 인수를 당하는 일에는 거부감이 컸다. 젊은 경영자일수록 자신의 영토를 맹렬히 보호하고 제국을 확장하려 했다. 이런 현실은 협상에 상당히 강력한 영향을 미치기 마련이다.

한 남자가 당신과 40달러를 나눠 가져야 하고, 제안권은 그에게 있다고 가정해보자. 당신이 그의 제안을 수락하면 둘은 합의한 금액을 나눠 가질 수 있다. 그러나 당신이 그의 제안을 거절하면 둘 다 한 푼도 받지 못한다. 남자가 40달러 중 5달러만 주려고 한다면 당신은 이 제안을 받아들이겠는가?

연구진이 이 문제를 실험한 결과 상대의 수락 여부는 테스토스테론 수치에 따라 달라졌다. 테스토스테론 수치가 평균보다 낮은 사람들은 93%가 자신은 5달러만 갖고 상대는 35달러를 차지하는 제안을 흔쾌히 받아들였다.

그러나 테스토스테론 수치가 평균보다 높은 사람들은 45%가 제안을 거절했다. 그들은 부당한 거래를 수락해 기분이 상하느니 차라리 한 푼도 받지 않겠다는 쪽을 선택했다. 그리고 피험자들 중 테스토스테론 수치가 가장 높은 집단에서는 73%가 낮은 액수를 나눠 갖는 것을 노골적으로 거부했다.

젊은 사람들은 대담하고 위험 감수 성향이 높다. 그래서인지 그들은 닿기만 해도 뼈가 시린 알래스카의 얼음 바다에서 낚시하거나, 전기톱으로 커다란 나무를 베거나, 회사를 차리는 일 같은 위험천만한 일에서 겁 없이 자신의 운을 시험한다.

하지만 **젊은 사람들이 모험하는 성향이 강하다고 해서 그들이 항상 훌륭한 기업가가 된다고 말할 수 있을까? 그렇지는 않다. 젊을수록 근시안적 낙관주의에 눈이 멀어 세상물정 모르고 모든 것을 다 걸기 때문에, 성공하는 사람은 소수에 불과하고 대다수는 실패한다.**

성공적인 벤처 기업을 일군 549명의 기업가에 대한 연구를 보면, 이들은 대체적으로는 나이가 어느 정도 들고 경험을 쌓은 후에야 성공 가능성이 높은 회사를 차렸다. 물론 젊은 시절 여러 번 위험한 모험을 하고 실패를 거듭한 후에 찾아온 성공이었다. 나이든 사람들은 위험을 감당하더라도 신중함과 현명함을 잃지 않으며, 무턱대고 위험한 사업에 몸을 내던지지 않는다.

진화적으로 최상의 전략은 무엇인가?

×

아주 예전에 스탠퍼드 대학에서 진행되었던 연구다. 다섯 살짜리 아이가 대기실에서 한눈팔지 않고 얌전히 기다리고 있는데, 바로 앞의 테이블 위에 놓인 맛있는 마시멜로가 아이를 유혹한다. 원하면 지금이라도 마시멜로를 먹어도 상관없다. 하지만 먹고 싶은 마음을 꾹 참고 조금만 기다리면, 하나가 아니라 두 개를 먹을 수 있다는 말을 들었다. 아이는 어떻게 할까?

연구자는 대기실 밖에서 투명하게 비치는 거울을 통해 방안에 있는 아이들의 모습을 관찰했다. 몇 명은 곧바로 마시멜로를 먹었고, 몇 명은 참았다. 유혹을 참기 위해 어떤 아이는 손으로 눈을 가렸고, 어떤 아이는 접시를 보지 않으려고 고개를 옆으로 돌리기도 했다. 테이블을 발로 툭툭 차는 아이가 있는가 하면, 땋은 머리를 잡아당기는 아이도 있었다. 심지어 한 아이는 마치 봉제 인형을 만지듯 마시멜로를 살살 쓰다듬었다.

이 마시멜로 연구가 시험한 것은 '**만족 지연**Delayed gratification' 능력이었다. 연구진은 실험에 참가한 아이들이 10년 후 청소년이 되었을 때 그들을 다시 조사했다. 다섯 살 때 마시멜로의 유혹을 이겨낸 아이들은 부모와 교사 양쪽 모두로부터 좋은 평가를 받는 모범생으로 자라 있었다. 그리고 몇 년 후 이 아이들은 SAT에서도 높은 점수를 받았다. **연구의 메시지는 단순하다. 충동성은 나쁜 것이고, 만족 지연은 좋은 것이다.**

하지만 만족 지연이 언제나 좋은 것일까? 가끔은 충동적인 행동이 더 현명한 행동일 때도 있지 않을까?

생활사 이론에 따르면 이 마시멜로 실험에는 눈에 보이는 것보다 더 많은 것이 존재한다. 지금까지 우리는 생의 단계를 거치는 동안 일반적인 우선순위가 어떻게 변하는지 논했다. 그러나 생활사 이론은 각자 다른 전략을 추구하는 사람들 사이에 중요한 차이가 있음을 강조한다.

예를 들어 거의 모든 사람이 짝짓기 단계를 경험할지라도 어떤 사람은 내일에 눈을 고정하고, 어떤 사람은 현재에 충실하려 한다. 그리고 지금부터 다루겠지만 가끔은 충동성이 최고의 전략일 때도 있다.

레이 오테로는 뉴욕 이스트 88번가 106번지 건물에서 관리인으로 일한다. 전직 차량 정비공 출신이고 천하태평한 성격의 오테로는 남들과는 다른 특이한 투자 전략을 구사한다. 그는 매주 복권에 500~700달러를 '투자'한다. 그는 하루 두 번씩 시간을 지키며 교대로 투자 게임을 펼치는데, 아침 11시에 한 번 그리고 오후 중반에 또 한 번 복권을 긁는다. 그는 즉석복권이나 번호 맞추기 복권에 한 번에 10~20달러를 걸며, 보통은 주차 차량이나 지나가는 자동차 번호판을 보고 숫자를 정한다.

오테로는 이 투자 전략에 모든 것을 건다. 매년 복권에만 무려 3만 달러를 쓸 정도로 아주 열심히 투자한다. 2003년에 오테로의 친구며 건너편 건물의 도어맨으로 일하던 리치 란다조가 상금이 500만 달러인 세트 포 라이프 즉석복권에 당첨됐다. 그야말로 인생을 새 출발하게 된 44세의 란다조는 당첨된 즉시 늘씬한 23세의 스웨덴 모델과 데이트를 시작했다.

그러나 오테로는 아직까지 투자한 돈의 본전도 건지지 못하고 있다. 이제까지 그는 딱 세 번 당첨됐다. 즉석복권으로 1,000달러 당첨금이 한 번, 숫자 6개를 고르는 로또 복권으로 2,000달러에 두 번 당첨된 것이 전부다. 그러나 그 당첨금도 전부 복권에 재투자했다. 오테로는 이렇게 말한다.

"얼마가 당첨되든, 나는 그 돈을 전부 복권에 다시 쓴다."

오테로가 돈을 저축하지 못하고 도박으로 다 날리는 이유는 무엇일까? 복권에 모든 것을 다 쏟아붓는 사람은 오테로만이 아니다. 뉴욕주 복권관리국의 대변인 존 찰슨은 뉴욕 시민의 75%가 한두 번은 복권을 산 경험이 있으며, 뉴욕이 발행하는 복권의 1인당 평균 지출액은 연간 350달러라고 지적한다.

더욱 흥미로운 점은 지난 10년 동안 '복권 투자자들'이 상당히 늘어났다는 사실이다. 2001년 비극적인 9.11 사태 이후 소비자 지출은 전체적으로 줄었지만, 뉴욕 주의 복권 구매는 매년 꾸준히 증가했다. 수백만에 이르는 사람들이 왜 이런 바보 같고 비합리적인 행동을 저지르는 것일까? 어쩌면 오테로의 행동에는 뭔가 심층의 논리가 존재하는 것은 아닐까?

문제의 핵심은 최상의 투자 전략이 무엇인지로 귀결된다. 금융 투자 형태를 일일이 나열하자면 깨알만한 글씨로 써도 끝이 없고 엄청나게 복잡하지만, 실제로 투자 전략의 형태는 넓게 보면 두 가지 범주로 구분할 수 있다.

하나는 고위험 고수익의 길이다. 가령 신생 회사의 주식을 사거나, 아마추어 벤처 투자자 흉내를 내며 대학 동료의 엉뚱한 창업 아이디어에 돈을 대거나, 지구 반대편 나라에서 새로 발견되었다는 다이아몬드 광산에 투자하는 것이다. 이들 중 하나가 성공하면 부자가 된다. 어쩌면 캐딜락 휠캡에 금을 입히고 호화 요트를 사서 은퇴해도 될 정도로 큰 부자가 될 수도 있다.

레이 오테로의 투자 방식은 고위험 고수익 전략이다. 복권에 돈을 쓰는 것이나 고위험 주식을 사는 것이나 별로 다르지 않기 때문이다. 500만 달러에 당첨된 리치 란다조처럼 1등에 당첨되면 인생이 바뀔 수 있다. 이것이 고위험 고수익 전략의 핵심이다.

하지만 '인생은 한 방'이라는 식의 투자 전략이 고위험 전략이라고 불리는 데는 그만한 이유가 있다. 대부분은 투자 수익을 올리기는커녕 돈을 몽땅 잃을 공산이 크다. 투자한 신생 회사가 증시 거품 붕괴에 휩쓸려 도산할 수 있고, 대학 친구의 사업 아이디어가 그냥 엉뚱하기만 할 뿐 실용성은 전혀 없을 수 있으며, 지구 반대편에서 사상 최대 규모의 다이아몬드 광산이 발견된 줄 알았더니 토해내는 돌과 흙만 사상 최고 기록을 경신할 수도 있다.

레이 오테로가 대박 수익률을 기대하며 매년 투자한 3만 달러는 한 푼도 수익을 내지 못했다. 자신도 모르는 사이에 그는 뉴욕 주 세무국에 뜻밖의 선물을 안겨주고 있었다.

저축이 날아갈지도 모른다는 가능성이 내키지 않으면 안전하고 따분한 다른 투자 전략도 있다. 저축에 돈을 고이 묶어 두거나 채권을 사는 전략이다. 짜릿한 수익률은 없지만 매년 약간씩, 이를테면 4% 정도의 이자를 꼬박꼬박 챙길 수 있다. 4%는 높은 수익률은 아니지만 복권을 구입할 때마다 기대수익률이 마이너스 80%인 것에 비하면 훨씬 나은 수익률이다. 게다가 안전한 길을 따르면 대단히 강력한 복리의 힘도 톡톡히 누릴 수 있다.

레이 오테로가 4%의 이자율로 매년 3만 달러를 저축한다면 10년 뒤 이 돈은 41만 9,000달러로 불어나고, 20년 뒤에는 100만 달러로 늘어난다. 물론 오테로가 그만한 현금을 손에 쥐려면 20년을 기다리긴 해야 한다.

당장 대박 수익을 기대하며 높은 위험을 감수하는 전략, 느리지만 안전하게 훗날의 높은 보상을 추구하는 전략 중 어느 것이 더 좋을까?

배울 만큼 배운 사람들이 볼 때는 빠르지만 가능성이 희박한 고수익 유혹에 넘어가지 않고, 충동을 억제하면서 보상을 뒤로 미루는 전략이 더 현명한 전략이다. 급히 서두르다가는 일을 망칠 수도 있다. 부모들이 자녀에게 대학을 중퇴하고 벤처 회사를 차리거나 록 뮤지션이 되고 싶다며 한눈팔지 말고, 회계나 재무 같은 학문을 전공해서 안전한 일자리를 찾으라고 말하는 것도 바로 이런 이유에서다.

그러나 어떤 투자 전략이 더 좋은지에 대한 답은 그렇게 단순하지도 분명하지도 않다. 사실 어떤 전략이 더 좋은지는 앞에서 말한 생활사 전략과 직접 관련이 있다. **어떤 투자 방법이 가장 좋은지에 대한 질문은 느린 생활사 전략을 추구하는지, 빠른 생활사 전략을 추구하는지에 대한 질문과 매우 흡사하다.**

뒤에서도 논하겠지만 '상황에 따라 다르다'가 정답이다. 그리고 진화적 관점에서 인간의 생활사를 논한다면, 어떤 사람에게는 전속력 질주가 꾸준하고 느리게 걷는 것보다 나을 수도 있다.

빠르게 살기 VS 느리게 살기

텐렉처럼 빠른 생활사 전략을 좇는 동물이 있는가 하면체세포적 노력은 거의 하지 않고 짝짓기에 전념한다, 코끼리처럼 느린 전략을 좇는 동물도 있다체세포적 노력에 아주 많은 투자를 하고 생식 노력은 뒤로 미룬다. 생활사 이론은 어떤 전략이 본질적으로 좋다는 식으로 말하지 않는다. 대신에 각각의 전략이 다양한 환경에 진화적으로 맞춰진 것임을 강조한다.

빠른 전략은 위험하고 예측 불가능한 환경에 대한 적응이다. 언제 어떤 일이 생길지 모르는 불확실한 삶을 사는 텐렉이 여기에 속한다. 텐렉은 건조한 마다가스카르 사막에서 쉴 새 없이 먹이를 찾아 움직여야 한다. 그리고 덤불 속에는 텐렉을 맛난 먹을거리로 생각하고 있는 포식 동물이 숨어 있을지도 모른다.

위험하고 예측이 불가능한 세상에서 살아가는 동물들로서는 빠른 전략을 추구할 수밖에 없다. 생식 노력을 뒤로 미뤘다가는 번식활동 자체를 하지 못하는 사태에 처한다. 텐렉은 은행 잔고를 쌓을 시간이 없다. 기껏 모은 저축을 쓰지도 못하고 죽는 수가 다반사다.

반대로 **느린 전략은 더 안전하고 변수가 적은 환경에 대한 적응이다.** 코끼리는 언제라도 원할 때 영역 내의 초목을 먹을 수 있으며, 큰 몸집과 강한 힘 덕분에 대다수 포식 동물로부터도 안전하다. 시간이 들더라도 몸집을 키우고 자기가 사는 세상을 더 많이 배우는 것이 코끼리의 적응 전략이다.

체세포 성장이라는 은행 잔고를 차곡차곡 쌓을 사치를 부릴 수 있기 때문에, 코끼리는 체세포적 노력에 투자를 더 많이 한다. 그래야만 미래의 짝짓기 경쟁에서 큰 경쟁력을 발휘할 수 있고 최종적으로는 더 훌륭한 부모가 될 수 있다.

바로 이 부분에서 아주 흥미로운 점이 부각된다. 생활사 전략의 차이는 단순히 종 간 차이에만 해당하지 않는다. **같은 종에 속한 동물 개체들도 추구하는 생활사 전략이 다를 수 있다. 빨리 생식활동을 하는 코끼리와 텐렉이 있을 수 있고, 늦게야 생식 노력을 하는 코끼리와 텐렉도 있다.**

인간도 마찬가지다. 인간은 다른 종에 비해서는 비교적 느린 전략을 추구하지만, 어떤 사람은 빨리 가족을 꾸리고 어떤 사람은 더 나중에 가족을 꾸린다. 2015년 미국에서 첫 출산을 하는 여성의 평균 나이는 27세지만, 산모 5명 중 1명은 20세 이전에 첫 출산을 하고 10명 중 1명은 35세가 넘어서 처음으로 아이를 가진다.

어떤 사람은 평균보다 빠르고 어떤 사람은 평균보다 느리다. 그리고 자세히 관찰하면, 여성의 첫 임신 시기가 다른 것을 단순히 임의적 편차로만 봐서는 안 된다. 그보다는 가족, 성, 돈에 이르기까지 여러 문제에 대한 사람들의 심리와 태도가 천차만별이라는 사실과 관련이 있다.

느린 전략을 추구하는 사람들은 대기만성형이다. 실제로도 남들보다 성장이 느리고, 사춘기도 늦게 찾아오며, 생물학적 노화도 더 느리게 진행된다. 섹스를 시작하는 시기도 늦으며, 섹스를 나누는 사람도 남들보다 적은 편이고, 일부일처 관계를 선호한다. 느린 길을 걷는 사람들은 아이를 남들보다 늦게 가지고, 적게 가지며, 결혼한 후에야 아기를 가진다.

그들과 반대로 빠른 궤도를 달리는 사람들은 성장이 빠르고, 사춘기가 일찍 찾아오며, 생물학적 노화 속도도 더 빠르다고등학교 동창회에 참석할 일이 있다면 동창들의 얼굴을 자세히 살펴보기를 바란다. 같은 나이인데도 얼굴 나이가 더 들어 보이는 친구도 있고 동안인 친구도 있을 것이다.

빠른 전략을 추구하는 이들은 성적으로 조숙해서 남들보다 이른 나이에 섹스를 시작하고, 초년은 물론 말년까지도 남들보다 많은 사람들과 섹스를 나눈다. 섹스를 많이 하는 탓에 그들은 남들보다 빨리 그리고 더 많이 아기를 가진다.

또한 빠른 길을 달리는 사람들은 결혼생활에 정착하지 못하거나 이혼을 많이 하기 때문에 편부모가 될 가능성이 높다. 그 이유는 이들이 자신과 같이 빠른 전략을 추구하는 사람들에게 끌릴 확률이 높기 때문이다. 그리고 헤어진 다음에, 그들은 곧 또다시 새로운 짝짓기 기회를 찾아 나선다.

빠른 전략가들과 느린 전략가들은 인성적인 특징도 다르다. 느린 전략가들은 장기 계획을 세우고 미래의 더 큰 보상을 위해 눈앞의 만족을 뒤로 미루지만, 빠른 전략가들은 순간의 기회를 찾아 움직이며 장기적 결과보다는 즉시 얻을 수 있는 보상을 더 중시한다.

신중하고 계산적인 사람들은 완행 차선을 한 걸음 한 걸음씩 걷지만, 부주의하고 스릴을 즐기고 근시안적인 사람들은 급행 차선을 빠른 속도로 질주한다. 가사의 철학자 MC 해머도 고속 열차를 타고 부와 명성으로 나아갈 때는 이렇게 말했다.

"넌 못 건드려U Can't Touch This."

어릴 적 환경이 삶의 태도를 결정한다

×

빠른 전략을 추구하는 사람이 있는 반면, 느린 전략을 추구하는 사람이 있는 이유는 무엇일까? 일부 원인은 부모로부터 물려받은 유전자와 관련이 있다. 하지만 환경과도 관련이 있다. 무엇보다도 생활사 전략은 어린 시절의 환경에 크게 좌우된다.

발달심리학자 브루스 엘리스와 제이 벨스키는 아동기 환경의 두 가지 특징이 생활사 전략의 속도를 결정하는 데 중요한 역할을 한다는 사실을 발견했다.

첫째, 폭력이나 질병이 만연한 위험한 환경에서 자랄수록 생활사 전략의 속도가 빨라진다. 170개 국가를 대상으로 한 연구에서 국가별 사망률은 산모가 아이를 가지는 나이와 밀접한 관련이 있었다. 즉 사망 수준죽을 가능성이 높은 나라일수록 여성들의 첫 출산 나이도 빨랐다.

예를 들어 아프리카의 니제르는 사망 수준이 세계에서 14번째로 높으며, 여성의 50% 이상이 18세에 첫아이를 낳는다. 반대로 사망 수준이 세계에서 165번째로 낮은 베트남에서 18세에 아이를 낳는 여성의 수는 3%에 불과하다. 시카고 주거 지구를 분석한 연구에서는 첫 출산 나이의 중앙값이 27.3세인 10개 주거 지구가 기대수명이 가장 높았다. 반대로 중앙값이 22.6세인 10개 주거 지구는 기대수명이 가장 낮았다.

생활사 전략과 관련이 있는 것은 전체적인 범죄 수준만이 아니다. 미국 373개 카운티의 기록을 조사한 결과, 빠른 첫 출산 나이는 신체적으로 위험한 폭력 범죄살인, 폭행, 강간가 높은 것과 관련이 많았다. 하지만 재산 범죄절도, 차량 도난, 빈집 털이와는 별 관련이 없었다. 이 패턴은 소득 수준 요인을 통제했을 때도 사라지지 않았다.

둘째, 들쑥날쑥한 성장 환경이다. 환경 변화에는 잦은 이사, 불규칙한 수입, 집에 여러 사람이 들락거리는 상황 등이 모두 포함된다. 한 예로 아버지가 없거나 집을 자주 비우는 가정의 소녀들은 아버지가 꾸준하게 집을 지키는 아이들에 비해 사춘기를 일찍 시작하며, 초경도 9개월이나 빠르다. 빠른 초경은 빠른 생활사 전략의 뚜렷한 표식이다. 이와 비슷하게 영유아 시절에 엄마와의 관계가 불안정하고 불확실한 것도 때 이른 사춘기와 관련이 있다.

위험한 환경에 대한 분석과 마찬가지로, 연구자들이 사회 경제적 지위나 유전적 요인모친도 초경이 빠른 경우을 모두 통제했을 때도 들쑥날쑥하고 예측 불가능한 환경이 미치는 영향은 여전히 강력했다.

마다가스카르 사막의 텐렉처럼, 위험하고 예측 불가능한 환경에 사는 사람들이 빠른 전략을 추구하게 된 것도 진화적 적응이었다. 이런 환경에서는 수명이 짧을 수 있으며, 자원을 얻을 수 있는 장소도 불확실하다. 솔직히 말해 자원을 확보할 수 있을지도 미지수다. 그래서 빠른 전략은 보상을 발견해, 즉시 그 보상을 확보하는 것을 중시한다.

위험하고 예측 불가능한 환경에서 빠른 전략이 진화적 적응이 될 수 있는 이유는 말년에 이르러 장기 투자에서 오는 복리 이자 혜택을 누릴 수 있을지조차 불투명하기 때문이다. 미래에 필요한 기술과 지식을 습득하기 위해 대학교육 등에 시간과 에너지를 투자하는 것은 긴 기대수명이 예상되는 사람에게나 진화적으로 합당한 방법이다. 그렇지 않은 사람으로서는 고등교육에 시간, 에너지, 돈을 투자하는 대신에 즉시 진화적 보상을 거둘 수 있는 일생식에 그런 자원을 투자하는 편이 진화적 성공에 더 도움이 될지도 모른다.

어린 시절의 환경은 어떤 어른으로 성장할지 보여주는 일종의 청사진 역할을 한다. 제프 심슨과 블라다스는 동료 연구자들과 함께 태어나서 5살이 될 때까지의 어떤 경험이, 성인기의 빠른 전략과 연관이 가장 큰지 조사했다.

조사 결과 취학 전 나이일 때 변화가 심한 생활 환경에서 사는 것이 어른이 되어 더 많은 사람과 섹스하고, 더 공격적인 성격을 지니고, 범법 행동을 많이 하고, 범죄 기록도 더 많아지게 되는 가장 강력한 예측 지표였다. 어린 시절에 주위 환경을 의식적으로 분석하지는 않을지라도 이것이 뇌 속에서 암호화되고 있다는 사실로 미루어 볼 때 태어나고 첫 5년의 중요성을 알 수 있다.

폭력을 피할 방법이 극히 적고 내일 무슨 일이 벌어질지 짐작하기도 힘든 세상에서 자란다면, 오늘을 최대한 활용할 수밖에 없다. 자원에 접근할 수 있을지조차 불투명한 세상에서는 '누릴 수 있을 때 최대한 누리는' 태도가 진화적 적응이 될 수도 있다.

방탕하게 생활하는 사람들 상당수가 불우한 성장기를 보낸 것은 우연의 일치가 아니다. 무절제한 삶을 살았던 MC 해머, 마이크 타이슨, 래리 킹은 모두 위험이 많은 빈민가에서 성장했다. 이들은 아버지가 가족을 버렸거나 일찍 죽었기 때문에, 편모 밑에서 자랐으며 필요한 것은 알아서 마련해야 했다타이슨은 13세에 이미 38번의 체포 이력이 있었다.

어린 시절에 이렇듯 가혹하고 변화가 심한 환경은 빠른 전략을 실행하도록 뇌의 계기판을 조정한다. 힘들고 잔인하고 짧은 삶이 예상될 때의 진화적 성공을 위한 적응이다.

진화적 렌즈를 통해 보면 MC 해머, 마이크 타이슨, 래리 킹이 통장에 돈이 들어오자마자 물 쓰듯 돈을 써댄 이유가 무엇인지 분명해진다. 그들은 **내일 무슨 일이 벌어질지 모르기 때문에 무절제한 삶을 살도록 뇌의 계기판이 맞춰져 있었다.** 마찬가지로 복권 당첨자들은 대부분 가난하고 불안정한 환경 출신일 경우가 많으며, 대다수가 몇 년도 못 가 당첨금을 모두 탕진한다.

반대로 안전하고, 안정적이며, 예측 가능한 환경은 느린 전략을 실행하도록 뇌의 계기판을 조정한다. 다음에 무슨 일이 벌어질지 알고 노동의 대가를 거둘 수 있다고 확신할 수 있는 상황에서는 느리고 꾸준한 전략이 보상을 거둔다.

앞에 언급한 마시멜로 시험을 떠올려보자. 아이들은 지금 당장 마시멜로 하나를 받을지, 조금 뒤에 두 개를 받을지 선택해야 했다. 어느 선택이 더 현명할까?

생활사 관점에서 보면 기다림의 지혜는 환경에 좌우된다. 다시 말해 예측 가능한 세상인가, 아니면 예측 불가능한 세상인가에 따라 기다림의 지혜가 옳을 수도 있고 아닐 수도 있다.

로체스터 대학의 과학자들은 최근 마시멜로 시험을 다시 수행했는데, 이 실험에서는 예측 가능한 환경과 예측 불가능한 환경 두 가지로 나눠 아이들을 시험했다. 아이들을 시험하기 전에 연구자는 크레용 몇 개를 보여주면서 조금만 기다리면 재미있는 미술용품이 한가득 든 상자를 가지고 놀게 해주겠다고 약속했다.

첫 번째 실험 조건에서 연구자는 약속한 미술용품을 가지고 돌아왔다. 하지만 두 번째 실험 조건에서 연구자는 아무것도 들고 오지 않았다. 그는 아이들에게 깜빡 잊고 미술용품을 가져오지 못했다고 말했다. 그런 다음 두 조건에 놓였던 아이들 모두 마시멜로 시험을 받았다. 아이가 방에 혼자 앉아 마시멜로를 쳐다보는 동안 연구자는 다른 방에서 아이가 얼마나 오래 참을성을 발휘하는지 기록했다.

예측 가능한 환경 조건어른이 약속을 지킴에서 시험을 받은 아이들은 평균 12분 정도 참은 후에 마시멜로에 손을 뻗었다. 하지만 예측 불가능한 환경 조건어른이 약속을 지키지 않음에서 시험을 받은 아이들은 단 3분 만에 마시멜로를 먹었다.

아이들의 만족 지연 능력은 단단히 고정돼 있지 않다. 어른의 생활사 전략이 어린 시절의 환경에 따라 바뀌는 것처럼, 아이들의 뇌도 상황에 따라 충동성을 조절한다.

만족을 뒤로 미루고 느리고 꾸준한 길을 걷는 것이 늘 현명한 선택일까? 아니면 일확천금을 노리고 큰 위험을 감수하는 것이 더 현명할까? 진화적 시각에서는 추구하는 생활사 전략이 느린 길인지 빠른 길인지에 따라 답도 달라진다.

인생을 운동 경기에 비유한다면 느린 전략과 빠른 전략은 참가하는 레이스 자체가 완전히 다르다. 느린 전략은 장거리 행진이다. 느린 전략의 결정적 특징은 기복이 낮다는 것이다. 느린 전략가는 백만장자가 되는 사람이 드물지만 반대로 파산하는 사람도 거의 없다. 느린 생활사 전략 게임에는 변화가 발생할 소지가 거의 없고, 중산층 어딘가에 머무르며, 점잖고 안정적인 일에 종사한다. 그들은 하얀 울타리가 쳐진 집에 살고 약간의 저축도 모은다.

느린 전략가들은 대개 지역 사회의 척추인 경우가 많다. 교사, 관리자, 간호사, 중간 경영자, 회계사들이 대표적인 예다. 그들은 무절제하게 살지 않으며, 돈을 함부로 쓰지 않고, 거액의 빚에 허우적대지도 않는다. 그들은 분수에 맞게 살며 무사히 살아남아, 마침내 긴 행진의 결승점을 통과하는 은퇴의 순간에 노동의 결실을 맛보게 될 것을 의심하지 않는다.

반대로 빠른 전략가들이 펼치는 레이스는 단거리 장애물 경주다. 그들은 앞길을 가로막는 많은 장애물을 극복하기 위해 빠르게 돌진해 높이 점프해야 한다. 빠른 전략의 결정적 특징은 심한 기복이다. 느린 전략가들과 반대로 빠른 전략가들은 크게 성공해 많은 돈을 벌고 유명인이 되는 경우가 많다.

남다른 비전을 제시하는 예술가, 엔터테이너, 기업가들이 여기에 속한다. 겁 없이 모험을 추구하고, 광적으로 일에 매달리며, 여기에 운까지 더해진다. 그러면 MC 해머, 래리 킹, 마이크 타이슨처럼 최고에 오르게 된다.

그러나 대다수의 빠른 전략가들은 쾅 하고 충돌, 전소해 버리는 경향이 있다. 몇몇만이 잠깐이긴 해도 성공을 맛볼 뿐이다. 위험을 추구하고 근시안적인 이들은 일부는 최고의 자리에 오르기도 한다. 하지만 더 많은 이들이 큰 빚을 지고, 중독에 빠지며, 심지어는 교도소 신세를 진다마이크 타이슨은 강간죄로 기소되었고, 래리 킹은 중절도죄로 체포되었다.

심지어 어떤 빠른 전략가들은 쉽게 번 돈을 탕진하거나 교도소에 가기도 전에 생을 마감하기도 한다. 방탕한 생활은 본질적으로 위험이 높기 때문이다. 야심만만한 기업가, 남다른 비전을 보여주는 예술가, 대중의 이목을 끄는 엔터테이너가 될 수 있었던 바로 그 특징이 심각한 건강 문제와 비극적 사고를 야기하는 원인이 될 수도 있다.

성공한 록 스타 중 적어도 53명은 이름도 드높은 '27세 클럽'의 회원이다. 그들은 무절제하게 살고 파티에 빠져 지내다가 27세에 요절했다. 허스키한 목소리의 싱어송라이터 재니스 조플린헤로인 과용, 환각에 빠져 지낸 기타의 아이콘 지미 헨드릭스알코올과 신경안정제를 함께 복용, 시대를 풍미한 시인이자 도어스의 리드 싱어였던 짐 모리슨약물 과용으로 인한 심장 마비, 그레이트풀 데드의 초대 키보드 연주자였던 론 피그펜 매커

닌과음으로 인한 위출혈, 롤링 스톤스의 초대 기타리스트 브라이언 존스수영장 바닥에서 발견, 부검의의 소견서에는 '사고사'라고 기록되어 있다가 대표 회원들이다.

미국인의 평균 사망 연령은 77.5세지만, 한 비공식 연구에 따르면 록 스타 321명의 평균 사망 연령은 36.9세다. 물론 모든 록 스타가 요절하는 것은 아니다. 머틀리 크루의 리더였고 〈닥터 필굿〉을 부른 빈스 닐은 1984년 만취 상태에서 이탈리아제 스포츠카를 운전하다가 충돌 사고를 일으켰음에도 살아남았다. 하지만 그와 동승했던 25세의 니콜라스 찰스 딩글리는 즉사했다. 닐은 그후로도 충분히 오래 살았고 8,000만 장이 넘는 앨범을 판매했다. 하지만 결국 2005년에 개인 파산을 신청했다.

록 스타가 아니고 매번 위험천만한 선택을 내리는 것은 아닐지라도 빠른 길과 느린 길 중 어느 쪽을 선호하는지는 우리의 심리에 깊이 새겨져 있을 공산이 크다. 동물 연구는 스트레스와 불확실성이 고조되는 순간, 어린 시절에 각인된 성향이 표면에 대두될 가능성이 높다고 한다.

예를 들어 어른 보닛원숭이는 어린 시절에 겪은 환경에 따라 스트레스에 대한 반응이 크게 차이가 난다. 연구진은 갓 태어난 원숭이들을 다른 환경에서 성장하게 했다. 어떤 원숭이들은 안정적이고 예측 가능한 환경에서 자랐고어미가 똑같은 장소에서 쉽게 예상이 가능한 방법으로 매일 먹이를 확보할 수 있는 환경, 어떤 원숭이들은 변화가 심한 환경에서 자라야 했다연구진이 먹이를 두는 장소가 매일 변했기 때문에 어미들은 언제, 어떻게, 어디에서 매일 음식을 찾아야 할지 알지 못했다.

이 새끼 원숭이들이 어른이 되어 스트레스에 노출되었을 때 안정적이고 예측 가능한 환경에서 자란 원숭이들은 여러 방법을 탐구하는 등 상황에 잘 대처했지만, 변화가 심하고 예측 불가능한 환경에서 자란 원숭이들은 패닉에 빠졌다.

블라다스의 실험실에서 인간을 대상으로 행해진 연구도 비슷한 패턴을 보였다. 연구진은 피험자 일부에게서 스트레스 유도 반응을 이끌어내기 위해 최근의 경기 침체나 살인 증가를 위협적으로 묘사한 기사를 읽게 했다. 다른 피험자 팀은 스트레스를 유발하지 않는 평온한 내용의 기사를 읽었다.

그런 다음 모든 피험자는 위험 추구 욕구와 만족 지연 의지를 시험받는 선택을 내려야 했다. 예를 들어 피험자들은 지금 확정된 금액을 받을지, 아니면 더 큰돈을 받기 위해 도박을 할지 선택해야 했다100%의 확률로 25달러를 받을 것인가, 아니면 50%의 확률로 40달러를 받는 쪽을 선택할 것인가. 다른 질문에서는 피험자들은 내일 돈을 받을지, 아니면 훗날에 훨씬 많은 돈을 받을지 선택을 내려야 했다내일 25달러를 받을 것인가, 1년 뒤 60달러를 받을 것인가.

평온한 내용의 기사를 읽은 피험자들은 어린 시절의 성장 환경과 무관하게 비슷한 선택을 내렸다. 하지만 스트레스를 유도하는 기사를 읽은 피험자들의 반응은 성장 환경에 따라 크게 엇갈렸다. 예측 가능한 환경에서 자란 사람들여기서는 상대적으로 유복한 가정 출신인가를 잣대로 삼았다은 느린 전략을 선택하고, 도박을 피했으며, 만족을 뒤로 미루었다. 비교적 유복하게 자란 사람들은 스트레스가 높을 때도 느리고 꾸준한 전략을 선호했다.

반대로 예측이 힘든 환경상대적으로 저소득 가정 출신에서 자란 사람들은 스트레스가 높아지면 빠른 전략을 선택했으며, 도박을 선호하고, 충동성이 높아졌다. 자원이 부족한 환경에서 자란 사람들은 위험 추구 욕구가 늘고 인내심이 줄었다.

원숭이와 인간을 대상으로 한 위의 두 연구는 어린 시절의 환경이 생활사 전략에 영향을 미친다는 사실을 입증한다. 빠른 전략이나 느린 전략을 선호하는 성향은 순탄한 시기에는 조용히 휴면 상태이지만, 스트레스가 심해진 순간 수면 위로 부상한다.

위험 추구는 진화심리학의 결과다

빠른 생활사 전략과 관련이 있는 행동 특성은 대단히 비이성적이고 어리석어 보일 수 있다. 1년 동안 복권에 3만 달러를 쏟아붓거나 200만 달러짜리 욕조를 사는 행동은 합리성의 경제학 관점에서 보면 도무지 말이 되지 않는다. 그러나 우리가 설명한 여러 당혹스러운 현상들과 마찬가지로, 진화심리학 관점에서 보면 충동적 행동 심층에는 더 깊은 논리가 숨어 있을 수 있다.

복권 투자자인 레이 오테로의 예를 다시 생각해보자. MC 해머와 마찬가지로 오테로의 무분별한 복권 구입은 어린 시절의 성장 환경에서 연유할지도 모른다. 오테로는 푸에르토리코의 가난한 집에서 자랐으며, 이곳저곳 떠돌다가 마지막으로 뉴욕 브롱크스에 정착했다. 뉴욕에 도착했을 때 오테로의 심리는 이미 빠른 전략을 추구하도록 계기판이 고정되어 있었다.

하지만 그의 진짜 심리 성향이 완전히 제 색깔을 드러낸 것은 엄청난 스트레스를 주는 사건이 바로 뉴욕에서 터진 후라고 해도 과언이 아닐 것이다. 오테로는 2001년 9월 11일에 일어난, 자신의 인생에서 가장 비극적인 사건을 바로 눈앞에서 목격했다. 위험하고 예측 불가능한 세상에서 삶이란 것이 얼마나 나약할 수 있는지 깨닫게 된 결정적 사건이었다.

이 시기 즈음해서 그는 참을성이 없어졌고 장기 계획에 매력을 느끼지 못했으며, 9.11 이후 복권 판매 급증에 기여한 수백만의 사람들처럼 복권에 돈을 다 쏟아붓기 시작했다.

그러면 오테로 같은 사람들은 바보 같고 비이성적인 존재인가? 느린 전략을 추구하는 사람들이 보기에는 당연히 그렇다. 어떤 사람은 오테로의 행동을 '미친 짓'이라고 말하면서 "쓸모도 없는 복권만 산더미처럼 쌓아 놓았다!"라고 비난한다.

하지만 오테로는 그렇게 생각하지 않는다. 〈뉴욕 타임스〉 인터뷰에서 그는 이렇게 말했다.

"가난하고 제대로 배우지도 못한 사람들에게 착실히 일하는 것은 해봤자 지는 게임이다. 그런 게임에서 남들에게 뒤지지 않으려면 속도를 계속 높여야 한다."

불확실하고 위험한 세상에서 내일이 어떻게 될지 모르는 환경에서 성장한 사람들은 느리고 장기적인 전략으로는 결코 결실을 거두지 못한다고 생각하기 십상이다. “그저 열심히 일하는 것이 당신이 할 수 있는 전부라면 결코 승리하지 못한다.”라고 오테로는 말한다. 빠른 전략가들에게는 실낱같은 대박의 가능성을 노리는 것이 시도조차 하지 않는 것보다 훨씬 나은 전략이다.

생활사 전략은 인간이 특정한 발달 순서를 거치며 인생 단계마다 다른 부분자아가 주도권을 쥔다고 설명한다. 어떤 사람은 그 길을 느릿느릿 걷지만, 레이 오테로처럼 급하게 뛰어가는 사람도 있다. 만일 오테로가 복권에 당첨되면 그는 무엇을 할까? 황금 변기를 놓은 호화 요트를 살까?

어쩌면 그는 도요타의 친환경 자동차인 프리우스를 살지도 모른다. 하지만 그 이유가 연료 효율성 때문만은 아닐 것이다.

• Chapter 7 •

친환경 하이브리드카를 구입하는 진짜 속내는 무엇인가?

〈컨슈머 리포트〉의 편집자들은 매년 '**베스트 바이**Best Buy' 목록을 선정하면서 포르쉐 카레라 GT는 아예 거론조차 하지 않는다. 이 차는 짐은 거의 실을 수도 없고, 좌석은 두 개밖에 없으며, 연비도 끔찍하게 나쁜 데다, 수리비는 눈이 튀어나올 정도로 비싸다.

2만 달러면 소비자 만족도에서 최고 등급을 받는 혼다 시빅을 구입할 수 있다. 이 차는 짐을 훨씬 많이 실을 수 있고, 연비도 좋으며, 운전자 말고도 세 명의 승객이 넉넉하게 앉을 수 있다. 반면 포르쉐 가격은 60만 달러가 넘으며 딜러 중개 수수료 1만 6천 달러와 인도 비용 5천 달러도 별도로 지급해야 한다.

이렇듯 포르쉐는 소시민에게는 어마어마하게 비싼 차지만 어떤 사람에게는 대수롭지 않은 자동차기도 하다. 러시아의 한 남성은 그냥 포르쉐로도 만족하지 않고 차체에 18kg의 황금을 꼼꼼하게 덧씌웠다. 왜 어떤 사람은 빠른 스포츠카에 거액을 쏟아붓고, 때로는 그것으로도 모자라 무거운 황금을 덧씌워 차를 훨씬 무겁게 하는 것일까?

1899년 미국의 경제학자이자 사회학자인 소스타인 베블런은 생산활동에 종사하지 아니하면서 소유한 재산으로 소비만 하는 계층을 다룬 《유한계급론》이라는 책에서 **'과시적 소비'**라는 말을 처음으로 소개했다. **타인에게 자신의 부나 지위를 자랑할 목적으로 값비싼 물건을 사들이는 인간 심리를 일컫는 말이다.**

차체에 황금을 덧씌운 포르쉐는 극단적인 과시적 소비 현상에 속한다. 하지만 이보다 훨씬 심각한 낭비 사례도 있다.

그리스의 선박왕 아리스토텔레스 오나시스의 호화 요트는 축구장보다 크고, 모자이크 타일을 입힌 댄스 플로어를 접으면 수영장이 모습을 드러내는 시설을 자랑한다. 요트에 마련된 바의 의자에는 고래 음경의 포피로 만든, 눈이 튀어나오게 비싸고 부드러운 가죽 커버가 씌워져 있다. 화려함의 극치는 욕실에까지 이어져 변기마저도 전부 황금으로 되어 있다.

과시적 소비는 슈퍼 리치들에게서나 가끔 드물게 볼 수 있는 현상이 아니다. 빈민가에서 근근이 살아가는 수천 명의 젊은이들은 있는 돈, 없는 돈을 모두 긁어모아 번쩍번쩍 빛나는 장신구와 200달러짜리 스니커즈를 구입한다.

힙합 래퍼들은 백금으로 만들고 다이아몬드를 박은 그릴즈Grillz, 금속 틀니를 자랑스럽게 내보이는가 하면, 앞니용 틀니처럼 생긴 이 특별 맞춤 장신구를 제작하기 위해 얼마나 많은 돈이 들었는지 노래 가사의 상당 부분을 할애해 허풍을 떨어댄다.

포르쉐 카레라는 목적지까지 실어다 주는 역할이라도 하지만, 다이아몬드를 박은 그릴즈는 아무리 좋게 말하려고 해도 전혀 쓸모가 없다. 밥을 먹을 때 거슬리고 입이 잘 안 다물어지는 것은 물론, 어떤 래퍼가 말했다시피 '알루미늄 포일을 씹고 있다'는 느낌마저 든다.

왜 인간은 자기가 좋아하지도, 잘 알지도 못하는 사람에게 딱히 좋은 인상을 심어 준다고도 할 수 없는 물건을 소유하기 위해 없는 돈까지 긁어모아 사고야 마는 것일까?

이제부터 우리는 과시적 소비 뒤에 존재하는 심층의 이유를 검토하려 한다. 표면 아래를 들여다보면 대단히 중요한 뭔가가, 어떤 행동을 왜 하는지 우리도 알지 못했던 이유가 드러난다. **행동의 표면적 이유는 충분히 인지하고 있을지라도 깊은 곳에 숨은 행동의 '진화적 동기'를 파헤치기는 좀처럼 쉽지 않다. 진화적 동기는 선조에게서 물려받은 뇌 구조 속에서 무의식적으로 작용하며 장막 뒤에 꼭꼭 숨어 있기 때문이다.**

왜 그런 일에 돈을 허투루 쓰는지 물어봤자 궁극적인 진화적 이유를 속시원히 대답해줄 사람은 거의 없다. 어디를 봐야 하는지 알아야만, 우리의 어떤 부분자아가 지갑을 꺼내게 만드는지 알 수 있다.

왜 사람들은 생존과 상관없는 사치품에 집착할까?

×

지나친 소비 행태를 다룬 여러 문헌을 보면 제시하는 그림이 비슷비슷하다. 과시적 소비는 미국 문화에 뿌리 깊이 내린 속성으로써 물질주의와 관련이 있으며, 특히 미국의 미디어가 이런 과시적 소비를 부추긴다는 것이다. 미국의 TV, 영화, 잡지들은 매력적이지만 절약과는 담을 쌓은 사람들이 값비싼 물건을 넘쳐날 정도로 소유하고 있는 모습을 보여준다.

그들은 유명 디자이너 의류와 반짝이는 보석으로 치장한 뒤, 해안가의 근사한 저택에서 최고급 자동차를 몰고 나와, 시내의 고급 레스토랑으로 향한다. 그리고 그곳에서 역시 돈을 아끼지 않고 화려하게 꾸민 친구들을 만난다. 텔레비전을 틀거나 근처 영화관만 가도 미디어가 보여주는 물질주의와 과시적 소비의 문화에 부합되는 증거들을 얼마든지 만날 수 있다.

사회과학자들은 이런 서구식 물질주의가 사회에 확산되는 차원을 넘어 사람들에게 많은 해를 끼치고 있다고 지적한다. 물질주의로 인해 사람들이 더 큰 집과 더 비싼 차를 탐욕스럽게 추구하면서 인간 관계를 경시하게 되고, 소득에 대한 불만이 늘어나며 자선 기부를 줄인다는 것이다. 때로는 미디어에서 보여주는 화려한 이미지에 현혹되어 필요도 없는 사치품을 삶의 필수품이라고 착각하면서, 이를 소유하기 위해 신용불량자가 되는 일도 서슴지 않는다.

미국 문화가 지나칠 정도로 물질만능주의에 빠져 있다는 사실은 의

심의 여지가 없다. 하지만 정말로 미국의 문화가 과시적 소비의 가장 큰 원인일까?

더 자세히 관찰해보면 미국 문화를 원인이라고 설명하는 것에는 한 가지 큰 단점이 있다. 과시적 소비가 미국 사회의 아주 두드러진 현상인 것은 사실이지만, 다른 사회에서도 도를 넘은 과시적 소비 현상이 발견되기는 마찬가지다. 아르헨티나에서 아프리카의 잔지바르 공화국에 이르기까지 모든 사회의 사람들은 자신의 부를 과시하려 한다. 실제로 소스타인 베블런은 한 세기 전에 행한 과시적 소비 연구에서, 고금을 통틀어 세상 모든 사람은 자신이 소유한 사치품을 자랑한다고 주장했다.

우리도 알다시피 고대 이집트의 파라오들은 황금 왕관, 정교한 예술품, 거대 피라미드로 그들의 부를 거리낌 없이 과시했다. 미국의 인테리어 잡지 〈베터 홈스 앤드 가든스〉가 창간되기 훨씬 전부터 잉카의 통치자들은 황금으로 치장한 거대한 궁전에서 살았으며, 인도의 마하라자들은 드넓은 대지에 호사스럽게 꾸민 궁을 지은 후 이국의 진귀한 동물들을 수집해서 들여놓았다.

부의 과시는 봉건시대 유럽, 제국 시절의 중국에서도 여지없이 존재했다. 부유한 귀족들은 황금과 보석, 아름다운 미술품으로 치장한 화려한 성을 지었다. 이런 과시적 행동은 문명이 발달한 사회에서만 나타난 현상이 아니었다. 멜라네시아, 아이슬란드, 아마존 강 유역의 전통 부족 사회에서도 부자들은 자신의 부를 자랑했다.

인류학자와 역사학자들은 과시적 소비의 중요한 원인으로 현대 서구 문화를 꼽기보다는 수천 년 동안 지구촌 어디에서나 부의 과시가 존재했었다는 사실을 지적한다. 과시적 소비의 책임을 미국 문화에 전가할 수 없다면 어디에서 원인을 찾아야 할까?

우리의 경제학자 친구들은 다른 해석을 제시한다. 영국 레스터 대학의 경제학 교수 지안니 데 프라야는 이렇게 주장한다.

"과시적 소비는 효용을 향상시키기 위해서다."

하지만 과시적 소비가 '**효용**'을 배가하려는 욕구에서 비롯된다는 이 견해는 한숨이 나올 정도로 불만족스럽고 불완전하다. 물론 우리는 어느 정도 만족감을 줄 것으로 예상되는 상품에는 비싼 가격을 치르고, 그렇지 않은 상품에는 낮은 가격을 치른다. 하지만 우리가 진짜로 파악해야 하는 부분은 사람들이 어떤 과시적 물건에 대해서는 만족감이 높을 거라고 생각하면서, 어떤 물건은 그렇지 않다고 여긴다는 것이다.

왜 사람들은 생존에 아무 도움도 되지 못하는 사치품을 소유하기 위해 음식, 집, 건강관리를 기꺼이 희생하는 것일까?

경제학자들은 인간이 어떤 상품을 다른 상품보다 더 열렬히 원하는 이유에 대한 질문을 대체적으로 무시한다. 솔직히 말해 그들은 인간이 보이는 선호의 근원에 대해서는 깊이 고민한 적도 없다. 하지만 인간이 무엇을 왜 만족스럽게 여기는지 자세히 파악하지 못한다면, 인간의 선택이 효용 극대화 욕구에서 비롯된다는 주장은 공염불에 불과하다.

뭔가가 효용을 높여 주는지 아닌지 어떻게 알 수 있는가? 사람들이 기꺼이 돈을 지급하고 그것을 사기 때문이다. 그러면 사람들이 그 물건에 기꺼이 더 높은 값을 치르는 이유는 무엇인가? 그 물건이 효용을 높여 주기 때문이다.

문화에서 원인을 찾는 설명과 마찬가지로, 효용에서 원인을 찾는 해석 역시 행동 깊숙이에 존재하는 원인을 이해하는 데에는 그다지 도움되지 못한다.

사람들의 관심을 끄는 상징이라면, 아무리 비싸도 좋다

×

인간의 선택 이면에 어떤 동기가 존재하는지 알아내는 한 가지 합리적 방법은 직접 물어보는 것이다. 어쩌면 사람들은 곰곰이 생각한 후 포르쉐에 금을 입히거나 다이아몬드를 박은 그릴즈에 돈을 쏟아붓는 진짜 이유를 말해줄지도 모른다.

사람들에게 니즈와 욕구에 대해 물어보는 것은 흔한 관행이다. 많은 기업이 고객의 욕구를 제대로 이해하기 위해 포커스 집단을 운영하고, 인터뷰를 행하고, 설문 조사를 수집한다. 그러나 소비자에게 행동의 원인을 설명해달라고 묻는 관행에는 소비자 자신이 그런 행동의 이유를 정확히 파악하고 있다는 핵심 전제가 깔려 있다. 지극히 합리적인 전제일지도 모른다.

하지만 신중하게 통제되어 수행된 무수한 과학 연구에 따르면 **특정 행동의 이유를 설명해달라는 요청에, 사람들은 알맹이는 하나도 없**

이 두서없는 답만 늘어놓을 때가 많다.

물론 응답자들은 매번 조사 때마다 자신들이 **'특정 선택'**을 내린 이유를 아주 정성껏 답한다. 하지만 심리학자 리처드 니스벳과 팀 윌슨은 응답자들이 말하는 행동의 근거를 검토한 후, "인간은 자기가 아는 것보다 더 많이 말하는 능력이 뛰어난 편이다."라고 주장한다.

인간은 자기가 특정 선택을 내리는 이유를 모두 의식하도록 설계되어 있지 않다. 그리고 이런 무의식에 깔린 설계는 심층에 숨은 행동의 기본 동기를 밝히는 데 큰 난관이 된다.

100만 명이 넘는 미국인이 하이브리드 자동차인 도요타 프리우스를 구입한 이유를 생각해보자. 프리우스 구입자 중에서 가장 눈에 띄는 인물은 할리우드의 유명 배우 레오나르도 디카프리오다. 디카프리오는 프리우스를 가지고 있는 것을 자랑스러워했다.

"나는 도요타 프리우스를 가지고 있다. 이것은 옳은 방향으로 나아가는 한 걸음이다."

프리우스는 배기가스를 적게 배출하기 때문에 일반 연소 엔진 자동차에 비해 탄소 발자국도 적게 만든다. 이 사실은 디카프리오뿐 아니라 카메론 디아즈, 줄리아 로버츠, 우디 해럴슨, 빌 마허 등 프리우스를 소유한 여러 유명 인사들에게도 아주 중요한 문제다.

그들은 모두 열렬한 환경운동가다. 디카프리오는 대중의 환경 인식을 기르기 위해 직접 재단을 세우고 캘리포니아에서 상어 지느러미 판매 금지를 위한 로비활동을 벌이는가 하면, 블록버스터 영화인 〈인셉션〉을 촬영할 때는 촬영장에 전기를 공급할 이동용 태양전지판을 들고 오기도 했다. 게다가 2007년 디카프리오와 전 미국 부통령 앨 고어는 아카데미 시상식장까지 직접 프리우스를 몰고 왔다.

하지만 왜 평범한 사람들이 프리우스를 갖고 싶어 하는지 알려면 할리우드 대로를 벗어나 일반 대중에게 하이브리드 자동차를 구입하는 진짜 이유를 물어봐야 한다. 2007년 토플린 스트래티지 그룹은 〈사람들이 하이브리드 자동차를 구입하는 진짜 이유는 무엇인가?〉라는 연구에서 프리우스 소유자들에게 다음과 같은 질문을 던졌다.

"프리우스를 구입하게 된 주요 동기는 무엇입니까?"

응답자들은 아주 명쾌한 답변을 내놓았다. 압도적 다수66%는 환경친화적 삶을 원하기 때문에 프리우스를 구입했다고 대답했다. 레오나르도 디카프리오처럼 대다수 사람도 환경보호에 조금이나마 도움되고픈 마음에 프리우스를 몬다고 말한다.

환경보호에 보탬이 되고 싶다는 답이 프리우스를 구입하는 진짜 이유가 맞을까? 연구진들은 부분자아가 관련된 뭔가 다른 동기가 있을지도 모른다고 의심했다. **혹시 사람들은 자연을 돕기 위해서가 아니라 스스로에게 도움되기 위해, 이를테면 '환경친화적인 사람으로 보이기 위해' 프리우스를 구입하는 것은 아닐까?**

이런 가정을 시험하기 위해 연구진은 피험자들에게 두 종의 차 중 하나를 고르게 했다. 하나는 친환경 설계는 아니지만 고급 사양이 장착된 차종이고, 다른 하나는 가격은 비슷하지만 고급 사양이 장착되지 않은 친환경 하이브리드 자동차였다. 피험자들은 둘 다 가격이 3만 달러인 혼다 어코드 차종 중 하나를 선택할 수 있었다.

비친환경 자동차는 빠른 V6 엔진, 가죽 시트를 비롯해 자동차 회사에서 제공한 훌륭한 내부 장식들이 곁들여진 최상급의 모델이었다. 다른 하나는 하이브리드 자동차로 고급 내부 장식이나 고성능 기능은 없지만, 뒷면에 하이브리드를 의미하는 'H'가 매력적으로 박혀 있어서 운전자는 자신이 환경 문제에 관심이 높다는 사실을 누구에게나 내보일 수 있었다.

연구진은 피험자들이 선택을 내리기 전에 그들 중 절반에게 지위 부분자아를 활성화시켰다. 이들은 회사에서 책임이 막중한 자리에 오른 후 첫 출근하는 날을 상상하게 만드는 짧은 글을 읽었다. 최고급으로 화려하게 꾸며진 로비와 최신식 설비를 갖춘 회사 건물은 깊은 인상을 심어 줬지만, 한편으로는 코너 오피스로 옮겨가려면 여러 사람과의 경쟁이 불가피했다.

성공한 위인의 전기를 읽을 때처럼 이런 시나리오를 읽으면 마음속의 한 부분에서 불이 켜진다. 지위 부분자아가 당당히 주도권을 움켜쥐면서 더 높은 지위로 올라가고 싶은 욕구가 무의식중에 생겨난다. 지위 부분자아를 활성화하는 글을 읽은 피험자들은 지위 확보에 도움되는 선택을 내렸다.

실험에서 지위 부분자아가 운전대를 잡았을 때 피험자들이 선택하는 차종은 완전히 달랐다. 지위 욕구가 없는 사람들은 대부분 하이브리드 자동차가 아닌 최고급 옵션이 장착된 자동차를 선택했다. 하지만 내부의 수완가가 전면에 나선 피험자들은 절반 이상이 하이브리드 자동차를 선택했다. 또한 이 수완가들은 이왕이면 친환경 식기세척기와 재활용 배낭 같은 친환경 제품을 선호했다.

지위에 대한 욕구가 사람들로 하여금 럭셔리 제품을 마다하고 친환경 제품을 고르게끔 만든 이유는 무엇인가? 새롭게 생겨난 내부의 수완가가 환경을 위하는 이타심과 자기희생 정신을 조장한 것일까?

정확히 말하면 아니다. 실제로 2차 연구에서 드러난 바에 따르면, **지위의 동기가 생겨난 사람들은 친환경 제품을 타인에게 자랑스럽게 내보일 수 있을 때만 이런 제품을 골랐다.** 자신이 지구를 위해 희생하고 있음을 이웃이 알아채지 못한다면 코린트식 가죽 시트와 강력한 V6 엔진을 포기하고, 속도도 잘 나지 않는 100마력의 하이브리드 자동차를 고르는 것은 그럴 만한 가치가 없는 일이었다.

'환경친화적인 사람으로 보이려는 마음'에 대한 연구는 프리우스 인기 현상이 어쩌면 또 다른 형태의 과시적 소비일 수도 있음을 알려준다. 프리우스를 모는 것은 자신이 환경보호에 앞장서고 있음을 남들에게 널리 알리는 행위다. 세인트노버트 대학의 학장이자 자동차 역사 전문가인 마이클 마스덴은 프리우스가 전형적인 자동차 구매 행동 패턴을 고스란히 보여준다고 설명한다.

"자동차 문화에서 가장 중요한 것은 언제나 지위였다. 자동차 산업 전체가 상징에 의존한다. 프리우스를 몰면 사람들의 관심을 한몸에 받을 수 있다."

본질적으로 말해서 프리우스는 소유자가 환경 문제에 관심이 많은 사람이라는 사실을 과시적으로 알리는, 움직이는 광고판이다.

광고를 실으려면 돈이 들듯이 본인만의 움직이는 광고판을 소유하는 것도 많은 비용이 든다. 〈컨슈머 리포트〉에서 '베스트 바이'로 꼽았고 연비도 좋은 전통적 자동차인 혼다 시빅에 비해, 도요타 프리우스는 성능은 비슷하지만 더 비싸다. 단지 자신이 환경운동가라는 사실을 알리기 위해 더 비싼 차를 사는 것이 이성적인 행동일까? 그럴지도 모른다. 하지만 지위 부분자아가 운전대를 잡고 있는 경우에만 이성적인 행동이다.

경제학자 스티브 섹스턴과 앨리슨 섹스턴은 프리우스를 비롯한 **친환경 제품을 소유한 사람들은 네트워크를 쌓을 기회가 늘어나고, 사업상 인맥도 더 넓어진다는 사실을 발견했다. 가격이 비싸더라도 혼다 시빅보다 도요타 프리우스를 살 만한 이유로는 충분하다.**

이타적 동기가 곧 자신의 이익이 된다?

지위의 욕구와 친환경적인 행동 사이에 과학적 관련이 있다는 연구 결과에 프리우스 소유자들은 어떻게 반응할까?

'환경친화적인 사람으로 보이기 위해 구입한다'는 내용의 연구가 언론에 발표된 후 블라다스는 하이브리드 자동차 소유자들로부터 편지, 전화, 이메일을 수십 통 받았다. 블로그에는 친환경 행동이 지위 추구와 관련이 있다는 생각에 반대하는 온갖 항의들로 도배되었다. 그들은 남에게 과시하기 위해서가 아니라 환경보호를 위해 하이브리드 자동차를 구입한 것이라고 항의했다. 무엇보다 그들은 자신의 이타적이고 순수한 동기를 모든 사람에게 알리고 싶어 했다.

하이브리드 자동차 소유자들이 에너지 절감 자동차를 구입한 이유에 대해 거짓말을 한 것일까? 완전한 거짓말은 아니다. 이들은 자신이 환경 문제에 관심이 많음을 사람들에게 내보이기보다는 하이브리드 자동차가 환경에 얼마나 도움되는지 생각하는 데 더 많은 시간을 쏟는다. 이것은 분명 사실이다.

하지만 이 사실은 핵심 문제를 다시 끄집어낸다. 과시적 소비의 동기는 무엇인가? 프리우스 소유자들은 정말 그들의 말대로 순전히 이타심에서 환경에 도움주고 있는 것인가? 아니면 의식하지 못하는 이기적 동기가 그들을 과시적 행동으로 이끌고 있는가? 두 해석 다 맞을 수 있다.

여기서는 책의 앞부분에서 논한, 행동의 근접인과 궁극인의 차이라는 중요한 문제가 핵심이다. 근접인은 우리가 특정 행동을 하는 표면적 이유를 설명한다면, 궁극인은 그 행동의 깊숙한 이면에 존재하는 진화적 원인과 관련이 있다.

이 차이는 중요하다. 어떤 사람에게 왜 특정 행동을 했는지 물어보면 그 사람은 즉시 떠올릴 수 있는 '**행동의 계기**이를테면 환경 문제와 그런 문제에 대한 본인의 생각과 느낌'를 말하고, 깊숙한 곳의 궁극적 원인은 전혀 말하지 못하기 때문이다.

그러나 어떤 행동을 이해하려면 근접인과 궁극인 모두를 이해해야 한다. 프리우스를 사게 되는 동기를 생각해보자. 프리우스 소유자들은 환경을 돕는다는 이타적 동기에서 프리우스를 구입하는가? 아니면 '환경친화적 인물로 보이려는 심리 때문'이라는 연구 결과처럼 사람들에게 자랑스럽게 내보이기 위해 구입하는가?

의식이 가능한 근접인의 수준에서 따지면 이타적 동기'나는 환경을 돕는 좋은 사람이 되고 싶어'**가 프리우스 구매를 결정한 원인이지만, 이와 동시에 무의식에서는 이기적 동기**환경친화적인 사람이 되는 것이 지위 향상에 도움을 준다**가 궁극인으로 존재한다.**

많은 프리우스 소유자가 블라다스의 연구 결과에 분노를 표한 것에서도 알 수 있듯이, 선의에서 나온 환경친화적 행동이 실제로는 이기심의 발로임을 굳이 의식할 필요가 없다. 자연 선택은 도움주는 사람이 되려는 욕구가 궁극적인 혜택으로 연결되도록 이미 조정해뒀기 때문이다.

과시적 행동은 '좋은 유전자'를 나타내는 신호다

×

하이브리드 자동차는 잠시 주차해두고 다시 일반적인 문제로 돌아가보자. **사람들은 왜 과시적 소비를 하는가?** 시대와 장소를 불문하고 사람들은 왜 금을 덧씌운 포르쉐나 거대 피라미드처럼, **생존에 아무 도움도 되지 않은 사치 행위에 자원을 낭비하는가?**

소스타인 베블런이 한 세기 전에 주장했다시피 과시적 소비는 지위와 관련이 있다. 하지만 왜 그런가? 지위를 과시하는 것이 우리에게 그토록 중요한 이유는 무엇인가?

다른 동물종에서 과시적 행동이 어떤 역할을 하는지 생각한다면 문제의 답을 알아낼 수 있을지도 모른다.

오스트레일리아의 아웃백Outback, 오스트리아의 건조한 내륙부에 사막을 중심으로 뻗어 있는 넓고 인구가 희박한 지역으로 여행을 가서, 인간의 과시적 소비 행위와 깜짝 놀랄 정도로 비슷한 수컷 정원사새Bowerbird의 별난 행동을 잠시 엿보도록 하자. 이 수컷의 우스꽝스러운 행동을 통해 우리는 사치품 소비 성향의 바탕에 깔린 궁극적 원인을 조금이나마 통찰할 수 있을지도 모른다.

수컷 정원사새는 타고난 건축가다. 이 새는 풀을 모아 정교하고 튼튼하며, 자기 키의 몇 배나 높은 정자를 몇 주나 몇 달에 걸쳐 짓는다. 또한 수컷 정원사새는 정자의 미학적 측면에도 신경을 쓰기 때문에 좌우 대칭을 완벽히 맞추고, 풀도 일렬로 가지런히 세운다.

정자를 다 짓고 나면 건축 사업의 2단계에 들어가 집과 넓은 앞뜰을 아름답게 장식하기 시작한다. 새는 이리저리 날아다니며 파란 꽃잎, 파란 열매, 심지어 파란 사탕 포장지나 옷핀을 수집해서 정자로 가져온 다음 눈에 잘 보이는 곳에 정성껏 장식한다아웃백에서는 파란색은 희귀한 색깔이기 때문에 반짝이는 파란색 장식은 정원사새에게는 귀한 보석이나 다름없다. 정자를 화려하게 장식하고 나면, 새는 경쟁자가 다가와 자신의 귀중한 재산을 훔쳐 달아나지는 않을까 걱정하며 보초를 선다.

수컷 정원사새가 이렇게 정성껏 정자를 짓는 이유는 집으로 사용하기 위해서가 아니다. 정자는 둥지가 아니다. 이것은 오로지 짝을 끌어들일 용도로만 사용된다. 몇 달에 걸쳐 정자를 짓고 아름답게 장식한 후, 수컷 정원사새는 정자가 얼마나 완성되었는지 가끔 살피러 오는 암컷들을 하염없이 기다린다.

암컷 정원사새가 와서 이 미니 저택의 크기, 대칭성, 장식을 점검한다. 그러면 수컷은 암컷이 좀 더 머무를 마음이 들도록 앞뜰에서 비단처럼 반짝이는 아름다운 깃털을 리드미컬하게 펄럭이며 정성껏 춤을 춘다. 암컷이 감동받으면 커플은 몇 초 동안 교미하고, 교미가 끝난 후에 암컷은 미래의 후손을 기르기 위해 자기 집으로 돌아간다.

그리고 짝짓기 철이 끝나면 수컷 역시 몇 달이나 걸려 지은 정자를 버리고 원래 살던 독신자 숙소로 돌아간다. 그리고 다음 해 짝짓기 철이 되면 새로운 정자를 처음부터 다시 짓는다.

수컷 정원사새는 동물의 왕국에서 발견되는 무수한 과시적 행동의 한 예에 불과하다. 전체 생물종을 두루 살펴보면 이런 과시적 행동에 대해 두 가지 일반화를 내릴 수 있다.

첫째, 동물이 색색의 깃털을 자랑스럽게 뽐내거나 화려한 춤을 추거나 아름다운 노래를 부른다면 짝짓기 철이 본격적으로 시작되었다는 징조다. 보통 이런 과시적 행동은 짝짓기 철에 늘어난다. 짝짓기 철이 끝나면 과시적 행동이 완전히 중단되기도 하는데, 노래를 중단하는 것은 물론 화려한 깃털이 빠지고 위장용의 칙칙한 깃털이 자라난다. 철에 따른 외관의 변화는 과시적 행동이 짝짓기와 관련이 있음을 말해준다.

둘째, 뽐내기 행동을 하는 동물이 으레 수컷이라는 사실이다. 상당수 동물종에서 과시적 행동을 하는 것은 대부분 수컷이다. 아마도 인간을 포함한 동물종 대부분에서 암컷은 구매자 시장을 차지하는 반면, 수컷은 판매자 입장이기 때문일 것이다.

Chapter 8에서 자세히 설명하겠지만 암컷이 구매자 시장을 차지하는 이유는 자손 생산이라는 일에서 훨씬 값비싼 투자를 하는 역할을 담당하기 때문이다. 암컷은 조류처럼 알을 낳아 품에 안고 부화를 시키든, 포유류처럼 태아를 품고 있다가 낳아 양육하든 후손을 생산하는 역할을 한다.

동물의 왕국에서 수컷이 하는 역할은 대개는 정자 기부 정도에 불과하다. 수컷은 짝짓기 철 동안 여러 암컷을 임신시킬 수 있지만 암컷은 한 번에 여러 수컷에게 후손을 낳아줄 수 없기 때문에, 번식활동에서 수컷의 역할은 암컷에 비해 소모적인 측면이 강하다.

그 결과 대부분의 종에서 암컷은 수컷이 짝으로서 자격이 있는지 아주 깐깐하게 검사한다. 특히 수컷이 하는 역할이라고는 DNA 제공이 전부일 경우에는 더욱 까다롭게 군다. 깐깐한 암컷에게 선택받기 위해 수컷은 전심전력으로 경쟁한다. 수컷은 가장 심금을 울리는 노래를 부르든, 가장 화려하게 빛나는 꼬리 깃털을 기르든, 가장 높고 가장 번쩍이는 정자를 짓든, 단 하나라도 암컷의 마음을 얻기 위해 모든 노력을 다해야 한다.

암컷들이 과시적 행동을 하는 수컷을 고르는 이유는 무엇일까? 진화생물학자들의 생각에 따르면 **과시적 행동은 수컷이 '좋은 유전자'를 가졌음을 나타내는 신호다.**

수컷 정원사새가 커다란 정자를 짓고 장식하고 유지하는 데 투입할 시간, 에너지, 능력, 자원이 있다면 이것은 그에게 지금까지 잘 살아남도록 이끌어준 유전자가 있다는 뜻이다. 암컷 입장에서는 자기의 유전자를 주변에서 가장 성공적인 수컷의 유전자와 결합시켜야 바람직한 형질을 후손에게 물려줄 수 있게 된다.

남자는 여성을 유혹하기 위해서 기꺼이 돈을 쓴다

✕

인간의 과시적 행동은 정원사새의 정자나 공작새의 화려한 깃털과 진화적으로 비슷한 기능을 하는가? 정말로 그렇다면 우리는 두 가지를 짐작할 수 있다.

첫째, 짝을 끌어들이려는 동기가 늘어날수록짝 획득 부분자아의 주도 **화려하고 사치스러운 자원에 대한 기호도 늘어난다고 봐야 한다.**

둘째, 짝을 유혹하려는 동기는 여자보다는 특히 남자의 과시적 소비를 야기할 가능성이 높다.

처음 이 가정을 실험하기 위해 심리학자 짐 로니는 실험에 참가한 남자들에게 자신의 여러 특징에 스스로 점수를 매기게 했다. 첫 번째 피험자 집단은 다른 남자 집단과 동석한 자리에서 똑같은 질문지에 답했다. 두 번째 집단은 매력적인 여성 여러 명이 있는 방에서 설문지에 답했다.

어떤 방에서 설문지에 답하느냐에 따라 남자 참가자들의 응답도 달라졌다. 여자들과 한 방에 있던 남자 참가자들은 자신들이 일에 대해서 야심이 크다고 답했으며, 부 획득도 굉장히 중요하게 여긴다고 응답했다. 여자들은 남자들에게 말 한마디 건네지 않았고 남자들이 답을 어떻게 적었는지도 볼 수 없었지만, 여자가 옆에 있다는 압박감만으로도 남자들은 짝짓기 철이 시작되었음을 알리는 신호를 느낀 것이 분명했다.

우리가 수행한 연구에서 남자들은 짝 획득 부분자아가 활성화되면 단순히 부 획득을 중요하게 여기게 된 것만으로 끝나지 않았다. 짝 획득 부분자아가 활성화된 남자들은 부를 과시하고 싶어 했다.

우리는 남자 참가자들과 여자 참가자들에게 자동차, 시계, 저녁 식사, 휴대전화, 휴가 등에 돈을 얼마나 쓸 생각이 있는지 물어봤다. 비싸지 않은 25달러짜리 시계를 사겠는가, 아니면 500달러짜리 시계를 사겠는가? 저녁 식사로 50달러를 쓰겠는가, 아니면 1,000달러를 주고 최고급 만찬을 즐기겠는가? 500달러짜리 저가 유럽 여행을 가겠는가, 아니면 5,000달러짜리 호화 휴가를 가겠는가?

질문하기 전에 우리는 피험자들 절반의 짝 획득 부분자아를 활성화했다. 그들에게 파트너의 외모와 성격뿐만 아니라 이상적인 데이트라고 말할 수 있는 모든 것을 자세히 상상하게 했다. 나머지 절반은 통제 집단이었다. 그들은 기분 좋은 날씨를 상상했다.

짝 획득 부분자아가 비번일 경우 남자와 여자의 소비 성향에는 별 차이가 없었다. 무턱대고 가장 저렴한 상품을 고르지는 않았지만 그렇다고 과도한 소비 성향을 보이지도 않았다. 하지만 내부의 짝 탐색자를 깨웠더니, 남자들에 한해서 무분별한 충동 소비 성향이 자극을 받았다. 욕망의 불꽃이 점화된 남자들은 과시 모드에 들어가 좋은 차, 최신의 휴대전화, 비싼 휴가 등 자신을 과시할 수 있는 제품을 갈망했다.

남자들은 구매 결정과 짝짓기 동기의 연관성을 의식적으로 인식하고서 이런 결정을 내리지는 않았다. 솔직히 말해 남자들로서는 자신의 과시적 구매 행동을 여자들이 눈여겨볼 것이라고 믿을 만한 근거도 없었다. 그보다는 짝 획득 부분자아가 활성화되었기 때문에, 값비싼 물건에 이끌리게 되었다고 봐야 한다. 그리고 짝짓기를 마음속으로 그리게 되었을 때, 남자들은 기꺼이 더 많은 돈을 치르면서 과시적 물건을 구매하려고 했다.

정원사새가 잠재적 짝에게 보이기 위해 파란색으로 정자를 꾸미듯, 남자들은 데이트 상대에게 매력적으로 보이기 위해 돈 자랑을 한다. 이 방법이 효과가 있을까?

이것은 지갑에 돈이 얼마나 들어있고, 데이트 상대가 얼마나 까다로운지에 따라 달라진다. 가령 풍요로운 생활에 익숙한 케네디가의 여성을 유혹하려면 어지간한 돈 자랑으로는 힘들지 모른다. 아마도 축구장보다 크고, 순금 변기가 설치돼 있으며, 고래 음경 가죽을 덧씌운 의자가 있는 초호화 요트 정도는 되어야 성공할 것이다.

재키 케네디가 이 초호화 요트를 어떻게 생각했는지 우리로서는 알 도리가 없지만, 그녀가 화려하게 꾸며진 오나시스의 개인 소유 섬에서 그와 재혼을 한 것은 확실한 사실이다.

남자에게 포르쉐는 공작의 깃털이다

×

짝을 구하려는 욕구가 남자들에게 돈을 과시하고픈 마음을 불러일으킨다는 사실은 수컷 동물들이 짝짓기 기회가 찾아왔을 때 깃털이나 뿔이나 정자로 과시적 행동을 한다는 연구 결과와 일맥상통한다.

남자들도 공작새와 비슷한 점이 많다. 암컷 공작이 서성대다가 근처로 다가오면 수컷 공작은 본능적으로 거대하고 화려한 꼬리를 부채 모양으로 넓게 펼친다. 실제 암컷 공작일 필요도 없다. 암컷의 사진만 보여줘도 수컷 공작은 똑같은 과시 행동을 보인다. 남자들도 비슷하게 행동한다. 매력적인 여자가 옆자리에 앉아 있거나 데이트를 상상하기만 해도 남자들은 과시적 소비 욕구가 올라간다.

수컷 공작과 남자들의 비슷한 점을 찾는 것이 재미있기는 하지만 모든 남자가 수컷 공작처럼 행동하는 것일까? 앞 챕터에서 설명했듯이 인간이 추구하는 생활사 전략은 한 가지만이 아니다. 어떤 사람은 빠른 길을 걷지만, 어떤 사람은 느린 길을 걷는다.

심리학자 제프리 심슨과 스티브 갠지스태드는 인간 남자가 수컷 공작과 어느 정도나 비슷한지 평가하는 인성 테스트를 개발했다. 남자들에게 화려하고 반짝이는 깃털을 가꾸는 데 모든 에너지를 투자하지만, 암컷을 도와 새끼를 양육하는 일에는 거의 힘을 보태지 않는 성향이 얼마나 있는지를 테스트했다.

생활사 전략으로 봤을 때 수컷 공작은 빠른 전략을 추구한다. 심슨과 갠지스태드는 빠른 전략을 추구하는 남자들은 수컷 공작과 닮은꼴이라는 사실을 발견했다. 이들에 따르면 빠른 전략을 추구하는 남자들은 **'구속받지 않는**Unrestricted **전략가들'**이다. 구속받지 않는 플레이보이 유형의 남자는 즐거운 데이트에는 관심이 많지만, 정착이나 가족 부양의 욕구는 거의 또는 전혀 없다.

그리고 수컷 공작처럼 이런 남자들은 성생활에서도 더 문란한 편이다. 그들은 사랑하지 않는 여자와 섹스하는 것에 거리낌이 없으며, 동시에 여러 여자와 지속적인 성관계를 나누는 것을 멋진 일이라고 생각한다.

그러나 모든 남자가 다 그렇지는 않다. 심슨과 갠지스태드의 연구 결과에 따르면 상당수의 남자는 여러 여자를 동시에 사귀는 것에서는 만족감을 얻지 못하며, 심지어는 굉장히 바람직하지 못한 일이라고 생각한다. 수컷 공작과 달리 어떤 남자들은 '구속된' 상태를 더 선호한다. 그들은 한 명의 상대와 오랫동안 연애 관계를 유지하고 정착해서 가족을 부양하는 쪽을 선호한다. 이런 남자들은 느린 생활사 전략을 추구한다.

우리의 동료 질 선디는 연구를 진행하면서 빠른 전략을 추구하고 수컷 공작과 닮은꼴인 남자들일수록, 특히 과시적 소비 성향이 두드러지게 나타난다고 생각했다. 그리고 짝 획득 부분자아가 주도권을 쥐었을 경우에 공작새와 닮은 남자들과 그렇지 않은 남자들이 얼마나 다르게 행동하는지 실험했다.

더 이상 분명할 수 없는 결과가 나왔다. 짝 획득 욕구에 지배되자, 공작새와 비슷한 빠른 전략 추구자들은 과시적 소비 행동을 보였다.

반대로 느린 전략을 추구하고 결혼을 원하는 남자들은 짝 유혹의 동기가 생겼어도 충동적이고 과시적인 소비 욕구에 빠지지 않았다. 혹여 과감하게 값비싼 물건을 구입할지라도 그것으로 남들의 시선을 끌고 싶어 하지는 않았다이들이 큰돈을 주고 값비싼 물건을 사는 것은 과시하기 위해서가 아니다.

그와 대조적으로 공작새 유형의 남자들은 무조건 가장 번지르르한 물건을 골랐다. 심지어 그들은 그것이 진짜인지 가짜인지 신경도 쓰지 않았다. 값비싸고 남들의 주목을 끌 만한 물건이다 싶으면, 그들은 그것을 자랑스럽게 내보였다.

실제로 플레이보이 유형의 남자들은 다시는 볼 일이 없는 여자와의 짜릿한 하룻밤을 상상한 후 그런 과시적 소비 행동을 가장 강하게 보였다. 그리고 여자가 장기적 관계를 원한다는 암시를 풍긴 순간, 그들의 소비 의욕은 언제 그랬냐는 듯 금세 사라졌다.

이 연구 결과는 금을 덧씌웠든 아니든 화려한 포르쉐를 몰고 다니는 남자는 빠른 전략을 추구하는 공작새 유형의 남자일 가능성이 높다는 사실을 보여준다. 컨커디아 대학의 진화심리학자 가드 사드가 대학원생 존 봉가스와 함께 수행한 연구에서는 남자는 포르쉐를 몰 때 실제로 테스토스테론이 급증한다는 결과가 나왔다.

동물의 왕국에서 이 호르몬은 수컷 공작이 꼬리 깃털을 넓게 펼치거나 정원사새가 정자 앞에서 뽐내며 걷는 것처럼, 수컷이 짝짓기를 위해 행하는 과시 행동과 관련이 있다. 포르쉐를 모는 남자가 원하는 것은 좋은 아내가 아니라 즐거운 데이트라고 십중팔구 장담할 수 있다.

그러면 이런 과시적 소비가 효과가 있는가? 질 선디는 화려한 포르쉐를 모는 젊은 전문직 남성과 수수한 혼다를 모는 남성에게 여자들이 보이는 관심도를 비교했다. 화려하게 번쩍이는 자동차는 여자들에게 깊은 인상을 줬고, 여자들은 포르쉐를 모는 남자와 데이트할지도 모른다는 암시를 비쳤다.

그러나 여자들은 화려한 겉모습에 무턱대고 현혹되지는 않았다. **결혼 상대로 누가 더 적합할지 질문을 받은 순간, 눈을 현혹하는 자동차는 즉시 광채를 잃고 둔탁해졌다. 여자들은 장기적이고 헌신적인 관계에 있어서는 자신을 과시하는 남자가 아닌 수수한 혼다를 모는 듬직해 보이는 남자를 선호했다.**

허영과 낭비 속에 진화적 목표가 숨어 있다

'공작과 포르쉐' 연구를 발표한 후에 질과 블라다스는 분노한 포르쉐 소유자들로부터 다시 전화 통화, 이메일, 편지 세례를 받았다. 이 남자들은그렇다. 그들 모두 남자였다 자신의 과시적 소비는 짝 유혹이라는 궁극인과는 아무 관련이 없다고 주장했다. 대신에 그들은 여러 가지 근접인을 제시했다.

그들은 독특한 스타일링 때문에, 포르쉐가 주는 느낌이 좋아서, 주말마다 신나게 달리는 경험이 좋아서 포르쉐를 샀다고 말했다.

한 남자는 20년이 넘게 포르쉐를 몰았지만, 그 기간 대부분에 아내와 행복한 결혼생활을 했다고 주장했다. 물론 이 문제는 그가 애초에 독신 시절에 포르쉐를 구입한 이유가 무엇인지, 혹시 지금은 아내가 된 여인의 관심을 끌기 위해 포르쉐를 구입한 것은 아닌지와 같은 질문을 불러일으킨다.

유럽의 포르쉐 동호회 대표라는 사람에게서 전화를 받기도 했다. 그 남자는 연구 결과에 우려를 표하기는 했지만 다른 남자들과 달리 놀라거나 화를 내지는 않았다. 그보다는 포르쉐 소유자의 아내들이 자기 남편에 대해 연구한 결과를 어떻게 받아들일지 걱정이라고 말했다. 그는 나중에 연구와 '관련이 있을 것' 같다면서 독일편 포르쉐 TV 광고를 보내왔다.

광고에서는 신비한 분위기를 풍기는 어두운 골목길에서 긴 레인코트를 입은 여성이 반짝이는 신형 포르쉐 옆을 지나친다. 포르쉐의 놀라운 아름다움에 감탄한 여성은 차의 부드러운 곡선을 유혹하듯이 어루만진다. 여자는 더 이상 거부하지 못하고 레인코트를 활짝 젖혀 포르쉐에 반라의 몸을 보여준다.

광고의 메시지는 전혀 미묘하지 않다. 포르쉐를 구입하는 궁극인을 아주 훌륭하게 묘사하고 있다. 다시 한 번 말하지만 포르쉐에 돈을 쏟아붓든, 순금 변기를 욕실에 설치하든, 터무니없는 물건에 돈을 들이는 행동에는 눈에 보이는 것보다 훨씬 많은 것이 존재한다. 과시적 소비가 겉으로는 허영과 낭비에 불과해보일지라도 이런 행동 저변에는 진화적으로 중요한 행동이 존재할 수 있다.

우리가 내리는 선택에는 여러 이유가 존재한다. 어떤 이유는 투명하고 어떤 이유는 불투명하다. 우리는 행동의 근접인이 무엇인지는 어느 정도 의식한다. 고급 차를 구입해본 사람은 근사한 가죽 인테리어나 제로백 순위 1~2위를 다투는 엔진을 생각하느라 많은 시간을 보냈을지도 모른다. 하이브리드 자동차를 구입한 사람은 환경적 효익이 비싼 값을 치를 가치가 충분하다고 생각했을지 모른다. 하지만 이런 선택을 내리게 된 기본적인 궁극인은 거의 인식하지 못한다.

짝짓기 구매 결정에 있어서 인간의 선택은 생물학적으로 굉장히 중요한 인자에 따라, 즉 여성인지 남성인지에 따라 크게 달라진다.

예를 들어 남자들은 짝을 유혹하기 위해 과시적 소비를 하지만 여자들은 그렇지 않다. 실제로 **남성과 여성이라는 생물학적 차이는 과시적 소비를 넘어 아주 강력하게 작용한다. 어떤 사람이 어느 곳에 제한된 자원을 투자할지, 어떤 상품을 구매할지 예측하고 싶을 때 가장 중요한 질문은 아마도 '우리가 예측하려는 사람이 남자인가, 여자인가?'일 것이다.**

• Chapter 8 •

왜 다이아몬드 반지와 신부의 지참금은 다른가?

2008년 3월 엘리엇 스피처는 엠페러스 클럽의 VIP 에스코트 서비스를 받은 것과 관련한 스캔들에 휩싸여 뉴욕 주지사직을 사임해야 했다. 스피처가 서비스 대가로 치른 비용은 모두 8만 달러가 넘었다. 아무리 개인의 자유를 많이 보장하는 엠파이어스테이트뉴욕 주의 별칭에서도 이 '고급 콜걸' 서비스는 명백한 불법이었고, 뉴욕 주 검찰총장을 지냈던 스피처가 그 사실을 모를 리 없었다.

연일 미디어에서는 폭로 기사가 보도되었고, 기자들은 스피처를 비롯해 세계에서 가장 부유한 남자들 몇몇이 엠페러스 클럽의 서비스에 막대한 금액을 지급했다는 사실을 들춰냈다. 이 밖에도 주말 혹은

1박 이상의 여행 패키지도 있으며, 가격은 장소와 서비스 내용에 따라서 고객과의 개별 면담으로 정해졌다.

거물과는 거리가 먼 우리 대다수 무산 계급에게 더욱더 놀라운 점은 이 특별한 클럽에 8만 달러나 치르고 받는 서비스가 정말로 보잘것없다는 사실이었다. 엠페러스 클럽의 웹사이트는 '훌륭한 성공이 일상사가 된 사람들에게 사교적 소개 서비스'를 제공한다고 광고하고 있었다.

이 웹사이트의 전매특허는 '기준이 매우 높은 신사들'을 '패션모델, 미인대회 수상자, 미모의 여대생'에게 소개해주는 것이었다. 고객이 쉽게 결정을 내릴 수 있도록 웹사이트는 미 달러화, 영국 파운드화, 유로화로 친절하게 가격을 알려줬다. 그리고 여성 동반자의 등급은 '외모, 학력, 집안 배경, 교양' 정도에 따라 다이아몬드 3~7개까지로 나뉘어 선택의 폭을 넓혀 줬다.

가린 곳이 별로 없는 최신 스타일 옷을 입은 매력적인 여성들의 사진은 사교적 우아함은 아니겠지만, 놀랍도록 아름다운 몸의 곡선은 충분히 드러내고 있었다. 다이아몬드 7개 등급인품과 우아함에서 최고 등급의 이용 금액은 1시간당 3,100달러였다. 24시간 서비스를 원할 때는 31,000달러를 지급해야 했다. 조금 저렴한 서비스를 원하는 잠재 고객은 시간당 1,000달러인 다이아몬드 3개 등급의 서비스로 만족해야 했다.

어떤 남자에게는 1시간 동안 여성과 즐기는 비용이, 어떤 남자에게는 평생 함께 살 신부를 데려오는 비용이 되기도 한다. 〈가디언〉에 따르면 오늘날 아프가니스탄에서 아내를 맞이하는 데 드는 비용은 2,000파운드약 320만 원라고 한다. 엠페러스 클럽의 VIP에게는 푼돈에 불과할 수도 있지만 아프가니스탄에서는 평균 2년분 수입에 해당한다.

사하라 이남과 아시아 대다수 지역에서는 신부를 맞이하는 비용이 남자의 1년 소득보다 훨씬 높다. 이런 나라들의 미혼남들은 잠재적 신랑감으로서 고려 대상이라도 되기 위해 버는 돈을 모두 저축해야 하며, 그럼에도 많은 남자가 자격 미달이 된다.

왜 남자들은 여성 동반자를 맞이하는 일에 그토록 많은 돈을 들여야 할까? 이 질문은 경제학만이 아니라 포유류의 생물학과도 많은 연관이 있다. 또한 남자와 여자의 심리가 같은지 다른지를 묻는 꽤나 복잡하고 까다로운 주제의 핵심 질문이기도 하다.

성은 다른 점보다는 비슷한 점이 많지만, 여기서는 생식활동에 있어서 남녀의 중요한 차이를 검토한다. 우리는 생식활동에서 남녀의 간단한 생물학적 차이가 단순히 매춘과 결혼을 넘어 매우 중요한 통찰을 제공한다.

또한 이런 **생물학적 차이는 불경기 때 어떤 제품을 구매하는지, 레스토랑에서는 팁을 얼마나 남기는지, 신용카드 대금을 얼마까지 감당할 수 있는지와 관련해 남녀의 선택에 영향을 미친다**.

이 차이를 설명하기 위해 이제 '그'의 부분자아와 '그녀'의 부분자아를 살펴보자.

하룻밤의 섹스 파트너, 허락할까? 화를 낼까?

경제학자 시완 앤더슨은 신랑 가족이 장차 신부가 될 여자의 가족에게 치르는 '**신부대금**Bride price'을 연구한다. 앤더슨은 결혼할 때 신부 가족이 신랑에게 주는 돈인 '**지참금**Dowry'과 신부대금을 대조해봤다. 서구 사회는 지참금 개념이 더 친숙한 편이지만, 실제로 전 세계적으로는 신부대금을 치르는 관례가 훨씬 많다.

《머독의 세계 민족지民族誌 지도》는 전 세계에서 신부대금을 치르는 사회는 60%가 넘지만, 지참금을 지급하는 사회는 4%도 되지 않는다는 사실을 보여준다. 신부대금이 더 일반적인 이유는 무엇인가?

앤더슨은 신부대금이 다는 아닐지라도 신부의 생식 능력에 대한 대가 역할을 한다고 추측했다. 신부대금은 신부의 순결과 관련이 있었다. 젊고 건강하고 순결한 처녀는 가장 높은 신부대금을 받지만, 이미 자녀가 있는 여자는 대개 신부대금을 한 푼도 받지 못한다.

진화생물학의 관점에서 보면 신부대금의 경제학은 '최소 부모 투자 Minimum parental investment**'라는 생물학 원칙과 관련이 있다**. 인간을 포함해 어떤 포유류 종이든 암컷은 후손을 생산하려면 게걸스럽게 양분을 요구하는 태아를 여러 달 동안 뱃속에 품고 다니고, 출산 후에도 새끼를 돌봐줘야 한다. 그것이 암컷에게 요구되는 최소 요건이다. 반대로 수컷은 번식의 비싼 대가를 치르는 일로부터 생물학적으로 면제된다. 번식에 있어서 수컷에게 요구되는 최소 요건은 정자 기부다.

하지만 인간 남성은 생식활동에서 완전한 무임승차가 가능하지 않다. 인간의 아기는 굉장히 무기력한 상태로 태어나기 때문에, 아빠가 곁에 머물면서 아기와 엄마에게 자원을 제공해야만 한다. 그래야 아기는 생존과 성장 가능성이 눈에 띄게 늘어난다.

그렇기에 임신하고 여기에 수반되는 후손 생산이라는 생물학적 고비용활동에 동의하기 전에, 신부와 그녀의 가족은 잠재적 구애자에게 자원을 제공할 의지와 능력이 있는지 입증할 증거를 요구한다. 신부대금이든 아니면 다이아몬드 약혼반지든, 수입의 상당 부분을 털어 넣는 것은 일종의 계약금 지급과 비슷하다. 이것은 오랫동안 옆에 머물면서 자원을 제공하겠다는 약속이나 다름없다.

사회심리학자 로이 바우마이스터와 케이틀린 보스는 성경제학에 대한 한 흥미로운 논문에서 생식활동의 생물학적 성차로 인해 남자는 섹스에 대가를 지급하고, 여자는 그 값을 정하는 상황이 만들어진다고 주장한다. 여기서 가격은 금전적 액수로 정해질 수도 있고, 아니면 약속이나 다른 형태의 자원으로 정해질 수도 있다.

남자가 장기적으로 자원을 제공하겠다는 약속을 피하려 한다면, 여자는 자기가 베푸는 애정에 대해 일시불로 높은 가격을 요구하기도 한다. 엠페러스 클럽의 서비스 비용이 그 예다. 바우마이스터와 보스의 주장에 의하면 남자들은 가능한 한 낮은 가격에 섹스를 하고 싶어 하고, 여자들은 가능한 한 높은 값을 받아내려 한다. 이런 관점에서 보면 **여자에게 있어 섹스는 비용의 측면이 강하고, 남자에게 섹스는 기회의 측면이 강하다고 말할 수 있다.**

누군가를 결혼이나 데이트 상대로 고려할 경우, 당신 본인이라면 어떤 조건을 최소한으로 내거는지 한번 생각해보자. 예를 들어 누군가와 결혼한다고 할 때, 그 사람에게 요구하는 최저 지능 수준은 얼마인가?

이제 다른 식으로 생각해보자. 상대를 섹스 파트너로서만 고려한다면 그 기준이 변하지 않겠는가? 하룻밤 상대하고 말 사람이고 자신이 그런 일을 했다는 것을 아무도 알지 못한다고 칠 때, 상대에게 요구하는 최저 지능 수준은 얼마인가?

대학생들에게 다양한 형태의 연애 관계에 어떤 최소 기준을 요구할 것인지 물었다. 남학생들과 여학생들 모두 데이트 상대에게 요구하는 기준은 비슷했다. 그들은 적어도 상대의 IQ가 평균은 되기를 원했다. 또한 결혼 상대에게 요구하는 기준도 겹치는 부분이 많았는데, 남녀 모두 평균 이상의 IQ를 가진 사람만 결혼 상대로 고려하겠다고 대답했다.

하지만 섹스 파트너에게 요구하는 기준의 경우, 특히 하룻밤 상대에게 매기는 기준에 있어서는 남자와 여자의 의견이 엇갈렸다. 여자들은 지능지수가 평균에서 한참 떨어지는 사람과는 잠을 자지 않을 것이라고 답했다. 남자가 곁에 오랫동안 머무르지 않을 것으로 판단될 때 여자들은 친밀한 동행으로 제공하는 쾌락에 대해 더 큰 대가를 요구한다심지어 하룻밤에 31,000달러나 요구하기도 한다.

하지만 남자들은 지능이 평균 이하를 밑도는 여성과도 얼마든지 섹스를 나눌 의향이 있다고 답했다. 여자가 자기 앞가림을 잘할 능력이 있는지는 별로 중요한 문제가 아니었다.

섹스 파트너에게 낮은 기준을 매기는 것은 미국 남자들만의 성향이 아니다. 모든 사회의 남성이 똑같은 성향을 보였다. 그러나 이런 결과는 모두 응답자들이 설문지에 적은 답변을 토대로 나온 결과였다. 만약 남자와 여자가 정말로 하룻밤 섹스의 기회를 제안받는다면, 어떤 반응을 보일까? 남녀는 여전히 다른 반응을 보일까?

1980년대에 행해졌고 지금은 전형적 방식으로 자리잡은 한 연구에서, 남자나 여자 실험자는 캠퍼스에서 이성에게 다가가 이렇게 말을 걸었다.

“당신이 캠퍼스를 오가는 모습을 눈여겨봤습니다. 한눈에 반했습니다.”

상대 학생이 이 노골적 찬사로 받았을지도 모르는 충격을 가라앉히기도 전에 실험자는 이렇게 물었다.

“저와 침대로 가시겠어요?”

당신이라면 이 뻔뻔한 제안에 어떻게 반응하겠는가? 여자라면 십중팔구는 싫다고 말할 것이다. 실제로 질문받은 여성 100%가 단호하게 싫다고 대답했다. 남자가 무섭게 굴었거나 매력이 없기 때문은 아니었다. 실제로 남자 실험자가 “저와 데이트해주실 수 있나요?”라고 물었더니, 여성 응답자의 50%가 좋다고 말했다.

하지만 상대가 남자라면 다르게 답한다는 데 돈도 걸 수 있다. 생전 처음 보는 여자가 제안한 부담 없는 섹스에 70%의 남자가 좋다고 대답했다. 실제로 남자들은 데이트보다는 섹스를 나누자는 요청에 더 많이 동의했다. 심지어 “꼭 밤까지 기다려야 하나요?”라고 묻는 남자들도 있었다. 싫다고 말한 극소수 남자들도 고마움과 미안해하는 기색을 숨기지 않으며 이렇게 말했다.

"반가운 제안이긴 한데, 안 될 것 같네요. 전 약혼자가 있거든요."

하룻밤 섹스에 대한 경계심에 있어서 남녀의 성차는 '최소 부모 투자'에서 비롯되는 기본적인 생물학적 성차 관점으로 이해할 수 있다. 여자는 임신하면 생물학적으로 아주 높은 비용을 치러야 한다. 태아를 뱃속에 품고 다녀야 하며, 아기에게 젖을 먹여야 하고, 출산 후에도 여러 해 동안 아이를 돌봐야 한다.

잘생긴 이방인과 하룻밤 섹스로 생긴 아이든, 아니면 사랑해 마지않는 헌신적인 남편과 결혼 1,000일을 기념한 밤에 생긴 아이든 그 사실은 변하지 않는다. 반대로 남자는 단지 하룻밤 섹스를 즐겼을 뿐이라면, 다음 날 아침 베이컨 몇 조각을 더 챙겨 먹기만 해도 소모된 칼로리를 다시 충전할 수 있다.

"사랑해."라는 말은 언제 해야 좋을까?

×

한 여자가 있다. 애인이 여자에게 처음으로 "사랑해."라고 말한다. 여자는 어떤 반응을 보일까? 감동받을까? 아니면 미심쩍어 할까?

남자의 "사랑해."라는 말에는 여자에게 잠시 시간을 들여 정자를 제공하는 것보다 더 많은 것을 주고 싶다는 뜻이 담겨 있다. 심지어 아이를 함께 기르겠다는 뜻이 담겨 있을 수도 있다. 하지만 말하기는 쉽다. 그리고 말뿐인 약속은 깨지기도 쉽기 때문에, 여자들은 남자가 "사랑해."라고 말하면 숨은 의도가 없는지 의심할 때가 많다.

남자와 여자는 애인이 사랑을 처음으로 고백할 때 서로 다른 반응을 보인다. 이런 성차는 사랑을 확인시켜 주는 세 마디 말을 처음 섹스를 나누기 전에 했는지, 후에 했는지에 따라 빚어지게 된다. 여자는 보통 섹스한 후에 "사랑해."라는 말을 들으면 더 행복해하고, 반대로 남자는 친밀한 관계가 되기 전에 그 말을 들으면 더 행복해한다.

왜 그럴까? 아마도 남자는 여자의 "사랑해."를 가까운 미래에 육체적 관계를 나눌 가능성이 높다는 신호로 받아들이기 때문일 것이다. 그리고 육체적 관계를 나눈 후 여자의 "사랑해."는 "날 버리고 떠나지 마!"라는 뜻으로 이해될 수 있다. 실제로 헌신과는 거리가 먼 '구속받지 않는' 남자들앞 챕터에서 언급한 번쩍이는 포르쉐 운전자들은 섹스하고 난 후 여자가 "사랑해."라고 말하면 다소 불쾌해한다. 이 남자들은 헌신과 약속이라는 비싼 대가를 치를 필요 없이 섹스라는 편익만 누리기를 기대하기 때문이다.

MIT의 조시 애커만 교수는 "사랑한다는 말이 협상이다."라고 설명한다. 남자와 여자는 연애 관계를 두고 협상할 때 서로 다른 진화적 실수를 피하려고 노력한다. 여자 입장에서는 남자의 "사랑해."라는 말을 덜컥 믿은 채 남자에게서 아무런 투자도 받지 않고 섹스를 나눈다면 큰 실수다. 남자 입장에서는 헌신의 마음을 전해주지 못했다가 성적 관계까지 잃게 될지도 모르는 사태야말로 큰 실수다.

애커만의 연구에 따르면 남자와 여자는 "사랑해."라는 말에 대해 서로 다른 반응을 보이는 차원을 넘어, 연애 관계에서 이 말을 꺼내는 시기에 있어서도 차이가 났다.

애커만과 그의 팀이 설문조사를 했을 때 대다수 사람은 여자가 먼저 "사랑해."라고 말할 것 같다고 대답했다. 어쨌든 여자가 더 감성적이고 낭만적이기 때문에 감정 표현도 잘할 것 같다는 이유에서였다. 그러나 실제 연애에서 70%는 남자 쪽이 먼저 "사랑해."라고 말한다. 남자는 여자보다 사랑한다는 말을 42일이나 먼저 한다!

진화적 시각에 따르면 남자가 그렇게나 빨리 사랑한다는 말을 꺼냈을 때 여자로서는 경계심을 풀지 않는 편이 안전하다. **남자가 지속적인 헌신을 약속하는 다른 증표를, 이를테면 몇 달 치 월급에 맞먹는 다이아몬드 반지를 꺼낼 때까지 조금 더 기다려보는 것이 여자한테는 더 현명한 행동이다.**

남자들은 미녀보다 어린 여자를 더 좋아한다

×

많은 남자가 처음 보는 여자와 침대로 향하는 일에 전혀 망설이지 않을지라도 대부분의 경우 섹스 기회에는 대가가 따른다. 실제 세계에서 캠퍼스의 남학생이 아무 대가도 없이 한 시간 동안 섹스를 하자고 제안할 여자를 만날 가능성은 거의 없다. 미혼남녀가 자주 가는 바에서 자신한테 괜찮은 반응을 보이는 여자를 만나고 싶어 하는 남자가 있다고 치자. 그는 적어도 술 몇 잔 값은 치르고, 몇 시간 동안 대화를 나누면서 자신의 매력을 어필하고, 심리적 결함이 없음을 보여줘야 한다. 그리고 처음에는 하룻밤 상대로 시작했던 것이 더 오랜 연애 관계로 발전할 수 있고, 결국에는 결혼까지 골인할 수도 있다.

남자들이 섹스에 있어서 여자들보다 요구하는 기준이 낮기는 해도 모든 남자가 다 똑같이 낮은 기준을 적용하지는 않는다. 엘리엇 스피처 스캔들 이후 쏟아진 미디어 폭로 기사로 인해 엠페러스 클럽의 웹사이트가 대중에 널리 알려졌다.

엠페러스 클럽의 VIP 서비스를 자세히 검토해보니, 여자들 모두 젊고 아름답다는 두 가지 공통점이 있었다. 최고 등급의 여성들은 예외 없이 신체적 매력을 뽐냈으며, 모두가 20대였다. 부유한 중년의 남성 고객들보다 몇 십 살은 더 어릴 것이 분명했다.

《MIT 수학 천재들의 카지노 무너뜨리기》에서 벤 메즈리치는 라스베이거스에서 블랙잭으로 수백만 달러를 딴 MIT 괴짜들의 이야기를 전한다. 책의 자료를 조사하는 과정에서 메즈리치는 라스베이거스의 최고급 신사 클럽에서 랩댄서로 일하며 하룻밤에 수천 달러를 버는 에이프릴이라는 스트리퍼를 인터뷰했다. 그녀는 별도로 '방문 서비스'가 있으며, 이 서비스를 하게 되면 한 시간에 3,000달러도 너끈히 벌 수 있었다고 말했다.

하지만 인터뷰하는 시점에 에이프릴의 나이는 25세였는데, 그녀의 말로는 이제 방문 서비스에 예전처럼 높은 가격을 부르지 못한다고 했다. 메즈리치의 설명을 빌리면, 그녀는 이미 그쪽 분야에서는 퇴물 취급을 받았다.

남자들이 젊고 아름다운 여자를 좋아하는 것은 스트립 클럽이나 엠페러스 클럽의 서비스 고객들에 국한된 이야기가 아니다. 인간의 짝 선호를 연구하는 사회과학자들의 연구에 따르면, 남자들은 대체로 자기보다 젊은 여성을 선호하며 결혼도 그런 여자들과 한다.

반대로 여자들은 자기보다 나이가 많은 남자에게 관심이 있다. 처음에 연구자들은 이런 남녀 차이는 미국 미디어가 영속화시킨 '**성 역할**Gender role'과 관련이 있다고 추측했다. 하지만 그것만으로는 설명이 되지 않았다. 무엇보다도 남자들이 젊은 여자에게 끌리는 현상은 절대로 미국이나 서구 사회만의 현상이 아니다.

리치 키프와 더그는 미혼 남녀들의 애인 구하기 광고와 전 세계의 실제 결혼 연령을 조사했다. 조사 지역에는 미국 미디어를 한 번도 접하지 못한 사회들도 포함되었는데, 지역을 불문하고 모든 사회의 남자들이 20대 초반의 여성을 선호했다. 심지어 열다섯 소년들마저도 대학 연령의 여자들에게 환상을 품고 있었다. 여대생들이 그런 풋내기 소년은 상대도 하지 않으려 든다는 사실을 소년들이 아주 잘 알고 있었음에도 말이다.

나이든 남자들이건, 10대 소년들이건 모든 남성이 20대 초반의 여성에게 끌리는 이유는 무엇일까? 아무 남자나 잡고 물어보면 그 나이대의 여성들이 가장 아름답기 때문이라고 답할지도 모른다. 그들의 몸매는 여성적 곡선미를 뽐내고, 머릿결은 탐스럽게 빛나고, 피부는 건강하다.

하지만 이런 설명은 단지 표면적인 근접인을 제시할 뿐이다. 22세 여성의 신체적 특징의 조화가 42세, 62세, 82세 여성들보다 전체적으로 더 매력적으로 보이는 이유가 무엇인지, 본질적인 원인은 설명하지 못한다.

그러나 **진화적 관점에서 보면 이유가 확실하게 드러난다. 20대 초반의 여성은 임신 가능성이 가장 높다**. 이 나이대 여성은 임신이 쉽고 아이를 가질 수 있는 기간도 아직 많이 남아 있다. "난 아이를 원하지 않아."라고 말하는 남자일지라도 임신 가능성이 높다는 신호를 발산하는 매끄러운 피부, 생기 있는 머릿결, 둥근 엉덩이를 가진 여성을 보는 순간 그의 뇌는 반짝하고 불이 켜진다.

재산이 많고 지위가 높아서 짝 선택의 폭이 넓은 남자들일수록 젊은 미인에 대한 선호를 가장 분명하게 드러낸다. 억만장자 도널드 트럼프는 31세, 44세, 54세에 한 번씩 총 세 번 결혼했다. 그는 아내들이 20대일 때 그들을 처음 만났고, 만나자마자 곧바로 결혼했다.

헨리 8세는 17세에 20대 초반의 여성과 첫 결혼을 했고, 이후 죽을 때까지 다섯 번 더 결혼했다. 가장 나이가 많았던 아내는 헨리 8세가 51세에 마지막으로 맞이한 캐서린 파다. 결혼 때 그녀의 나이는 31세였다하지만 둘은 그녀가 20대일 때 처음 만났다.

로마와 중국의 황제들이나 중동의 술탄 등 역사 속의 남성 통치자들은 보통 수백 명의 처첩을 거느렸으며, 하나같이 젊고 아름다운 미인을 선호했다. 심지어 해마다 열리는 스와질란드 갈대 축제에서는 국왕 음스와티 3세의 다음 아내로 선택되기를 희망하며 수만 명의 젊은 여자들이 가슴을 드러내고 왕 앞에서 춤을 춘다.

인도 파티알라 주의 6대 마하라자로서 재산이 넘치도록 많았던 라진데르 싱은 아내가 360명이었다. 젊고 생식 능력이 높은 여성들과의 성관계를 원하는 욕구가 진화적 효익을 제공하는 것은 분명한가 보다. 18세기 초 모로코 군주였던 이스마일 이븐 샤리프는 처첩이 수백 명에 이르렀고, 공식 기록된 자식은 800명이 넘었다. 비공식적으로는 1,000명이 넘는 자식을 뒀다고 한다.

'**젊음 + 아름다움 = 생식 능력**'이라는 등식은 선진 세계보다는 전통 사회에서 훨씬 두드러지게 나타난다. 남자들이 자기보다 어린 여자와 결혼하는 성향은 북미와 유럽에서는 조금 낮은 편이었다. 왜일까?

미국, 캐나다, 유럽의 여자들은 제3세계의 여자들보다는 몇 년 더 오래 아름다움을 유지하기 때문이다. 제3세계 사회의 여자들은 훨씬 어린 나이에 출산을 시작하고, 충분한 영양이나 의료 서비스, 미용 제품에 접할 기회가 높지 않다. 전통 사회에서는 제아무리 데미 무어와 제니퍼 애니스톤일지라도 자기 나이대로 보일 것이다.

그의 이상형, 그녀의 이상형

×

지금까지 다소 일방적으로 성차를 논했다. 여자는 아이를 낳으므로 까다롭게 짝을 선택하고, 남자는 여자에게 접근하기 위해 에너지와 자원을 소모하며 특히 젊고 가임 능력이 높은 여자에게 더 많은 에너지와 자원을 소모한다.

하지만 여자가 남자를 살 때도 짝을 구하는 남자처럼 똑같은 특징을 원할까, 아니면 다른 특징을 원할까?

경제학을 전공하고 후에 사회심리학 박사학위를 취득한 놈 리는 남자와 여자의 짝 선호와 관련한 중요한 수수께끼를 풀기 위해 자신의 경제학 지식을 이용했다. 어떤 학자들은 남자와 여자는 짝 선호에 있어서 성차가 크기 때문에 짝에게 원하는 형질에도 큰 차이가 난다고 말한다.

반면 어떤 학자들은 남녀의 짝 선호 성차가 아주 작은 편이라고 말한다. 성차가 작다고 말하는 학자들은 반대편의 학자들이 성차를 과장하고 있으며, 실제로 남자건 여자건 짝에게 원하는 형질은 어느 정도 똑같다고 주장한다.

리는 짝 선택에서 남녀가 보이는 차이점과 유사점에 대한 질문이 경제학의 근본 개념인 사치품과 필수품의 차이를 무시하고 있을지도 모른다고 의심했다. 과거 많은 과학자와 똑같이 "어떤 짝을 원하는가?"라고만 묻는다면 어떤 자동차나 집이나 휴가를 원하는지 물을 때와 비슷한 답이 나올 것이 틀림없다.

이런 질문을 받으면 남녀를 불문하고 영화배우 못지않게 아름답거나 잘생긴 애인과 하와이의 호젓한 개인 해변에서 일주일 치 급료를 모두 털어 휴가를 보내고, 휴가가 끝나면 잘 빠진 신형 메르세데스를 몰고 공항을 출발해 건축가가 설계한 근사한 집으로 돌아온다는 식이다. 물론 현실 세계에서 이 모두를 다 누릴 수 있는 사람은 많지 않다. 그렇기에 우리는 선택해야 한다.

우리는 다소 제한된그리고 현실적인 예산 내에서 짝을 선택해야 할 때 남자와 여자가 어떤 선택을 하는지 알고 싶었다. 그는 남녀 피험자들에게 신체적 매력, 사회적 지위와 자원, 따뜻하고 친절한 성격, 창의성 등 여러 바람직한 형질 목록을 주었다. 그리고 이것을 토대로 이상적 짝을 설계하게 했다.

사치품이 아닌 필수품으로서 이상적 짝의 형질을 선택하도록 하기 위해, 피험자들은 이른바 일정 금액의 '짝 예산'을 할당받았다. 그 지출 범위 안에서 이상적 짝을 설계해야 했다. 짝의 한 가지 특성을 고른다면 다른 특성에 쓸 수 있는 돈은 그만큼 줄어들게 된다.

짝 예산이 높을 때는 남녀 모두 짝에게 원하는 것이 비슷했다. 양쪽 모두 친절하고 호감 가는 성격, 영화배우처럼 근사한 외모, 프랑스 남부의 저택, 유머 감각을 갖춘 배우자를 원했다.

하지만 저예산이라는 현실에 부딪히자, 남자와 여자는 이상적 짝의 필수 목록에 해당하는 형질을 얻기 위한 지출 우선순위가 크게 달라지기 시작했다. 남자는 신체적 매력을 가장 우선순위에 뒀고, 다음으로 좋은 성격을, 지위와 자원은 가장 마지막에 뒀다. 반대로 여자는 남자의 지위와 자원에 제일 높은 점수를 매겼고, 다음으로 좋은 성격을, 신체적 매력은 제일 꼴찌였다.

다시 한 번 말하지만 이런 짝 선택의 성차는 북미에서만 나타나는 모습이 아니다. 미국 여성들과 마찬가지로 일본, 잠비아, 세르비아 등 다른 나라의 여성들도 짝의 재무적 전망에 가장 높은 점수를 매겼다. 세계 모든 곳의 여자들은 남자의 지위와 야망, 자원을 굉장히 중요하게 생각하며 신체적 매력 여부는 별로 중요하게 생각하지 않는다. 반대로 남자들은 여자의 사회적 지위가 아닌 훌륭한 외모를 더 크게 선호하는 편이다.

신부대금과 지참금의 목적은 완전히 다르다

여자는 진화적으로 더 귀중한 성이다. 그렇기 때문에 대부분의 사회는 신랑이 젊고 임신 능력이 높은 아내를 맞이하기 위해 치르는 신부대금 문화가 존재한다. 그런데도 신부 가족이 결혼할 때 신랑에게 지참금을 지급하는 풍습이 여러 사회에 존재하는 이유는 무엇일까? 왜 여자는 남자를 얻기 위해 돈을 지급할까?

답에 대한 중요한 단서는 어떤 사회에 신부대금 문화가 존재하고, 어떤 사회에 지참금 문화가 있는지에 대한 질문을 통해 얻을 수 있다. 대체로 신부대금 풍습이 더 일반적이며, 가난한 전통 사회에서 흔히 발견된다.

지참금은 고대 로마시대에도 있었으며, 오랜 시간 동안 전 세계에 걸쳐 내려온 풍습이다. 지참금은 최근 중국, 인도, 유럽 일부 국가들이 부상하면서 두드러지게 늘어났다. 이런 사회의 시민들은 역사상 처음으로 상당한 부를 축적하게 되었고, 이렇게 쌓아 올린 부와 지위를 자손들에게 물려줄 수 있게 되었다. 늘어난 부는 지참금이라는 새로운 틈새가 생겨날 기회를 만들었다.

하지만 지참금이라는 비교적 새로운 풍습을 신부대금의 반사 개념으로 봐서는 안 된다. 신부대금은 신랑이 임신 능력이 있는 여성과 성적으로 접촉하기 위해 치르는 대가로 봐야 하지만, 지참금은 여성이 임신 능력이 있는 남자와 성적으로 접촉하기 위해 치르는 대가와는 관련이 없다.

대학 캠퍼스에서 행한 연구에서도 드러났듯이 여자는 공짜로 섹스할 기회를 얼마든 만들어낼 수 있다. 오히려 지참금은 자손에게 투자할 능력이 있는 훌륭한 지위의 남편감과 딸을 맺어 주기 위해 신부 가족이 행하는 투자의 개념으로 봐야 한다.

〈신부대금과 지참금의 사회학Sociology of Bride Price and Dowry〉에서 살리니 란데리아와 릴라 비사리아는 이렇게 설명한다.

"지참금은 신부가 신랑 가족에게 가지고 갈 수 있도록 신부의 가족이 신부에게 주는 재산이다."

핵심을 말하면 지참금은 자신의 자원을 가지고 새 출발을 해야 하는 신랑을 도와 신부가 새로운 가족을 꾸릴 수 있도록 친족으로부터 받는 자원 보조다. 란데리아와 비사리아는 이렇게 설명한다.

"지참금은 여자에게 속한 재산이다. 남편은 지참금을 공동으로 관리할 수 있지만 그것을 처분할 권리는 없다."

부부가 헤어지면 지참금은 여자에게 반환된다. 지위와 계층의 편차가 심한 사회일수록 여자의 가족은 딸의 미래 가족에게 지참금 지급이라는 형태로 투자한다. 이렇게 함으로써 딸은 부유하고 지위가 높은 가족에 속한 남편을 맞이할 확률이 높아진다.

지참금은 임신 능력이 높은 남자를 얻기 위해 치르는 대가가 아니다. 그보다는 딸과 딸의 자손에게 더 많은 자원을 보장해주기 위해 일종의 동맹으로써 행하는 가족적 성격의 투자다.

남자의 애인 구하기 VS 여자의 애인 구하기

남자든 여자든 선조로부터 물려받은 진화적 도전 과제가 비슷하기 때문에, 대부분의 경우 부분자아는 남녀 모두에서 비슷하게 작용한다. 가령 질병 회피라는 문제에 있어서 남자든 여자든 병원균을 피하기 위해 하는 행동은 비슷하다. 그러나 짝짓기에 있어서 남자와 여자가 직면하는 도전 과제는 다소 차이가 난다.

짝짓기 게임을 할 때는 짝 획득과 짝 유지라는 진화적으로 판이하게 다른 두 가지 도전을 해결해야 한다. 따라서 두 도전을 담당하는 부분자아도 달라진다. 짝짓기와 관련된 부분자아들은 단순히 섹스와 짝짓기를 넘어 여러 의사결정에 영향을 미칠 뿐 아니라, 남자와 여자의 버전이 따로 존재한다.

앞서 가족경제학에서 논했듯이 인간은 상대방과 어떤 관계인지에 따라 다른 협상 규칙을 이용한다. 저녁 식사비를 누가 낼 것인지는 함께 식사하는 사람이 가족인지, 아니면 동료인지에 좌우된다.

새로운 연인을 유혹하려고 할 때도 규칙은 또 한 번 변하고, 남자든 여자든 상대에게 자신의 좋은 모습만을 내보이려고 노력한다. 그렇기에 짝 획득 부분자아가 활성화되었을 때는 남자나 여자나 팁을 후하게 남기는 편이다. 하지만 남녀가 후하게 팁을 준다는 겉모습은 같을지라도, 그들이 과시하려는 것은 서로 다르다.

짝 획득 게임의 성차는 앞에 나온 생물학적 원칙인 **'최소 부모 투자'**에서 연유한다. 남자들의 애인 구하기 광고는 흔히 자신의 지위와 부를 자랑하는 식으로 나타나는데, 이것은 꼬리 깃털을 자랑하는 공작새의 인간 버전인 셈이다. 여자들의 애인 구하기 광고에서는 미래의 애인이나 배우자가 최소한 어느 정도 지위고, 재산이 얼마여야 하는지 구체적으로 명기한다대학 졸업 필수, 억대 연봉 필수 등.

그리고 반대편에서는 남자들은 가임 능력이 절정기인 여자들이 낸 광고매력적인 외모를 보여주는 사진 첨부 등에 더 많이 답하는 반면, 여자들은 소득과 교육 수준을 자랑하는 남자들의 애인 구하기 광고에 더 열렬히 반응하는 편이다.

물론 애인 구하기 광고가 존재하기 오래전부터 남자와 여자는 이성에게 잘 보이려고 최선을 다했다. 역사적으로 그리고 문화적 경계를 넘어 10대와 20대의 젊은 남자들은 부와 지위를 얻기 위해, 그리고 그런 부와 지위를 과시하기 위해 목숨을 무릅쓰기도 했다. 이런 과시적 욕구로 인해 남자들은 사고사를 당하거나 다른 남자들과 싸우다 죽을 확률이 훨씬 높다. 특히 짝 구하기 경쟁이 가장 치열한 10대와 20대일수록 그렇게 죽을 가능성은 더더욱 높다.

한 예로 스페인의 24~35세 남자들은 동년배 여자들보다 자연사가 아닌 사고사나 타살로 죽는 숫자가 5배나 많다. 빈부 격차가 유난히 높은 지역에서는 그 비율이 훨씬 커지는데, 사고나 폭력 사건으로 죽는 젊은 남성들의 숫자가 같은 나이의 여자들보다 6배 이상이다. 이런 현상을 스페인 젊은이들의 마초 기질이라고만 평할 수는 없다. 세계 82개 나라에서 수집한 데이터도 똑같은 패턴을 보여준다. 나라와 문화를 불문하고 젊은 남자들은 관심을 받고 지위를 얻기 위해 말 그대로 죽음도 불사한다.

우리는 수십 차례 연구에서 남자 피험자들에게 미녀의 사진을 보여주거나, 데이트하는 상상을 하거나, 로맨틱한 영화를 보게 해 짝 획득 부분자아를 활성화했다. 욕망에 가득 찬 심리 상태일 때 남자들은 과시적 행동을 보이거나 여러 방식으로 경쟁했다.

그들은 무모하고 대담하고 공격적으로 행동했으며, 영웅 심리와 독립심이 강해졌으며, 화려한 물건에 돈을 더 많이 소비하는 성향을 보였다. **결국 짝을 유혹하려는 동기에 지배된 남자들은 공작새로 변해 세상에 대고 "나를 봐! 난 재네들이랑 달라!"라고 소리친다.**

불경기일수록 립스틱이 잘 팔린다

×

여자들 역시 튀기를 원한다. 하지만 그들이 과시하고 싶은 것은 남자들과 달리 부와 용감함이 아니다. 짝 획득 부분자아가 운전대를 잡았을 때의 여성은 상냥해지고, 협조적이며, 더 많은 도움을 주려고 한다. 로맨틱한 심리 상태가 된 여자들은 집단과 잘 어울리기 위해 남을 잘 돕고 친절하며, 가난한 사람들을 돕는 일에도 더 적극 나선다.

하지만 겉모습이 자비롭다고 해서 짝짓기 마인드인 여성들의 승부욕이 약하다는 뜻은 아니다. 단지 그들은 친절하고, 협조적이며, 도움을 주는 행동을 경쟁 방식으로 선택했을 따름이다.

짝짓기 부분자아가 주도권을 쥐었을 때 남녀 모두 팁을 넉넉히 남긴다는 사실을 떠올려보자. 왜 그럴까? 남자에게 있어서 팁을 주는 것은 부를 과시하는 수단이다. 테이블에 후한 팁을 남기거나 자선 단체에 흔쾌히 큰돈을 기부함으로써 남자는 그만한 돈쯤이야 얼마든지 내줄 능력이 있음을 보여주는 것이다. 로맨틱한 심리 상태의 남자들이 돈을 기부할지라도 그것은 돈을 자랑하기 위해서다.

하지만 돈이나 영웅 심리를 자랑하지 않고 남을 도울 기회가 생길 경우, 아무리 로맨틱한 심리 상태에 빠져 있어도 남자들은 남을 돕는 일에 적극 나서지 않는다. 짝 획득 부분자아를 활성화해도 남자들은 공원에 가서 쓰레기를 줍거나 자원봉사를 할 생각은 하지 않았다. 남자들은 속으로 이렇게 자문하고 있을지도 모른다.

'돈이나 남자다움을 자랑할 기회가 없는데, 굳이 남을 도울 필요가 있을까?'

한편 여자들은 자신의 자상한 성격을 내보이기 위한 수단으로 팁을 넉넉히 남긴다. 여자로서는 후한 팁이나 기부 행위가 타인의 행복에 신경쓰고 있음을 보여주는 수단이 될 수 있다. 옆에서 지켜보는 사람이 있을 때 짝 유인의 동기는 여자들로 하여금 돈이 들든, 들지 않든 남을 더 적극적으로 돕도록 이끈다.

짝짓기 마인드의 여성들은 무료 급식소에서 열심히 자원봉사를 하고, 없는 시간을 쪼개 소외 계층 아이들이 글자를 익히도록 도와주며, 주말에는 요양원을 방문해 환자들의 건강 회복을 돕는다. 남자들이 넉넉한 기부금으로 남들의 관심을 끌고 싶어 한다면, 여자들은 그 기부금이 쓰이는 일을 도와줌으로써 남의 관심을 끌고 싶어 한다.

여자들은 또 다른 방식으로도 튀고 싶어 하는데, 이것은 남녀의 핵심적인 생물학적 생식 차이와 관련이 있다. **남자와 달리 여자들은 짝 획득 부분자아에 지배되어도 조심성을 내던지고 무턱대고 위험을 감수하지 않는다.**

하지만 한 가지에서는 예외다. 여자들은 외모를 아름답게 가꾸는 일에 있어서만은 기꺼이 위험을 감수한다. 짝 구하기의 동기에 지배된 여자들은 말년에 심장병에 걸릴 수도 있다는 사실을 알면서도 거리낌 없이 다이어트 약을 복용한다. 또한 피부암 발생 가능성이 높다는 사실을 잘 알면서도 아름다운 외모를 위해 기꺼이 선탠을 한다.

여자들은 세상에서 가장 아름다워지기 위해, 그리고 외모를 자랑하기 위해 모든 수단을 다 동원한다. 그들은 자기에게 어울리는 옷, 액세서리, 메이크업 색조를 선택하는 데 아주 많은 시간, 에너지, 돈을 투자한다. 미국에서만 여성 의류 지출액이 매년 1,000억 달러를 넘는다. 미국 정부 교육 예산의 두 배가 넘는 금액이다!

또한 미국인들은 의학의 힘을 빌려 외모를 꾸미는 데 매년 110억 달러를 쓰며, 이들 고객의 92%가 여성이다. 많은 여성이 감염, 장애, 죽음의 위험을 무릅쓰면서 주기적으로 메스로 몸을 절개해 형태를 바꾼 다음에 봉합한다. 이 모든 행동에는 외형상으로 임신 능력이 높다는 신호를 내보내고 싶다는 희망이 바탕에 깔려 있다.

가장 인기 있는 성형 수술은 유방확대술이다. 하지만 주름 제거, 복부 성형, 자가지방을 이식해 엉덩이의 형태와 크기를 바꾸는 브라질리언 엉덩이 리프팅 수술까지 종류는 무궁무진하다. 칼을 대는 것이 좀 께름칙하다 싶은 사람들에게 가장 인기 있는 비외과적 시술은 눈가와 입가의 주름을 제거하기 위한 보톡스 시술이다. 그 밖에도 여성들은 지방과 나잇살을 줄이고 다리 근육을 여대생들처럼 매끈하게 가꾸기 위해 책, 잡지, 피트니스 센터에도 수십억 달러를 소비한다.

사회심리학자 사라 힐의 연구에 따르면, 여성들은 미용비 지출을 사치품이 아닌 필수품 소비라고 생각한다. 힐과 동료들은 경기 침체 때 여성들의 미용 제품 지출에 어떤 변화가 일어나는지를 조사했다. 불경기에는 대체적으로 소비자 지출이 감소하고, 생활에 필요하지 않은 사치품일수록 그 하락 폭이 크다.

하지만 필수품 소비는 오히려 불경기에 증가하기도 한다. 이를테면 일주일에 한 번만 값싼 톱라멘을 먹고 다른 날에는 고급 홈메이드 파스타를 먹었던 사람이, 불경기에는 하루도 빼놓지 않고 톱라멘을 먹을지도 모른다. 이런 식으로 그저 배만 채우고 최소한의 칼로리만 섭취하기 위해 값싼 식품의 지출을 늘린다.

그런데 소비 지출 패턴을 조사한 결과, 불경기에 여자들은 대부분의 제품에는 소비를 줄였지만 미용 제품 소비는 오히려 늘렸다. **경기 침체기에 화장품 소비 증가라는 비합리적으로 보이는 결과가 발생**

한 이유는 무엇일까? 힘든 때일수록 여자들로서는 좋은 직장에 다니는 일등 신랑감을 유혹하는 것이 훨씬 중요한 일이기 때문이다. 경제적 불평등이 남자의 승부욕을 부추긴다면, 경기 침체는 여자들의 외모 투자 욕구를 증폭시킨다.

애인과 결혼 상대는 요구하는 기준이 다르다

×

예전에 우리 두 저자 중 한 사람의 아내가 들은 강의에서 교수는 경제학의 합리적 접근법으로, 인간 관계의 충돌을 해결해야 한다고 조언했다. 그 교수의 말대로라면 아내나 남편은 자신이 원하는 것을 들어준 대가로 배우자에게 보상을 제공해야 한다.

예를 들어 남편은 섹스에서 더 큰 즐거움을 얻는 편이고 아내는 고급 레스토랑에서 식사하는 것에서 더 큰 즐거움을 얻는다면, 아내는 흔쾌히 비싼 식사를 하게 해준 대가로 남편에게 섹스라는 호의를 베풀어 주기만 하면 된다는 식이다.

그 교수의 조언은 경제학의 **'합리성 모델'**을 곧이곧대로 따르고 있었다. 하지만 월가식 접근법은 매춘부와 손님 사이의 섹스에는 적절할지 몰라도 집에서 써먹을 만한 방법은 절대 아니다.

오랜 연인 사이의 교환은 단골과 가게 주인 사이의 거래와 같지 않다. 또한 처음 구애할 때와도 전혀 다르다. 진화적 관점에서 보면 인간 남자와 여자는 자손들에게 도움을 주기 위해 결혼이나 그와 비슷한 형태로 파트너십을 형성한다. 자녀는 부모의 유전자를 물려받기 때문에 엄마와 아빠의 유전적 이해 관계는 형제자매 사이의 유전적 이해 관계와 비슷하다.

하지만 유전적 유인에 공통점이 존재하기는 해도, 부부 사이의 유전적 이해 관계는 형제자매 사이의 그것과는 똑같지 않다. 우리는 형제나 자매가 근사한 새 애인과 데이트를 하면 좋은 일이라고 생각한다. 하지만 배우자한테 새 애인이 생긴다면 큰 상실감을 느끼고, 그것이 발단되어 부부 사이가 완전히 끝날 수도 있다.

이혼은 결혼식 와인보다 피가 더 진하다는 사실을 아주 분명하게 보여준다. 연인이나 부부가 헤어질 때는 백만 달러짜리 집을 허물없이 함께 쓰던 사랑했던 두 사람이 이제는 콤팩트디스크, 포크, 스푼, 접이의자까지도 자기 것이라며 다투기 시작한다.

부부는 갈라선 후에도 자식에게는 여전히 사랑과 지원을 아끼지 않지만, 부부 사이에는 대개 별다른 애정이 남아 있지 않다. 그리고 둘 사이에 혹여 자원 교환이 발생한다고 해도 둘 다 상대에게 속고 있다는 느낌을 받는다.

부부 관계의 규칙은 처음 데이트를 시작하는 연인들에게 적용되는 규칙과 또 다른 면에서도 다르다. 짧은 만남일 때는 여자가 남자보다 상대를 까다롭게 고르는 편이지만, 배우자를 고르는 문제에 있어서는 남녀 사이에 차이점보다는 유사점이 더 많다. 결혼 상대를 고를 때 남자들은 여자들과 마찬가지로 배우자의 IQ를 많이 따진다.

이것은 인간 진화의 관점에서 생각하면 이해가 간다. 남자는 전형적인 포유류 방식으로 자손을 생산한다. 다시 말해 남자가 투자하는 것은 극히 적다. 그러나 인간 남자는 자식이 태어난 후에도 대개 옆에 머물면서 자원을 제공한다는 점에서, 나머지 95%의 포유류 수컷과는 다르다.

가끔 남자들은 생활비를 벌어 오고, 물이 새는 지붕을 고치고, 쓰레기를 내다 버리는 듬직한 존재로서 평생을 가족과 함께한다. 그렇기에 **가벼운 섹스를 할 때와 달리 결혼을 결심한다는 것은 남자들로서는 자원을 제공하겠다는 굳은 약속이다. 그런 이유로 남자도 결혼 상대에게 상당히 높은 기준을 요구할 수밖에 없다.**

남편의 외도보다 연애가 더 무섭다?

결혼 상대에게 원하는 기준에서는 남녀 사이의 공통점이 많을지라도, 결혼하고 부모가 된다고 해서 남녀의 성차가 완전히 사라지지는 않는다. 심지어 아이가 태어난 후에도 둘 사이에는 '**부성불확실성** Paternal uncertainty'이라는 생물학적 문제가 사라지지 않는다.

영화 속 이야기처럼 신생아실에서 아기가 뒤바뀌는 경우를 제외하면, 여자는 태어난 아이가 자기 자식인지 아닌지 걱정할 필요가 전혀 없다. 하지만 남자로서는 완전히 확신할 수가 없다. 아내가 다른 남자에게 눈길 한 번 주지 않았을지라도, 대부분의 경우 남자는 열 달 전 아내의 배란 주기에 무슨 일이 있었는지 일분일초까지 다 확인하지 않는 이상, 아이가 친자인지 아닌지 확실하게 알 도리가 없다.

연구에 따르면 3~10%의 아이들이 출생 신고서에 아버지로 오른 남자의 생물학적 자식이 아니라고 한다. 유전적 상처도 모자라 남자들은 법정에서도 모욕을 받는다. 심지어 결혼생활에서 태어난 아이가 남편의 생물학적 친자가 아니라는 사실이 DNA 검사로 밝혀진 후에도 대다수 재판은 이혼한 남편들에게 양육비를 계속 지급하라는 판결을 내린다.

부성불확실성은 남녀의 질투심 유발에서도 흥미로운 성차를 이끌어낸다. 당신의 애인이나 배우자가 다른 누군가를 만나고 있다고 가정해보자. 어느 쪽이 더 화날 것 같은가?

① 배우자가 다른 사람과 사랑에 빠져서 감정적으로 깊은 관계일 때

② 배우자와 상대방이 그저 하룻밤 섹스를 나눈 사이에 불과할 때

진화심리학자 데이비드 버스와 그의 동료들이 이런 질문을 던졌더니, 남자와 여자의 답이 크게 달랐다. 여성 응답자의 약 80%는 남편이 다른 여자와 감정적으로 깊은 관계일 때 더 화가 날 것 같다고 대답했다.

남자들의 대답은 반대였다. 남자들은 아내가 다른 남자와 깊은 감정적 교류를 나누는 것도 물론 썩 달가운 일은 아니지만, 그보다는 아내가 다른 남자와 육체적 관계를 나눴을 때가 훨씬 고통스러울 것 같다고 대답했다. 다른 연구자들이 한국, 일본, 독일, 네덜란드, 스웨덴에서 한 조사에서도 결과는 똑같았다.

남자들이 부부 관계에 불성실할 가능성이 더 높기는 해도, 실제로 이혼까지 이어질 가능성이 높은 것은 아내가 성적으로 외도를 했을 때다. 게다가 질투심은 훨씬 심각한 결과를 초래한다. 전 세계적으로 보면 살인의 흔한 동기 중 하나가 질투심이다. 질투심으로 살인을 저지르는 비율은 남자가 여자보다 4배나 높다.

등식의 반대편을 생각해보자. 여자는 자기도 모르게 다른 사람의 자식을 키울지도 모른다는 걱정은 할 필요가 없지만, 대신에 남편이 다른 여자와 사랑에 빠지면 남편에게서 받는 자원이 끊길지도 모른다. 대부분의 남자가 대학 캠퍼스에서 자신에게 접근한 낯선 여자와 스스럼없이 침대로 가려 했다는 사실을 감안하면, 아내로서는 남편의 성적 외도가 반드시 다른 여자에게 헌신하겠다는 약속은 아니라고 판단할 수 있다.

남편의 외도가 기뻐서 흥분할 일은 결코 아니지만, 남편이 다른 여자에게 감정적으로 흠뻑 빠지는 것이야말로 아내로서는 훨씬 걱정스러운 사태일 수 있다. **다른 여자에게 감정적으로 빠진다는 것은 남편이 현재의 가족이 아닌 새로운 여자에게 자원을 제공하기로 결심할지도 모른다는 강력한 지표기 때문이다.**

남자와 여자의 질투심 차이는 남녀의 미묘한 생물학적 생식 차이로 인해 발생한다고 보인다. 다음에서도 논의하겠지만 이런 미묘한 생물학적 차이는 심지어 신용카드 빚에까지 영향을 미치기도 한다.

성비의 불균형이 소비 패턴을 바꾼다

×

메이컨 시와 콜럼버스 시는 같은 조지아 주에 있으며 거리는 150km도 채 되지 않는다. 두 도시는 역사와 경제적 풍토도 비슷한 부분이 많다. 하지만 두 도시 시민들의 소비 습관은 첨예하게 갈린다.

콜럼버스 시의 시민들은 카드빚이 상당하다. 같은 조지아에 있는 메이컨 시의 시민들보다 1인당 평균 3,479달러가 더 많다. 왜 이렇게 큰 차이가 나는가?

결정적 단서는 두 도시의 두 번째 중요한 차이에서 찾을 수 있다. 돈 관리를 착실하게 하는 메이컨 시는 여성 1인당 미혼 남성 숫자가 0.78명에 불과하지만, 카드빚에 허덕이는 콜럼버스 시의 여성 1인당 미혼 남성 수는 1.18명이나 된다.

고전이 된 《여성 과잉?》에서 저자 마샤 구텐태그와 폴 세코드는 성비특정 지리적 지역의 성인 여성 대 성인 남성의 비율의 변동이 성적 행동에 극적인 영향을 미친다고 주장한다. **전쟁 동안이나 전쟁 직후처럼 여자가 더 많은 시기에는 성 풍토가 문란해지고, 결혼 연령이 늦어지며, 혼외 자식이 많이 태어난다. 반대로 남자가 많으면 남자들은 한 여자한테 더 헌신하고, 일찍 결혼하고, 외도가 줄어들며, 가족에 대한 투자가 늘어난다.**

기본적인 짝짓기경제학 관점에서 보더라도 왜 그런지 충분히 이해가 간다. 여자가 귀할 때는 여자들이 주도권을 쥐고서 남자들에게 더 많은 시간과 자원을 오롯이 자신한테만 쏟으라고 요구할 수 있다. 하지만 남자가 귀해서 한 남자가 여러 여자를 동시에 만나는 것이 어렵지 않을 때는 남자들이 한 여자에게만 헌신하려 들지 않기 때문에, 여자들은 요구 사항을 낮출 수밖에 없다.

구텐태그와 세코드는 심지어 성비의 변동이 1960년대와 1970년대에 미국을 휩쓴 섹스 혁명과 '자유연애' 풍토와도 연관이 많다고 주장한다. 성적 실험 정신이 확산되었던 이 기간 동안 미국에는 남자보다 여자가 많았다.

일종의 짝짓기 TV 프로그램인 〈배철러Bachelor〉나 〈배철러레트Bachelorette〉를 본 적이 있다면, 성비 불균형에 따른 행동 결과가 무엇인지 짐작할 수 있을 것이다. 결혼식에서 남자의 손을 잡는 여자가 되기 위해 25명의 여자가 여러 주 동안 경쟁을 벌이는 〈배철러〉에서, 여자들은 다른 여자들한테는 심술궂고 못되게 굴면서도 이 여자 저 여자를 오가는 남자의 행동은 아주 관대하게 넘어가 준다.

참가 여성들은 자신들의 '보이프렌드'가 다른 여자와 시간을 보내고, 심지어 세 명의 여자와 하룻밤에 한 명씩 '근사한 스위트룸'을 함께 쓰는 것을 보면서 왈칵 짜증을 낸다. 하지만 성비 불균형이 심해서 남자가 멋대로 하는 것이 가능한 상황일 때 여자들이 할 수 있는 일은 별로 없다.

정반대로 〈배철러레트〉에서는 25명의 남자가 한 명의 운 좋은 여성 출연자를 두고 그녀의 마음을 얻기 위해 경쟁을 벌인다. 남자들은 잠재적 걸프렌드 앞에서 점잖고 세련된 신사처럼 행동하고, 하루빨리 정착해 가정을 꾸리고 싶다고 말한다. 하지만 그녀가 없는 자리에서는 주먹 다툼이 예사다.

이런 성비 불균형이 폭력에 미치는 영향은 웃고 넘길 수준이 아니다. 지역별로 성비가 크게 차이 나는 인도에서는 성비가 1% 달라지면 살인율이 5%나 올라간다! 여자가 귀하면 살인율은 급격히 늘어난다. 이 모든 주장이 조지아 주의 신용카드 사용액과 무슨 상관이 있는 것일까?

콜럼버스 시는 미혼 남자가 미혼 여자보다 많기 때문에 이 시의 남자들은 그나마 적은 여자들 중 한 사람이라도 차지하기 위해 더 치열하게 경쟁해야 한다. 여자를 얻는 여러 방법 중에는 돈을 쓰고, 근사한 차를 구입하고, 값비싼 레스토랑에서 데이트하는 것이 있다.

블라다스의 연구팀이 미국 134개 도시의 성비를 계산했더니 성비, 보유한 신용카드 개수, 1인당 평균 카드 사용액 사이에 놀라운 관계가 존재했다. **여성 인구가 적은 도시일수록 카드빚과 보유한 카드 개수가 더 많았다.**

이런 결과는 짝짓기경제학과 일맥상통할지라도 돈을 더 많이 쓰는 쪽이 남자인지 여자인지는 확실치가 않았다. 그래서 블라다스의 연구팀은 실험실로 돌아가 더 엄격한 연구를 진행했다.

연구진은 대학생들에게 다른 학생들 집단이 찍힌 사진을 보여줬다. 한 집단에 보여준 사진에서는 대다수가 남자였고, 다른 집단에 보여준 사진에는 대다수가 여자였다. 그런 다음 참가 학생들은 내일 20달러를 받을지, 아니면 한 달 후에 35달러를 받을지 선택하는 기회를 제공받았다.

성비는 여자 피험자들에게는 영향을 미치지 않았다. 하지만 여학생 한 명이 남학생들에게 둘러싸인 사진을 본 남자 피험자들은 충동적이 되어 즉각적인 보상을 선택했다. 만족을 지연하는 선택이 훨씬 좋은 투자 기회라는 것은 안중에도 없었다월 75%의 수익률은 누구나 원하는 것인 데도 말이다. 여자가 부족했을 때 남자들은 즉시 돈을 받기를 원했다.

다른 연구에서 피험자들은 지역 인구에서 미혼남이나 미혼녀가 남아돈다는 사실을 설명하는 〈시카고 트리뷴〉 기사를 읽었다. 한 집단은 '남자 1인당 여자 부족'과 같은 식의 제목이 달린 기사를 읽었다. 반대로 다른 피험자 집단은 '여자 1인당 남자 부족'으로 제목을 바꾼 기사를 읽었다. 기사를 읽은 후 피험자들은 월급에서 매달 얼마를 저축할 생각이고, 즉시 지출하기 위해 카드빚을 얼마까지 사용할 생각인지 적어 냈다.

여자가 부족할 때 남자들의 저축은 42%까지 줄었다. 그래도 가진 돈으로 필요한 것을 다 사기에 부족하다고 느낀 남자들은 신용카드 사용액을 84%까지 늘리겠다고 답했다. 이 돈은 다 어디로 갈까?

물론 여자들에게 쓰는 돈이었다. 여자들이 부족하면 남자들은 더 비싼 밸런타인데이 선물을 사고, 더 비싼 약혼반지를 구입했다실제로 278달러가 더 높았다. 등식의 반대쪽에 있는, 자신들의 수가 모자란다는 사실을 잘 아는 여자들은 웬만해서는 감동받지 않았다. 자기가 사는 도시에서 미혼남 수가 남아돈다는 기사를 읽은 여자들은 짝짓기를 희망하는 남자들이 당연히 선물과 약혼반지에 돈을 더 많이 쓸 것이라고 기대했다.

성비의 재무적 영향은 라스베이거스에서 적나라하게 드러난다. 라스베이거스는 여자 1인당 남자가 1.16명으로 미국에서 남성 비중이 가장 높은 도시 중 하나다. 라스베이거스는 많은 미녀를 만날 수 있다는 식으로 남자들을그리고 그들의 지갑을 유혹하지만, 실제로 카지노 여기저기를 둘러봐도 여자보다는 남자가 훨씬 많다.

그리고 카지노에서 게임하는 남자 주위를 에워싼 사람들이 대부분 남자고 여자는 몇 명밖에 없으면, 그 남자는 큰돈을 베팅할 가능성이 훨씬 높아지고 카지노의 이윤도 그만큼 높아진다.

성비의 영향은 단순히 카지노 도박판이나 미국에 국한된 문제가 아니다. 예를 들어 중국에서는 미혼녀보다 미혼남의 수가 4,000만 명이 더 많다. 그 결과 신부대금의 관행이 중국에서 다시 활개를 치기 시작했다. 일부 지역에서는 지난 10년 동안 신부대금이 4배가량 높아졌고, 시골에 사는 남자의 절반은 심하면 소 300마리 값에 해당하는 신부대금을 치를 능력이 없다.

여자가 부족한 아시아 국가들의 남자들은 베트남 같은 다른 나라에서 아내를 데려오기 위해 거액을 지급한다. 이로 인해 베트남의 남자들은 조지아 주 콜럼버스 시의 남자들처럼 자원을 더 많이 제공해야 한다는 압박감을 받기 시작했다.

아내를 맞이하기 위해 2,000파운드약 320만 원를 지급하거나 하룻밤에 31,000달러를 주고 고급 콜걸 서비스를 받는 것은 당신과는 무관한 일일지도 모른다. 그러나 당신을 지배하는 것이 '그'의 짝짓기 부분자아인지 아니면 '그녀'의 짝짓기 부분자아인지에 따라 당신의 선택도 영향을 받는다.

당신이 일반적인 여성이라면 은연중에 당신의 가임 능력이 높다는 사실을 알려주기 위해 만들어진 메이크업, 헤어 제품, 근사한 옷을 사기 위해 아낀다고 하면서도 생각보다 많은 돈을 썼을 것이다. 그리고 당신은 깨닫지 못하겠지만 여성인 당신의 소비 패턴은 배란 주기와 경제 상태에 영향을 받았을지도 모른다불경기 때 여성들은 미용 제품에 더 많은 돈을 지출한다.

당신이 일반적인 남성이라면 여자를 유혹하기 위한 음료, 꽃, 저녁 식사에 많은 돈을 썼을 것이다. 남들 다 보라는 듯이 고급 자동차, 값비싼 시계, 집을 장식하기 위한 고급 술에 돈을 흥청망청 쓰지는 않았더라도 특별한 여성에게 헌신의 증표로 조용히 멋진 선물을 사본 경험은 있을 것이다.

남성인 당신의 소비 패턴은 테스토스테론 수치 변화에 영향을 받을 뿐 아니라, 당신이 사는 도시의 성비에도 영향을 받았다. 그리고 이런 행동 대부분은 우리의 의식 밖에서 일어나지만, 여기에는 궁극적으로 심층 합리성에 따라 결정을 내리도록 설계된 뇌의 작용이 반영되어 있다.

이성의 동물들이 사는 서식지를 둘러보기 위해 우리는 각계각층의 사람들을 방문했다. 우리는 장식이 잔뜩 달린 옷을 입고 춤을 춘 엘비스 프레슬리, 물 쓰듯 돈을 써댄 MC해머, IT 비전가인 스티브 잡스, 라스베이거스에서 하룻밤 서비스에도 수천 달러를 버는 에이프릴이라는 이름의 랩댄서를 만나봤다.

또한 인류가 지닌 심층의 본성을 탐험하기 위해 우리는 아마존 유역과 잠비아, 조지아 주의 메이컨 시, 뉴멕시코 주의 앨버커키 시를 여행했다.

이제는 집으로 돌아가서 우리의 머릿속에 들어 있는 부분자아들을 다시 방문하고, 은근슬쩍 부분자아에 숨어들 기회를 호시탐탐 노리는 여러 기생자를 주목하려 한다.

이 기생자들은 우리의 부분자아가 우리한테서 등을 돌리게 하려고 온갖 수단 방법을 다 쓴다. **우리의 진화적 편향은 원래는 현명한 것이었을지 모른다. 하지만 이런 기생자들의 술수에 넘어간 순간에는 제 기능을 발휘하지 못하고, 그들이 파는 제품을 사고, 기부금을 내고, 그들의 행동에 동참하게 된다.**

• Chapter 9 •

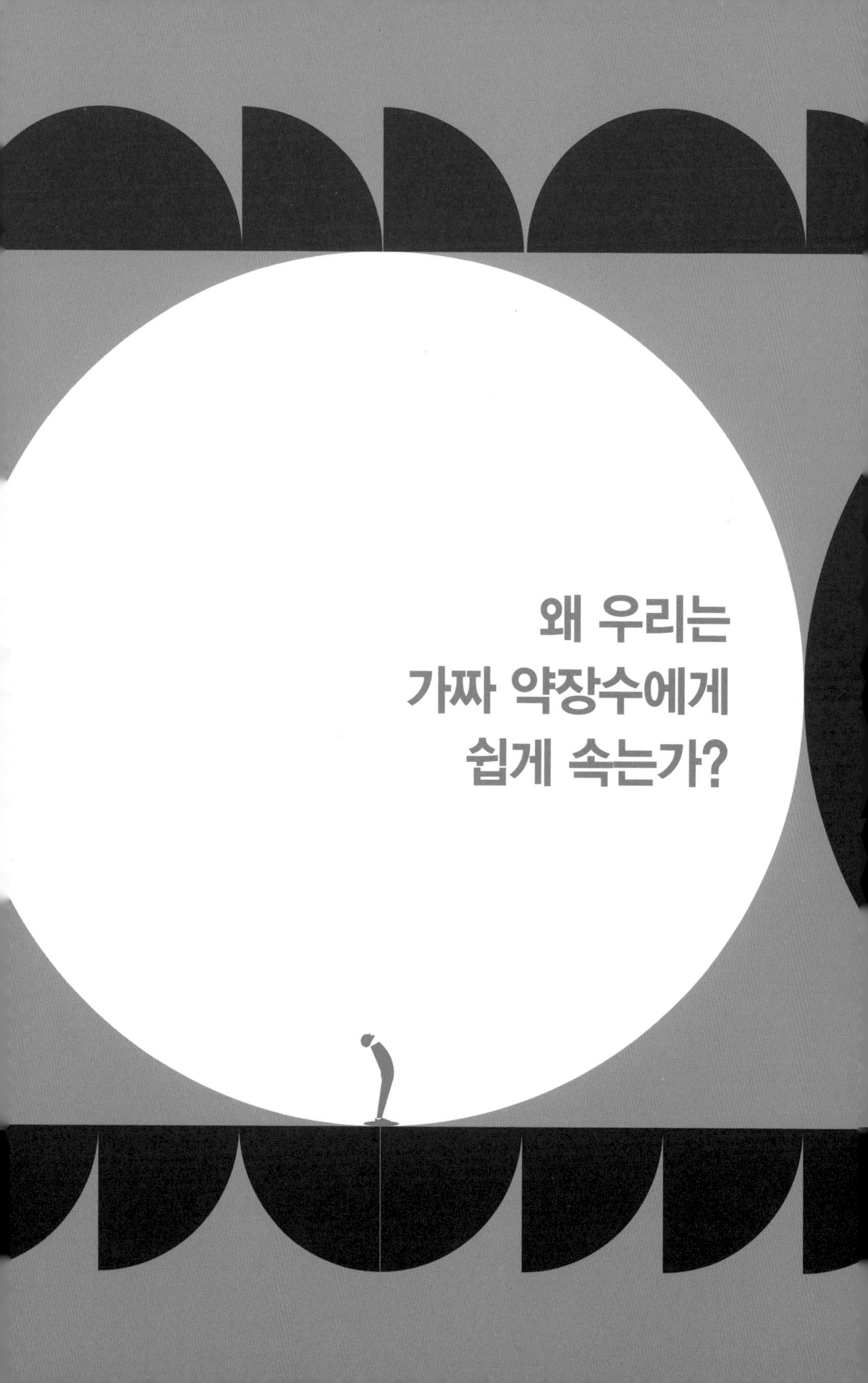
왜 우리는
가짜 약장수에게
쉽게 속는가?

뻐꾸기의 독특한 울음소리는 뻐꾸기시계의 소리가 되어 영원히 남게 되었지만, 뻐꾸기라는 새 자체는 좋은 부모상 후보에 오르기에는 자격에서 한참 미달이다. 대부분의 새는 가만히 한자리에 앉아 알을 따뜻하게 품고 보호해주지만, 뻐꾸기는 훗날의 귀중한 후손이 될 알을 생판 남인 새의 둥지에 낳기만 하고는 끝이다.

다른 종의 새가 자기 새끼로 착각하고 알을 품게 하기 위해, 뻐꾸기는 제일 먼저 둥지 주인이 낳은 알 중 하나를 치운다. 그리고 바로 그 자리에 자기 알을 낳는다. 심지어 뻐꾸기의 알은 둥지 주인이 낳은 알과 모양새까지 흡사하다.

하지만 뻐꾸기의 술수는 거기서 끝나지 않는다. 어린 뻐꾸기는 부화하자마자 둥지에 있는 다른 알들을 없애고 자기 혼자 둥지를 독차지한다. 원래의 친자식들이 사라졌기 때문에, 양부모들은 이제 하나 남은 가짜 자식에게 온갖 뒷바라지와 사랑을 아끼지 않는다.

자기가 속은 줄도 모르는 양부모들은 자신들이 기르는 새끼가 가짜 새끼라는 사실은 꿈에도 눈치채지 못하고, 가짜 자식은 금세 양부모의 두 배 크기로 자라난다. 사랑이 넘치는 엄마와 아빠는 덩치 큰 새끼 뻐꾸기의 왕성한 먹성을 채우기 위해 하루 종일 바쁘게 둥지를 오가며 먹이를 날라준다.

뻐꾸기는 속임수로 동료 새의 적응 성향을 이용해 자신만의 이득을 챙기는 굉장히 못된 '**사회적 기생자**Parasite'다. 하지만 기생은 동물의 왕국에서 드문 일이 아니다. 사실상 모든 성공한 생명체 주위에는 진화적 성공에 무임승차할 기회를 노리는 거머리, 좀도둑, 밀항자, 사기꾼이 득실댄다. 기생자를 끌어들인다는 점에서 인간도 예외가 아니다. 이런 무임승차자자는 단세포의 미생물일 수도 있고, 아니면 같은 인간일 수도 있다.

다양한 사기꾼으로 이루어진 인간의 기생자는 우리 가운데 숨어 부당 이득을 챙길 기회를 호시탐탐 노린다. 어떤 기생자들은 종교 가운, 의원 배지, 빳빳하게 다린 양복으로 겉모습을 치장하고 있다. 이 악당들은 우리 둥지에 있는 알을 감추는 것을 넘어, 알을 싹쓸이할 궁리까지 하고 있다.

전직 나스닥증권거래소 회장이었던 버나드 매도프는 미국 역사상 최대 규모의 금융 사기를 조직해 투자자들로부터 무려 180억 달러라는 금액을 사취했다1,800만 달러와 헷갈리지 말기를. 이것도 엄청난 금액이지만 실제 사기 금액은 무려 1,000배가 넘는 180억 달러였다. 뻐꾸기가 동료 새의 적응 본능을 악용하는 것과 똑같이 매도프는 동료 인간의 적응 본능을 악용했다. 뻐꾸기가 비슷한 모양의 알을 낳아 아무 의심도 하지 않는 새를 속여 넘기듯이, 매도프는 서로 친밀하게 지내고 같은 종교라는 공통의 유대 관계가 있는 사람들을 먹이로 삼았다.

친밀감이 남다른 유대인 집단의 존경받는 일원이었던 매도프는 같은 집단의 일원들을 겨냥했다. 스티븐 스필버그, 노벨 평화상 수상자이며 작가 겸 교수인 엘리 비젤, 부동산 거부 모티머 주커먼, 상원의원 프랭크 로텐버그, 그리고 예시바 대학과 미국 시온 재단 모두가 그의 희생양이었다.

같은 집단의 사람으로서 매도프는 자신을 믿는 사람들 하나하나에게 접근해 특별한 투자 제안을 했다. 믿기 힘들 정도의 고수익 투자 제안에 사람들은 처음에는 당연히 의심했다. 하지만 얼마 지나지 않아 같은 유대인 유산을 물려받은 매도프의 제안이므로, 특별한 거래임이 틀림없다고 철석같이 믿었다. 그들로서는 같은 부족이라는 친밀감 때문에 시시콜콜 캐묻기도 힘들었다. 같은 집단의 동료에게 말하기 힘든 정보를 알려달라고 요구하는 것은 사랑하는 밀드레드 이모에게 비밀 조리법을 알려달라고 떼를 쓰는 것이나 다름없는 짓이었다. 가족에게는 그런 떼를 써서는 안 되었다.

하지만 매도프는 자신의 말을 믿고 투자해준 동료 집단의 재산을 불려주지 않았다. 오히려 그들을 속이고 자신과 똑같은 사기꾼들의 못된 장난질에 돈을 대주었다.

우리가 믿지 말아야 할 사람에게 덜컥 저축을 맡기는 이유는 필요도 없고, 살 여력도 없고, 심지어 딱히 원하지도 않는 물건에 돈을 쓰는 이유와 비슷하다. 모든 종을 통틀어 성공적인 생명체와 기생자 사이에 군비 경쟁이 벌어지듯이, 우리의 부분자아들도 언제라도 자신을 이용하려는 외부인들과 군비 경쟁을 벌이기에 여념이 없다.

친절한 개인, 상냥한 정치가, 호의적인 기업의 탈을 쓴 이 사기꾼들은 우리가 고대로부터 물려받은 지혜와 진화적 욕구를 역이용해 이익을 취하려 한다. 하지만 이 사기꾼들도 우리가 모르기를 바라는 부분이 있다. 그 부분을 안다면 우리는 악의적인 술수에서 스스로를 지킬 수 있을 것이다.

너 좋고 나 좋고, 이용하고 이용당하고

×

이용Exploitation당하는 대상에 포함되고 싶은 사람은 없을 것이다. 그러나 언제나 일방적 이용만 있다고는 말하기 힘들다. 가끔은 이용하는 자가 보답을 제공하기도 한다.

흰동가리와 말미잘의 관계가 좋은 예다. 흰동가리는 안전을 위해 독이 있는 말미잘의 촉수 옆을 서성대며 지내는 식으로 말미잘을 이용한다. 호의에 대한 보답으로 흰동가리는 말미잘에게 해가 되는 작은 기생충을 잡아먹는다. 흰동가리는 안전과 식사를 얻고, 말미잘은 바라 마지않는 몸 청소를 제공받는다. 생물학자들은 이렇게 서로서로를 이용하면서 둘 다 이득을 보는 관계를 '**상리공생**Symbiotic mutualism'이라고 부른다.

다른 한편에는 더 푸른 초원으로 가고 싶은 딱정벌레가 들소 등에 몰래 올라타는 것처럼, 이용하는 자가 숙주에게 별다른 이익을 주지 않는 관계도 있다. 이렇게 한쪽은 큰 이익을 보지만 다른 쪽은 득도 없고, 해도 입지 않는 일방적 관계를 생물학에서는 '**편리공생**Commensalism'이라고 한다.

고래상어에게 착 달라붙어 다니는 농어목의 빨판상어가 편리공생의 단적인 예다. 빨판상어는 머리 위에 있는 빨판으로 고래상어에게 달라붙는다. 고래상어는 먹이를 먹다가 흘리는 게 많다. 그래서 먹이가 상어의 입에서 흘러나와 둥둥 떠다니면, 작은 빨판상어는 붙어 있던 몸을 뗀 다음 떠다니는 먹이 조각을 주워 먹는다. 한쪽이 받아먹기만 하는 이 관계에서는 빨판상어가 승리자지만, 고래상어는 지는 입장도 이기는 입장도 아니다.

하지만 이용하는 자가 이용당하는 자에게 해를 입히는 경우도 있다. 포유류 숙주의 피를 빨아먹는 모기나 진드기가 여기에 속한다. 생물학자들은 한쪽은 이익을 보지만 다른 한쪽은 피해를 본다는 의미에서, 이런 관계를 '**기생**'이라고 칭한다.

대다수 기생생물은 어느 정도 선까지만 욕심을 부린다. 어차피 자신들의 행복과 안녕이 숙주의 생존에 달려 있기 때문이다. 과욕을 부리는 바이러스가 식권을 제공하는 생명체인 숙주를 죽이는 경우처럼, 기생생물이 너무 욕심을 부리면 숙주가 죽을 수도 있다.

그러나 아무리 자연의 견제와 균형 장치가 있다 해도 일부 기생생물이 무한정 탐욕을 부려, 숙주의 생기를 말 그대로 완전히 빨아들이는 사태를 다 막지는 못한다. 가령 나나니벌은 애벌레를 마비시킨 후 살아 있는 몸에 알을 낳고, 나나니벌 알이 부화하는 순간 숙주인 애벌레의 몸은 먹이원이 된다. 나나니벌은 이익을 보지만 애벌레는 해를 입는 차원을 넘어 죽임을 당한다.

동물의 왕국처럼 다른 사람들 역시 상호 도움이 되는 방식으로 '우리'를 이용한다. 의류 광고는 아름다움에 대한 우리의 자연스러운 반응을 이용해 신상품 라인에 대중의 관심을 끌어모으고, 그 대가로 우리는 그 옷들을 입어 실제로도 외모를 더 아름답게 가꿀 수 있다.

어떤 때는 인간 기생자가 별다른 해를 입히지 않고 우리를 이용하기도 한다. 예를 들어 웨이터가 더 값비싼 와인의 장점을 열거하면서 우리에게만 알려주는 정보라는 식으로 말한다면, 이 웨이터는 그저 팁을 좀 더 받고 싶은 욕심에서 그럴 뿐이다. 하지만 **어떤 인간 기생자는 우리의 진화적 성향을 악용해 우리가 평생 모은 저축을 몽땅 빨아들인다. 버나드 매도프 같은 피라미드 사기꾼들이 투자자들에게 부리는 술수가 그런 경우다.**

이제 매디슨 거리, 월스트리트, 할리우드 대로와 우리 사이에 있는 애증의 관계를 통해 선조 때부터 우리가 물려받은 욕구가 이런 기생자에게 얼마나 이용당하기 쉬운지 살펴보자. 그 과정에서 우리는 구두 회사, 홀마크 카드, 보석 회사, 그리고 툭하면 현혹당하는 우리의 부분자아 사이에 존재하는 은밀한 관계도 함께 점검할 것이다.

마케터와 소비자의 공생 관계

×

대다수 사람은 마케터라는 단어를 들으면 그다지 긍정적인 이미지를 연상하지 않는다. 어쩌면 이 단어는 그냥저냥 괜찮았던 제품을 포장만 근사하게 바꾸고는 포장 전체에 형광 오렌지색으로 "몰라보게 개선되었습니다!"라는 문구를 박아 대대적으로 광고하는 장사치들을 떠올리게 할 수도 있다.

하지만 매디슨 거리의 사람들이 다 악당은 아니다. **마케터들도 가끔은 큰 도움을 준다. 그들은 사람들의 니즈를 식별하고, 그런 다음 니즈가 충족되도록 도와준다.**

가령 당신이 탄소발자국을 줄여줄 자동차를 원한다면 훌륭한 마케터는 그런 욕구를 식별하고 여기에 맞는 차가 생산되도록 열심히 일할 것이다. 그런 다음 당신에게 새 차가 출시되었고, 특별한 성능은 무엇인지 알려준다.

마케터들이 교묘히 소비자를 이용하는 것은 사실이지만 흰동가리와 말미잘의 공생 관계처럼 이용하고 이용당하는 관계는 상호 이익이 될 때가 많다. 당신은 친환경 자동차를 원하고, 마케터들은 당신이 니즈에 가장 잘 부합되는 차를 찾아내도록 도와준다.

제품이나 서비스를 시장에 내놓을 생각이라면 진화적 관점은 상당히 유용한 도움을 줄 수 있다. 장소를 불문하고 인간의 진화적 욕구는 똑같고, 이 근본적 욕구는 의사결정에 매우 큰 영향을 끼치기 때문이다.

앨라배마 주의 주민이든 잔지바르 공화국 국민이든 모든 인간은 친구와 교분을 나누고, 존경을 얻고, 악당으로부터 스스로를 안전하게 보호하고, 질병을 피하고, 짝을 유혹하고, 사랑하는 사람과의 관계를 유지하고, 가족을 보살피려는 욕구가 있다.

누군가는 이 중 어떤 욕구는 본인의 선택에 아무 영향도 미치지 않는다고 주장하겠지만, 잘 알다시피 모든 인간의 뇌는 선조 때부터 내려온 진화적 목표들을 추구하도록 설계되어 있다. 본인이 의식하고 있든 아니든 친환경 자동차에 대한 욕구를 부추기는 심층의 동기는 어쩌면 행성을 구한다거나 연료비 절감과는 아무 상관이 없을지도 모른다'친환경적으로 보이기 위해' 이런 친환경 자동차를 구입한다는 연구를 기억하자.

매년 사람들이 진화적 욕구를 충족시키는 제품과 서비스에 쓰는 돈은 수십, 수백억 달러에 달한다. 친애의 욕구는 미국 시장에서 휴대전화 산업이 1,600억 달러 규모로 성장하는 데 기여하고, 휴대전화 산업의 성장은 친구들과 끊임없이 연락을 주고받고 싶다는 친애의 욕구에 동기를 부여한다. 사람들은 도로에서 차를 운전하는 중에도 친구들과 문자 메시지를 주고받는다.

지위의 욕구는 넘쳐나는 물건들을 보관하는 것이 유일한 목적인 셀프스토리지창고로 쓸 수 있는 공간을 제공하는 공유 보관 창고라는 완전히 새로운 산업을 탄생시켰다. 오늘날 이 산업의 시장 규모는 226억 달러에 달한다. 악당으로부터 자신을 보호하려는 욕구는 악당이 집에 들어오려는 기미만 있어도 요란스럽게 경보를 울리는 홈시큐어리티 산업을 290억 달러로 키우는 데 일조했다.

병원균을 피하려는 욕구에 힘입어 우리의 집, 옷, 몸에서 모든 더러운 미생물을 벅벅 씻어내고 닦아낼 때 쓰는 비누와 세제 시장 규모는 270억 달러 규모로 성장했다. 더러운 것을 다 씻어낸 후 짝을 구할 마음이 든다면 10억 달러 규모의 인터넷 데이트 산업에 돈을 쓰든가, 아니면 데이트 상대에게 근사해 보이도록 당신의 외모를 가꿔줄 수십억 달러 시장 규모의 멋진 옷이나 향수, 화장품, 클렌징크림, 헤어 제품, 체육관 회원권 등에 돈을 쓸 생각이 들지 모른다.

특별한 누군가를 만났다면 700억 달러 결혼 시장그리고 수십억 달러 규모의 허니문 시장이 그 짝과 평생을 함께하고 싶다는 욕구를 달성하도록 도와준다. 그 짝과 아직 헤어지지 않았다면 친족 보살핌의 욕구는 어리거나 나이든 친족을 보살피는 일에도 추가로 수백억 달러를 쏟아붓는다. 노인 홈케어 산업 시장은 570억 달러고, 월트와 로이의 고전 만화영화에 등장하는 공주 인형과 액션 인형을 포함해 장난감 시장 규모는 270억 달러다.

친구, 안전, 지위, 연인, 가족에 대한 욕구에 이끌린 우리는 대물림된 진화적 욕구를 만족시키는 제품을 생산하는 회사에 돈을 내주고, 이 회사들은 마케터를 통해 우리에게 우리 스스로가 무엇을 원하고 그것을 어디에서 구입해야 하는지 알려준다.

여기까지는 다 좋다. 모두가 승자다. 그러나 때로는 공생 관계도 회색 지대에 들어설 수 있다. 회사, 마케터, 소비자 사이의 공생 관계는 어느 순간부터 선을 넘어 기생 관계로 변하게 될까? 그리고 이 두 관계의 차이를 구분할 수 있을까?

충동구매, 계획된 진화적 욕구?

×

판매자의 입장에서 바라본 경제학 원칙은 가능한 한 높은 값에 많은 제품을 팔아야 한다고 권한다. 물론 말만 쉬울 뿐 실행하기는 어렵다. 미국의 모든 신생 회사 중 34%는 창업한 지 2년 안에 사라지고, 56%는 4년 안에 파산한다.

자본 시장의 거물을 꿈꾸는 회사에 무엇보다도 중요한 질문은 "어떻게 하면 소비자가 우리 회사 제품을 사고 싶은 마음이 들까?" 그다음은 "어떻게 하면 소비자가 더 비싼 가격에도 우리 회사 제품을 사고 싶은 마음이 들까?"다. 진화적 관점에서 보면 두 문제의 해답은 놀랍도록 간단하다.

코블러라는 구두 회사를 차린다고 가정해보자. 당신은 구두 가격을 얼마로 책정해야 하는지 고민 중이다. 가장 흔한 가격 결정 전략인 원가가산 방식Cost plus을 이용한다면 구두 한 켤레당 생산 원가를 계산하고, 거기에 별도의 이익을 더한 수치가 구두 가격이다.

구두 생산비가 아주 많이 들어간다면 사람들은 그저 발바닥을 다치지 않고 걷게 해주는 무미건조한 기능이 고작인 당신 회사의 구두를 비싼 가격에 구입하지는 않을 것이다. 발바닥 보호야 구두의 가장 기본적이고 실용적인 기능일 뿐이기 때문이다.

하지만 당신 회사의 구두를 신은 순간 남들 눈에 멋져 보이고, 사회적 지위를 달성한 사람처럼 보인다면 어떻게 될까? 구두 한 켤레가 사회적 욕구를 추가로 충족시켜 준다고 믿는 순간, 소비자들은 앞서와 똑같은 구두일지라도 기꺼이 훨씬 비싼 가격을 치르고 구두를 구입할 것이다.

구두 회사로서는 높은 가격에 제품을 팔고 싶다면 자사의 구두가 그냥 단순한 구두가 아님을 소비자들에게 납득시켜야 한다. 이런 설득 작업에 성공하면 회사는 생산비가 15달러에 불과한 구두에 150달러의 가격을 매길 수 있다. 소비자들은 지위를 높여 주는 이 가죽구두나 가격이 절반인 다른 구두나 발 보호 기능은 똑같다는 사실을 잘 알면서도 더 비싼 돈을 치른다.

진화적 욕구를 적절히 이용하는 회사는 제품의 실제 실용적 기능과 상관없이, 이런 욕구를 충족시켜 준다고 여겨지는 제품에 더 비싼 소비자 가격을 매길 수 있다. 이것이 광고 산업으로 유명한 매디슨 거리가 그토록 큰 성공을 거두는 이유다.

20세기에 폭발적으로 늘어난 광고는 소비자들에게 제품 정보를 알리는 데 그치지 않는다. 광고는 제품을 부분들의 합보다 훨씬 더 대단한 무언가로 변신시켜 준다. "모델 S는 당신을 이곳부터 저곳까지 효과적으로 이동하게 해줍니다."가 장점이라고 말하는 자동차 광고를 본 적이 있는가? 그런 자동차 광고를 본 기억은 아마 없을 것이다. 오늘날의 자동차 광고는 자동차가 단순한 운송 수단이 아니라, 그 이상의 훨씬 중요한 의미가 있다는 암시를 의도적으로 풀풀 풍긴다.

자동차 광고는 지위의 상징, 가족의 즐거운 공간, 매끈하고 섹시하게 잘 빠진 곡선미, 친구들과 유대감을 누리는 장소, 어떤 상황에서도 우리를 안전하게 지켜 주는 보호 기능이 뛰어난 강철 갑옷을 자랑한다.

자동차만 그런 것은 아니다. 현대의 의류는 신체를 외부의 악천후로부터 보호해준다는 의미 이상을 지니고, 집은 비바람을 막아주는 거처 이상의 의미를 지니며, 심지어 음식 역시 먹어야 한다는 생리적 욕구만을 충족시키지 않는다. 음식이 음식만의 기능을 한다면 "올리브 가든에 오십시오. 이곳에서는 당장 필요한 칼로리를 채울 수 있습니다!"나 "위장을 든든히 채우고 싶다면 레드랍스터가 적격입니다!"라는 광고만으로도 충분하다.

하지만 기업들은 소비자들이 기본적인 제품에 별도의 프리미엄을 지급하도록 유혹하기 위해 우리가 구입하는 것은 그냥 새우가 아니고, 그냥 자동차가 아니고, 그냥 셔츠가 아니라고 설득한다. 이 제품들은 고대부터 내려온 더 깊은 욕구를 충족시켜 주므로 훨씬 귀중한 가치가 있다고 선전한다.

앞서 나온 코블러 구두 회사로 다시 돌아가보자. 지위의 욕구를 충족시키는 구두라는 믿음을 심은 순간, 당신은 구두 가격을 더 높게 매길 수 있다. 어쩌면 회사명을 코블러구두 회사에서 팸퍼드포Pampered paw,

소중한 발로 바꾸고 싶을지도 모른다. 하지만 최대한 구두를 많이 팔아야 한다는 목표는 또 하나의 자연스러운 장애물에 가로막힌다. 바로 소비자들의 숫자라는 장애물이다. 신발은 신자마자 닳지 않고 어느 정도 지속되며, 닳으면 그때 가서 새 신발을 사면 그만이다. 필요한 구두는 딱 그만큼이다.

100년 전 미국인들은 신발 두 켤레를 돌려 신었다. 하나는 평일용이고, 하나는 일요일에만 신는 좋은 구두였다. 발 보호라는 실용적 기능만 생각한다면 두 켤레의 신발만으로도 이런 욕구를 채우기에 충분하다. 그러나 신발로 여러 욕구를 충족할 수 있다면 어떻게 될까? 더 정확히 말해 각각의 욕구를 충족시키기 위해서는 신발이 여러 켤레 필요하다면?

어떤 신발은 직장이나 놀이터에서 지위의 욕구를 충족시켜 준다. 어떤 신발은 짝짓기라는 목표 달성에 도움이 된다. 또 어떤 신발은 건강 증진에 도움을 준다. 노스페이스 등산화나 스케쳐스 쉐이프업스 운동화가 여기에 속한다.

물론 친구들과 가벼운 외출용으로 필요한 신발도 있고, 집에서 가족과 편안히 있을 때 신을 실내화용 신발도 있다. 악천후로부터 발을 든든히 보호해야 할 때 필요한 장화나 부츠 같은 신발도 있다.

신발 산업의 다각화는 평범한 조와 제인에게 다양한 구두를 사야 한다는 동기를 부여했을까? 당연히 그랬다! 오늘날 미국인 남성은 평균 5켤레의 신발을 가지고 있으며, 여성은 11켤레의 신발을 가지고 있다. 유복한 계층일수록 소유한 신발은 더 많다. 〈타임〉 보도에 따르면 지위가 높은 남성은 평균 12켤레의 신발을, 부유한 여성은 평균 21켤레의 신발을 가지고 있으며 그중 19%는 50켤레가 넘는 신발을 가지고 있다. 과거 필리핀의 영부인이었고 구두 수집광이었던 이멜다 마르코스에 거의 필적하는 수준이다.

어쨌거나 당신의 구두 회사에는 희소식이다. 소비자가 신발 한 켤레만 주야장천 신고 다니는 사태를 걱정하지 않아도 된다. 이제 당신의 구두 회사는 소비자 한 명당 7켤레의 구두를 팔 수 있다. 진화적 욕구는 하나하나 근본적으로 중요하지 않은 것이 없다. 그렇기에 7개 부분자아의 욕구를 채우려면, 그 개수에 맞는 신발을 보유해야 한다.

여러 산업에서 진화적 욕구 이용자들은 형태만 다를 뿐 기본적으로 똑같은 제품일지라도 여러 개를 가지고 있어야 한다고 소비자들을 잘 설득해냈다. 구두의 사례에서처럼 이렇게 형태만 다른 제품들은 우리의 다양한 부분자아를 타깃으로 삼는다.

인사장이나 연하장을 생각해보자. 미국의 연하장 산업은 75억 달러에 이른다. 미국인들에게 있어 안부 인사 카드는 일종의 의무와도 같다. 홀마크 같은 카드 회사들은 명절이나 '특별한 날'에 인사장이나 연하장을 보내는 풍토가 만들어지도록 일조했다.

이런 인사장 대부분은 우리의 다양한 부분자아를 하나하나 콕 집어서 겨냥한다. 행복한 짝 획득 부분자아에 맞는 카드밸런타인데이를 기념하며!, 행복한 짝 유지 부분자아에 맞는 카드오늘은 우리 기념일이에요!, 행복한 질병 회피 부분자아에 맞는 카드조속한 쾌유를 빕니다!, 행복한 지위 부분자아에 맞는 카드승진을 축하합니다!가 따로 있다.

또한 행복한 친애 부분자아를 위한 카드도 있다혹시 '축하합니다' 카드를 보내는 것을 잊지는 않았는가? 그래도 '정말 죄송합니다' 카드를 받는 것보다는 낫다. 행복한 친족 보살핌 부분자아를 위한 카드건강한 아기를 낳기 바랍니다!는 임신 축하 파티에 적절할 것이다. 또한 당신을 사랑과 정성으로 보살펴준 여인에게도 카드를 보내야 하며어머니 은혜에 감사합니다!, 아버지의 날에도 아버지들을 위해 만들어진 홀마크 카드를 보내는 것을 잊지 말아야 한다.

하지만 제대로 된 인사를 하고 싶으면 선물도 보내야 한다. 꽃이나 초콜릿을 보내야 할 때도 있고, 아마존이나 아이튠즈 기프트카드 같은 실용적인 선물을 보내야 할 때도 있다. 명절이나 특별한 날도 다 함께 축하해야 하는 날이다. 부활절, 핼러윈, 추수감사절, 그리고 가장 장식을 많이 하는 크리스마스도 잊어서는 안 된다.

추수감사절과 크리스마스 사이의 한 달은 엄청나게 많은 소비가 이뤄지는 시기다. 그 기간의 소비 지출만 매년 1,650억 달러에 달한다. 추수감사절 다음의 첫 금요일을 블랙 프라이데이라고 부르는 데는 이유가 있다. 이 기간에 수백만의 쇼핑객들은 밤새도록 매장 밖에서 줄을 서서 기다리고, 덕분에 많은 매장들은 그동안 적자이던 장부가 흑자로 돌아서면서 이익이 나기 때문이다.

이것은 상리공생일까? 기생일까? 쇼핑객들이 구두를 더 많이 사기로 마음먹거나, 갈수록 늘어나는 명절과 특별한 날을 위해 선물을 더 많이 사기로 마음먹는 것이 회사와 소비자 모두에게 이익일까?

어쩌면 이런 구매 행동은 진화적 욕구를 진정으로 채워주는 것이 아니라 채워지고 있다는 느낌을 줄 뿐인지도 모른다. 우리의 소비활

동으로 이익을 누리는 기업과 마케터들은 진화적 욕구와 연관이 없을지도 모르는 제품을 재구성해, 그 제품을 매력적인 것으로 보이게 만들기 때문이다. 그런 식으로 그들은 대대로 내려온 우리의 욕구를 교묘히 이용한다.

"짝을 유혹하고 싶습니까? 새 구두를 사십시오! 지위를 높이고 싶습니까? 새 구두를 사십시오!"

자연의 이용 관계 입장에서 풀이하면, 소비자와 그들을 목표로 삼는 기업의 관계는 상리공생보다는 아마도 그것과 기생의 중간쯤인 편리공생이라고 봐야 할 것이다. 대부분의 기업은 빨판상어와 비슷하다. 그들은 우리의 지갑에 달라붙어 우리가 이따금 흥청망청 돈을 써대는 동안 떨어지는 달러 부스러기들을 잽싸게 낚아챈다. 그나마 이런 상황이 살아 있는 숙주의 몸에 알을 낳는 나나니벌 같은 무리에게 당하는 것보다는 낫지 않을까?

조금 뒤에 논하겠지만, 사실은 그런 생각이야말로 '그들이' 우리에게 심고 싶어 하는 생각이다.

환상을 조장하는 사기꾼들

×

옐로탱은 인도양의 열대 암초에 서식하는 노란빛이 화려한 해수어다. 몸을 깨끗이 씻고 싶으면 옐로탱은 공생 관계의 친구인 청소놀래기를 찾아 나선다. 옐로탱이 공생 관계의 친구를 알아보는 방법은 청소놀래기의 옆면에 머리부터 꼬리지느러미까지 선명하게 나 있는 검은 줄무늬다. 하지만 민감하고 약한 아가미와 입에 접근 허락을 받기 전에, 청소놀래기는 우선 비밀 춤을 춰서 옐로탱의 신뢰를 얻어내야 한다. 이것은 물고기의 신경학적 ATM 기계에 비밀번호를 입력하는 것과 비슷하다.

이런 암호 시스템은 보통은 별 탈 없이 작동하지만, 똑같은 암초 근처에 숨어 살고 청소놀래기와 크기는 물론 외양이 거의 흡사한 검치베도라치라는 작은 물고기에게는 효과가 없다. 심지어 검치베도라치의 등에는 청소놀래기처럼 선명한 검은 줄무늬도 있다. 옐로탱이 다가가면 검치베도라치는 비밀 춤을 똑같이 추고 큰 물고기의 가장 약한 부분에 접근해도 좋다는 허락을 받는다.

하지만 아가미나 입에 들어간 검치베도라치는 청소 서비스를 해주는 대신에 검처럼 날카로운 이빨로 철석같이 믿고 있던 고객의 살점을 한 점 뚝 떼어낸다. 검치베도라치는 옐로탱의 기생충을 없애 주지 않는다. 반대로 자신이 기생충이 되어 옐로탱을 공격한다.

검치베도라치처럼 인간 사회의 기생자들도 선량한 시민으로 위장하고 있다. 그들은 우리의 신뢰를 얻으려면 무슨 행동을 해야 하는지 정확히 알고 있다. 이 기생자들을 안으로 들인 순간, 그들은 당신 지갑에서 돈을 한 움큼 뜯어갈 것이다.

이제부터 우리의 진화적 성향이 이 사회적 기생자들에게 어떤 식으로 한껏 이용당하는지 살펴보도록 하자.

역사상 기록된 최초의 다이아몬드 약혼반지는 1477년 오스트리아의 막시밀리안 1세가 부르고뉴의 마리에게 준 반지였다. 훗날 빅토리아시대에는 탄생석을 박아 넣은 '리가즈 링Regards ring, 반지에 세팅한 루비, 에메랄드, 가넷, 아메시스트, 다이아몬드, 사파이어의 첫 글자를 따서 Regards라고 불렀다을 약혼반지로 교환하기도 했다.

하지만 다이아몬드가 대중에게 널리 알려지게 된 것은 다이아몬드 회사인 드비어스가 인간의 심리를 이용할 목적으로 2중 전략을 대담하게 구사하면서부터였다.

드비어스는 현재의 남아프리카공화국 킴벌리 지역에서 83.5캐럿의 다이아몬드를 발굴한 후, 1888년에 광업 회사로서 영업을 시작했다. 로스차일드 가문의 재정 후원을 받은 드비어스는 영세 회사들을 병합해 순식간에 작은 제국으로 성장했다. 독일 이민자 출신이며 과거 J. P. 모건의 후원으로 다른 광업 회사를 창업한 전적이 있던 에른스트 오펜하이머가 드비어스의 경영권을 장악했다. 이후 이 회사의 소비자 심리 이용 능력은 최대치로 늘어났다.

희소한 물건과 기회에 사람이 꼬인다

아프리카 여기저기에서 발견되는 새 다이아몬드 광산들에 관심이 많았던 오펜하이머는 공급 증가로 시장에 다이아몬드가 넘쳐흘러 가격이 폭락하게 되는 사태를 염려했다. 오늘날 일부 전문가들은 완전 경쟁 시장 원리로 보석 가격이 결정된다면 다이아몬드 가격은

20~30달러 선이 고작일 거라고 믿는다. 하지만 드비어스의 활약 덕분에 당신과 당신을 사랑하는 누군가는 이 압축된 석탄 덩어리에 훨씬 비싼 값을 치르고 있다.

다이아몬드 가격을 높게 유지시키기 위해 오펜하이머는 드비어스를 기반 삼아 다이아몬드 카르텔을 형성했다. 세계 다이아몬드 생산과 유통의 90%를 장악한 드비어스는 다이아몬드 공급량을 인위적으로 제한해 '희소' 상품으로 만들었다. 인간은 원래 희소한 물건과 기회에 끌리는 성향이 있기 때문에, 다이아몬드를 희소 상품화하는 것은 중요한 전략이었다.

《설득의 심리학》 저자인 로버트 치알디니는 보험 세일즈맨, 자동차 딜러, 사이비 종교 지도자들이 사용하는 전술들을 몇 년 동안 철저히 연구했다. 그의 발견에 따르면 이들 중 상당수는 희소하다고 여겨지는 물건에 대한 인간의 욕구를 교묘히 이용하고 있었다. 그중에서도 드비어스는 다이아몬드를 희소 상품으로 만들어 마치 네온등에 파리가 꼬이듯 사람들을 끌어들여 인간 숙주로부터 계속해서 많은 돈을 채굴했다.

희소성 전략도 인간의 심리를 기막히게 이용한 것이지만, 드비어스를 진정한 심층 합리성 기생자가 되게 한 것은 그다음 전략이었다. 공급과 유통의 지배로도 모자라 드비어스는 다이아몬드 사업의 또 다른 중요한 부분인 마케팅도 소홀히 하지 않았다.

오펜하이머는 이렇게 인정한 바 있다.

"보석은 궁극적인 사치품이다. 거기에는 물질적 소용은 하나도 없다. 남자든 여자든 다이아몬드를 갖고 싶어 하는 이유는 그걸로 무언가를 할 수 있어서가 아니라 그들이 원하기 때문이다."

하지만 드비어스는 이런 욕구를 만들어내야 했다. 구체적으로 말해 다이아몬드를 향한 열망을 만들어내야 했다. 한낱 돌덩어리를 세상에서 가장 귀중한 상품으로 변신시킬 스토리를 만들어내기 위해 드비어스는 매디슨 거리로 방향을 틀었다.

1947년 당시, 프랜시스 제러티는 드비어스의 광고대행사인 N. W. 아이어앤드선에 근무하는 젊은 카피라이터였다. 그녀는 평생을 독신으로 살았지만, 그녀가 만든 '다이아몬드는 영원히'라는 광고 문구는 결혼을 앞둔 수백만 쌍의 커플들에게 두고두고 깊은 영향을 미쳤다. 〈애드버타이징 에이지〉는 이 문구를 20세기 최고의 광고 슬로건으로 꼽았다.

광고를 보면 천상의 아름다운 여인이 영원한 사랑을 꿈꾸는 장면이 나온다. 그 사랑의 상징은 다이아몬드 반지다. 여기서 단연 두드러지는 것은 보는 순간 뇌리에 박히는 '다이아몬드는 영원히'라는 문구다. 이 문구는 다이아몬드가 영원한 사랑을 상징한다는 속설을 영속화했다. 여자들이 평생토록 다이아몬드를 손에서 놓지 못하게 만든 아주 영리한 슬로건이었다미국의 여배우 자자 가보는 "한 남자를 아무리 미워해도 그에게 다이아몬드를 돌려줄 정도까지는 아니다."라고 말하기도 했다..

다이아몬드를 영원히 보유한다는 인식은 중고 다이아몬드 시장을 차단한다는 목표도 있었다. 이것은 다이아몬드가 특별한 의미를 지니려면 다른 여자의 손이 닿지 않은 새 다이아몬드여야 한다고 소비자를 설득하는 교묘한 트릭이었다얼굴도 모르는 다른 여자를 위해 만들어졌던 다이아몬드 반지를 당신의 예비 신부에게 줘서야 되겠는가. 드비어스는 반짝이는 새 다이아몬드 반지만이 진정한 사랑을 표현할 수 있다고 주장했다. 이런 방법을 통해 드비어스는 다이아몬드 도매 시장을 통제할 수 있었고, 소매상들은 중고 시장과 경쟁할 필요 없이 높은 가격에 다이아몬드를 팔 수 있었다.

드비어스는 기생자로서 완벽한 성취를 일궈냈다. **다이아몬드를 인위적으로 희소 상품으로 변신시켰고, 교묘한 마케팅 전략을 통해 희소성에 가장 무너지기 쉬운 부분자아인 짝 획득 부분자아를 영원히 자극할 수 있게 되었다.** 앞 챕터에서 설명했듯이 짝 획득 부분자아는 '호젓한 길에 있는 레스토랑'이나 '한정판' 등 희소하고 진귀한 상품일수록 크게 끌린다.

'다이아몬드는 영원히'라는 광고 문구가 등장하고 불과 30년 만에 다이아몬드 반지는 현대의 약혼식에서 사치품이 아닌 필수품으로 자리를 잡았다. 1960년대에 들어 미국에서는 예비 신부의 80%가 다이아몬드 반지를 요구했으며 실제로도 받았다. 현재도 이 비율은 거의 그대로며, 다이아몬드 약혼반지의 평균 가격은 3,200달러다드비어스는 처음에는 예비 신랑의 1개월 소득이 약혼반지 가격으로 적절하다는 마케팅을 구사했지만, 나중에는 예비 신부에게 예비 신랑이 보여주는 사랑의 금전적 가치를 2개월 소득으로 재조정했다.

드비어스가 이익에 대한 탐욕을 발휘한 곳은 미국만이 아니었다. 낭만적 결혼식의 전통이 없는 일본에서는 신부용 다이아몬드 반지를 팔기가 쉽지 않았다. 하지만 드비어스는 이 작고 반짝이는 석탄 덩어리에 돈을 쓰도록 일본인들의 짝 획득 부분자아를 설득하는 데 성공했다. 1967년에 일본의 결혼식에서 다이아몬드 반지를 낀 신부들은 5%에 불과했지만 1990년에 그 비율은 77%로 늘어났다.

허상을 팔면 석탄 덩어리가 다이아몬드가 된다

×

드비어스의 능수능란한 마케팅과 사업 관행은 우리의 짝 획득 부분자아를 정확히 이용했다. 덕분에 회사의 금고도 두둑해졌다. 하지만 **보석 산업이 하나의 부분자아만 공략하고 말았다면 오늘날 1,500억 달러라는 거대 산업으로 성장하지 못했을 것이다.**

약혼반지를 끼는 손가락은 딱 하나다. 보석 회사들이 우리 인간의 손가락이 10개고, 그중 9개는 아무 반지도 끼지 않아 보석 회사에 돈을 벌어 주지 못하는 손가락이라는 사실에 주목한 것은 당연한 일이었다. 보석 회사들에는 왼손 약지에만 끼는 보석만 있는 것이 아니다. 반지를 끼지 않은 모든 손가락을 비롯해 팔목, 발목, 발가락, 목, 배꼽, 귀, 코, 눈썹, 뺨, 턱, 젖꼭지, 입술, 심지어 음부에도 보석을 낄 수 있다.

드비어스는 여자의 오른손 약지를 정복하기 위해 여자들의 지위 부분자아를 이용하는 전략으로 옮겨가서, "당신의 왼손은 우리를 말합니다. 당신의 오른손은 나를 말합니다."라는 마케팅 슬로건을 내걸었다.

어쨌든 간에 현대 여성으로서 자기 돈으로 직접 다이아몬드 반지를 사는 것보다 본인의 독립성을 내보일 더 좋은 수단이 어디 있겠는가? 물론 약혼반지 대신에 사는 반지가 아닌 추가해서 사는 반지다 보석 회사인 퀴어트가 선보이는 오른손용 반지 라인은 대략 5,000달러 선이지만, 월마트에 있는 킵세이크 인디펜던스 반지의 소매 가격은 389달러다.

물론 보석으로 지위를 드러내려는 사람은 여자들만이 아니다. 프로레슬러였던 Mr. T처럼 목에 10kg 무게의 골드체인을 주렁주렁 달고 다니는 수준까지는 아니더라도, 많은 남자가 값비싼 보석과 금속으로 만든 화려한 장신구에 거금을 써댄다.

프로스포츠 챔피언십의 진짜 트로피는 우승팀 선수들이 받는 반지다. 한 프로풋볼 선수는 이 꿈의 반지를 '10테이블 반지'라고 묘사하는데, 레스토랑에서 사방으로 열 테이블 떨어진 곳에 앉은 사람들에게도 반지가 금방 눈에 들어오기 때문이다. 2011 슈퍼볼 우승팀 그린베이 패커스가 받은 우승 반지는 확실히 이런 목표를 충족시키고도 남았다. 반지 하나당 100개가 넘는 다이아몬드가 박혀 있었기 때문이다.

지위를 과시했고 연인에게 깊은 애정의 표시도 보여줬다. 이제는 짝이 당신 곁에 계속 머무를 수 있도록, 그 사람의 애정이 식지 않을 방법을 찾아내야 한다. 하지만 어떻게 해야 할까? 드비어스는 간단한 해결책을 제시한다.

"결혼기념일에 아내에게 다이아몬드 반지를 선물하면서, 다시 태어나도 당신과 결혼할 거라고 말하세요."

당신의 사랑이 변함없음을 입증하고 싶다면 다이아몬드 목걸이, 귀걸이, 팔찌가 한 세트로 딸린 특별한 결혼기념일 반지를 아내에게 선물해야 한다.

결혼기념일을 맞아 사랑하는 아내에게 다이아몬드를 선물하는 것이 식상하고 진부한 행동이라고 여기는 사람도 있다. 반지 표면에 보석을 빙 두른 '이터너티링'영원한 애정과 감사의 상징이나, 비슷한 크기의 다이아몬드 3개를 박은 '트릴로지링'연인과의 과거, 현재, 미래를 상징을 권한다. **드비어스는 일석이조를 넘어 일석삼조, 일석사조도 성공시키고 있다. 여기서는 돌멩이가 아니라 보석이라는 점이 다를 뿐이다.**

보석은 짝 획득, 짝 유지, 지위 부분자아의 욕구만 해결해주지 않는다. 친한 친구들과 끈끈한 우정을 유지하도록 도와주는 우정 팔찌, 우정 목걸이, 우정 반지도 있다. 또한 고등학교 동기나 대학 동기들과 당신 사이의 유대감을 이어 주는 동창 반지도 있다.

부모라면 아이에게 졸업 반지를 사주는 것이 가장 좋은 애정 표현 방법일 수 있다. 자녀라면 수시로 있는 특별한 날을 기념해 부모님에게 반지 하나쯤은 사드려야 한다티파니에서는 어머니의 날을 위한 특별 선물로 1만 달러짜리 나비 브로치를 판다. 하지만 돈이 조금 모자란 사람들은 티파니에서 파는 '유어스 맘' 하트 펜던트 목걸이를 사도 된다. 이것의 가격은 2천 달러밖에 안 한다.

자기보호 부분자아를 화려하게 장식하고 싶은 사람들을 위해서는 '직관적 주얼리 아티스트' 로빈 A. 하튼이 부정적 에너지, 범죄, 방사능, 부상, 악마, '악마의 눈'으로부터 우리를 보호해주는 저렴한 가격대의 보석 제품은 물론이고 '다용도 전천후 보호용' 보석도 제공한다.

보석이나 장신구는 질병을 퇴치해주는 환상적인 묘약 기능을 발휘할 수도 있다. 목걸이나 팔찌에 중요한 의학 정보를 담기도 하고, 특별한 치유력을 발산한다고 알려진 에너지 팔찌도 있다. 예를 들어 젭터 럭셔리 인터내셔널이라는 회사는 '관절염, 순환기질환, 편두통, 오십견 등 모든 종류의 질병에' 치유력을 발휘하는 마그네틱 주얼리를 판매한다.

보석 장신구 하나로 더 건강해지고 기분도 좋아질 수 있다는 말에 코웃음을 칠 사람도 있겠지만, 질병 회피라는 진화적 욕구를 충족시키기 위해 온갖 방법을 다 동원하는 사람들은 실제로 수백만에 달한다. 그리고 그들이 그 방법을 찾기 위해 어느 방향으로 나서든, 그 길목에는 언제라도 그들의 돈을 뜯어갈 기회를 노리는 기생자들이 수두룩하다.

가짜 약을 쇼핑하게 하는 제약 회사들

최근 수십 년 동안 미국 가정은 꼼짝없이 점령당했다. 다만 집 안을 점령한 것은 해충이나 메뚜기 같은 전통적 형태의 생물이 아닌 알약이다.

조현병 치료제인 아빌리파이Abilify, ADHD 치료제인 아데랄Adderall, 불면증 치료제인 암비엔Ambien, 항구토와 메스꺼움 방지제인 조프란Zofran, 항울제인 졸로프트Zoloft, 또 다른 조현병 치료제인 자이프렉사

Zyprexa 등 온갖 전문 의약품들은 마치 지하실 벽을 기어다니는 지네처럼 슬그머니 우리의 욕실 수납장을 점령했다.

1929년 미국인 1명당 전문 의약품 처방 횟수는 1년에 2번도 되지 않았다. 하지만 21세기에 들어 처방 횟수는 아이 1명당 4번, 성인은 11번, 고령자들은 28번에 달했다. 미국 의료 서비스 그룹인 유나이티드 헬스케어의 전문 의약품 카탈로그는 1천 가지의 다양한 약품들을 소개한다. 이런 전문 의약품의 연간 매출은 미국에서만 3천억 달러에 이른다. 미국의 주를 잇는 고속도로를 전부 금으로 덮을 수 있을 만큼 엄청난 액수다.

무언가 새로운 종류의 중증 질환이 계속 생기고 있기 때문에, 사람들이 복용하는 약도 계속 증가한 것일지도 모른다고 생각할 수도 있다. 새로운 무언가가 있기는 하다! 대물림된 우리의 진화적 성향을 이용하는 제약 회사라는 기생자들이 폭발적으로 증가하기는 했다.

제약 산업의 극적인 성장은 소비자를 직접 겨냥하는 DTC 광고의 폭발적 증가에 일부 원인이 존재한다"전문의에게 상의하기를 바랍니다". DTC 광고는 제약 산업의 전통적인 중간 상인들의사들의 힘을 우회해서는 우리 일반 소비자들이 직접 의사 놀이를 해볼 수 있도록 힘을 실어준다. 이런 광고들은 전문의가 진단을 내려주기를 기다리지 말고, 직접 자가 진단을 해서 본인에게 맞는 치료법을 처방하라고 우리를 유혹한다.

의약품 광고들은 우리의 질병 회피 부분자아즉 내부의 강박적 건강 염려증 환자**를 사탕 가게로 보낸다. 이 사탕 가게로 들어가 색색의 약이 가득한 병에 손을 넣기만 하면 경련도, 딸꾹질도, 사회적 이상 행동도 다 고**

치고 완화할 수 있다고 한다.

피곤한가? 이유도 없이 기분이 오락가락하는가? 기침이 나는가? 재채기가 심한가? 우울한가? 초조한가? 신경이 예민한가? 저콜레스테롤인가? 고콜레스테롤인가? 발기가 안 되는가? 발기가 가라앉지를 않는가?

병명이 무엇이든 원하는 대로 고쳐준다고 장담하는 약을 찾을 수 있다. 미국의 스탠딩 코미디언 크리스 록은 "밤에 한 번 잠들면 뒤척이지 않고 아침까지 푹 잡니까?"라는 약품 광고 문구를 그대로 읊은 후 입담을 과시한다.

"물론이죠. 그거 먹었거든요."

의약품 광고는 우리에게 이렇게 말한다.

"잠을 잘 자고 싶습니까? 걱정하지 마십시오. 이 약을 조금만 먹으면 눕자마자 금방 잠들 수 있고, 조금만 더 먹으면 숙면을 유지할 수 있고, 조금만 더 먹으면 아침까지 깨지 않고 푹 잘 수 있습니다. 혹시라도 약을 먹다 부작용이 생길까 염려됩니까? 여기 이 약을 함께 드시면 부작용 걱정을 덜 수 있습니다."

제약 회사들이 중증 질환을 치료하고, 생명을 구해주고, 연장시켜주는 약을 생산한다는 사실은 부인할 수 없다. 하지만 그렇다고 해서 착각하지 말아야 한다. 제약 회사는 약을 파는 일이 본업이다. 앞서 다이아몬드 산업에 종사하는 친구들처럼 제약 회사들도 자기네 제품을 많이 팔수록 돈을 많이 번다.

원래는 생명을 유지하고 연장시켜 주기 위해 만들어졌지만, 아이

러니하게도 전문 의약품은 미국에서 사망 원인 4위에 올라 있다. 의사한테 제대로 처방받았고, 복용법도 잘 지킨 의약품에 대한 거부 반응으로 인해 한 해에 10만 명이 넘는 사람이 사망한다. 위험한 불법 약물 복용으로 죽는 사람의 수는 한 해에 1만 명 정도지만, 정식 인가를 받은 의약품으로 인한 사망자 수는 그 10배를 넘는다. 어쩌면 약물과의 전쟁이 방향을 완전히 새로 잡아야 할지도 모른다.

제약 회사들이 영웅인지 악당인지 감을 잡을 수 없을지라도 위조 의약품을 만들어 파는 악당들이 사회적 기생자라는 점에는 전혀 이의가 없을 것이다. 이 악랄한 가짜 약 산업이 벌어들이는 이익은 한 해에만 750억 달러나 된다고 추산된다. 헤로인과 코카인을 팔아 버는 이익보다도 더 많은 액수다.

가짜 약은 진짜와 똑같게 생겼지만 그 안에는 유효 성분이 담겨 있지 않다. 가끔은 치명적 질환을 치료하지 못하는 수준을 넘어 목숨을 해치기도 한다. 그 피해는 개도국일수록 심각하다. 최근 개발도상국들의 말라리아, HIV/AIDS, 결핵 치료가 답보 상태에 머물게 된 데는 위조 의약품이 큰 원인으로 작용했다.

게다가 치명적 첨가제와 겉보기에는 무해한 충전물 역시 환자의 몸속에 들어가면 다르게 작용할 수 있고, 심지어는 사망을 부르기도 한다. 천식약에 유효 성분이 들어 있지 않은 것도 웃고 넘길 일은 아니지만, 진짜와 똑같이 생긴 가짜 두통약을 먹었다가 응급실 신세를 지게 된다면 결코 가볍게 볼 일이 아니다.

'그들'이 당신에게 알려주지 않는 것들

×

현대 의학계에서 수없이 행해지는 은밀한 거래를 생각하면, 제약 산업이라는 말만 들어도 쓴웃음이 나고 약간의 피해망상까지 생기기 쉽다. 만일 진짜 약이든 가짜 약이든 제약 회사들이 우리의 지갑에서 돈을 꺼내갈 기회만을 노린다는 확신이 든다면, 아주 반갑게도 우리와 비슷한 생각을 하는 사람들로부터 도움을 받을 수 있다.

케빈 트루도를 만나보자. 제약 회사가 자연적인 질병 치료법을 감추거나 통제하고 있다고 믿는 사람들이 늘고 있는데, 트루도도 그런 사람 중 하나다. 그는 환자가 제약 회사가 강권하는 모든 약을 다 복용할 필요는 없다고 주장한다. 그는 자신의 저서 《그들이 당신에게 알려주지 않는 자연치료》에 나온 것과 같은 치료법을 따라야 한다고 말한다.

이 책은 관절염, 위산역류, 공포증, 우울증, 비만, 만성피로, 주의력결핍장애, 당뇨 같은 질환은 물론이고 다발성경화증, 낭창, AIDS, 암, 포진, 근육퇴행위축과 같은 질병도 '쉬운 치료법'이 있다고 소개한다.

너무 좋은 말이라 진짜라고 믿기 힘들지만 TV 방송의 인포머셜에서 트루도를 만나면 생각이 달라질지도 모른다. 인포머셜에서는 돈을 받고 배우들이 출연해 그가 소개한 치료법의 효과가 뛰어나다며 매번 감탄한다.

트루도가 의료 훈련을 전혀 받지 않은 문외한이라고 비난하는 사람들도 있다. 하지만 그를 옹호하는 사람들은 그 부분이야말로 그가 제약 회사의 하수인이 아니라는 단적인 증거라고 주장한다. 또한 트루도는 자신의 주장을 뒷받침할 과학적 증거를 제시하지 못한다는 비난도 받는다. 그는 캘거리 대학이 25년간 수행한 당뇨병 자연치료 연구를 인용하는데, 비평가들은 이 연구가 존재하지도 않는 것이라며 분노했다.

하지만 트루도는 그들이 진실을 이해하지 못한다고 주장한다. 그의 주장에 따르면 캘거리 대학은 제약 산업의 보복을 염려해 연구 결과를 파기할 수밖에 없었다고 한다.

'그들'이 당신에게 알려주고 싶지 않은 그 책은 지금까지 500만 부가 넘게 팔렸다. 이게 전부가 아니다! 트루도야말로 질병 치료를 넘어 여러 욕구들을 동시에 충족시켜 주는, 기적을 낳는 인물이다. 그는 《그들이 당신에게 알려주고 싶지 않은 부채 감소법》과 《그들이 당신에게 알려주고 싶지 않은 돈 버는 비결》을 저술했다. 스위스 알프스의 비밀 장소에서 제작한 14장짜리 CD 강의인 《무슨 소원이든 다 이룰 수 있다》는 개인적 소망과 재무적 소망을 완성하도록 도와줄 '비밀 열쇠'를 소개한다.

물론 몇 년째 베스트셀러를 고수하는 《그들이 당신에게 알려주고 싶지 않은 공짜 돈》도 빼놓지 말아야 한다. 이 책에서 소개한 검색 엔진에 들어가면 '공짜 돈' 하나를 검색할 때마다 18달러의 비용이 부과된다.

하지만 만일 당신의 소득이 한 달에 1,000달러가 넘는다면 '그들'이 알려주고 싶어 하지 않는 프로그램의 89%는 신청 자격이 되지 않는다. 여기서 소개하는 '공짜 돈'은 어떤 사람들은 구글 검색조차도 귀찮아하는 정부 보조금일 뿐이기 때문이다.

또한 트루도는 자신의 엄청난 범죄 기록도 당신에게 알려주고 싶어 하지 않는다. 사기죄와 절도죄로 형을 치르고 나온 후 트루도는 비만과의 싸움에 돌입한다면서 뉴트리션 포라이프Nutrition for Life라는 단체와 힘을 합쳤다. 일리노이 주 검찰은 7개 주와 연합해 이 단체를 다단계 사기 행위로 기소했다.

2004년 트루도는 문학적 영감까지 발휘했지만, 같은 해 연방거래위원회FTC의 판결에 따라 **그는 평생 동안 TV에서 어떤 제품도 홍보하거나 판매할 수 없는 역사상 유일무이한 인물이 되었다**당시 그는 '마침내 인류의 대머리가 사라집니다'라고 선전하는 '헤어 파밍 시스템'과 '60초 만에 모든 중독을 없애 주는 획기적 제품' 등 온갖 종류의 제품을 광고하고 있었다.

연방거래위원회는 트루도가 인포머셜에서 책을 광고하는 것만은 막지 못했는데 이것은 언론, 종교, 집회의 자유를 인정하는 수정헌법 제1조 때문에 어쩔 수 없는 부분이었다. 하지만 그 책 역시 결과적으로는 좋지 못했다.

2011년 트루도는 대중을 기만한 죄로 3,760만 달러의 벌금형을 선고받았다. 트루도는 '그들'이 자신의 책을 서점에서 몰아내려는 음모를 꾸미고 있다고 주장한다. 치워 버리려면 빨리 치우는 게 나을지도 모른다. 그러면 금세 희소 상품 자리에 등극할 것이기 때문이다.

사기꾼에게 속지 않기 위한 3가지 원칙

×

사기꾼부터 기업에 이르기까지 우리의 심층 합리성 성향을 이용하려고 음모를 꾸미는 사람과 조직은 많다. 어떤 사람들은 그 이용자들과 공생 관계라서, 준만큼 받을 수 있다면 가끔 이용당하는 것을 별로 꺼리지 않는다.

하지만 우리 대부분은 속아 넘어가 기생 관계에서 일방적으로 손해를 보는 입장이 되고, 그 순간 우리의 지갑에서는 돈 뭉치가 빠져나간다. 뻐꾸기나 검치베도라치처럼 인간 사회의 기생자들은 선조 시절부터 효과를 발휘해온 우리의 편향을 악용한다.

눈앞에 있는 사람이 당신을 도와주려는 공생 관계인지, 당신을 이용할 기회를 노리는 사회적 기생자인지 가늠하려면 어떻게 해야 할까? 이를 구별하기는 힘들 수 있다. 버나드 매도프의 고객들은 진실이 다 밝혀진 후에야 자신들이 속았다는 사실을 알았다.

사회적 기생자들은 우리의 주의를 용의주도하게 다른 데로 돌리고, 전략적으로 정보를 감추는 전문 사기꾼들이다. 하지만 3가지를 명심한다면, 우리는 스스로를 보호할 수 있다.

상대의 이익을 간파하라

수상쩍은 냄새가 난다 싶으면 간단한 질문을 던져보자. **저 사람이 겉으로 드러나는 그대로의 사람인가?** 버나드 매도프와 케빈 트루도 같은 심층 합리성 이용자들은 자기들이 당신과 똑같은 사람이라고 주장한다. 하지만 그들의 말을 액면 그대로 믿기 전에 조금 더 유심히 살펴봐야 한다.

뻐꾸기 역시 목표로 삼은 양부모의 둥지에 진짜 알들과 비슷하게 생긴 알을 낳는다. 하지만 뻐꾸기 알은 양부모가 낳은 진짜 알과 완전히 똑같지는 않다. 유심히 관찰하면 둥지의 알이 가짜라는 사실을 알아낼 수 있다. 실제로 타깃이 된 양부모 새 대부분은 피해를 입기 전에 기생하려는 알의 존재를 알아채고 둥지 밖으로 던져 버린다.

우리 인간도 마찬가지다. 누군가 당신과 똑같은 사람인 양 흉내를 낸다고 해도, 그 사람이 당신과 일란성 쌍둥이가 아닌 한 완전히 겹칠 리 만무하다. 어떤 상품이나 투자 제안이 너무 좋아서 믿기 힘들 정도라면, 그것을 유심히 관찰해야 진짜 정체를 파악할 수 있다.

만일 그런 다음에도 여전히 좋은 조건이라면 **상대가 그 거래로 어떤 이익을 얻는지 물어보라.** 그 사람이 당신에게 도움되는 것만으로도 자신은 충분히 만족한다는 식으로 대답한다면, 이것은 명확한 경고 신호다. 당신이 얻게 되는 것은 황금알이 아닌 썩은 알이다.

시간을 주고 기다려라

큰돈을 써야 하거나, 서명해야 하거나, 중대한 결정을 내려야 하는 상황이라면 스스로에게 이렇게 물어보자. **지금 이 순간 내가 이렇게 느끼도록 유도당한 것은 아닐까?**

진화적 욕구 이용자들은 아무 의심도 하지 않는 목표물을 겨냥할 때 자신들의 광고 문구에 가장 취약할만한 특정 부분자아를 공략한다. 예를 들어 2개월 봉급에 맞먹는 '진귀한' 다이아몬드 반지를 팔려고 마음먹은 심층 합리성 기생자들은 당신의 짝 획득 부분자아를 활성화한다. 그리고는 희소성이 있는 돌덩어리를 몇 천 달러에 살 수 있다면 썩 괜찮은 거래라고 믿게 만든다.

하지만 능란한 심층 합리성 이용자에 의해 현재의 선택 과정에서 배제된 다른 6개 부분자아가 보기에, 그 거래는 대단히 어리석은 결정일 수 있다. 그 순간에는 **세상에서 가장 현명한 선택이라고 생각될지라도 잠시 하룻밤 정도 생각을 해보라고 권하고 싶다.** 스스로에게 생각할 시간을 주는 순간, 다른 부분자아들도 의사결정 과정에 발을 들이밀 수 있게 된다.

최고의 선택이라고 믿었던 결정이 다음 날 되돌아보면 어리석기 짝이 없는 결정으로 돌변할 수 있다. 따라서 시간을 주고 기다려라. 그러면 바보처럼 속게 되는 사태를 피할 수 있을 것이다.

내가 얻고자 하는 것이 무엇인가

마지막으로, 살 여력이 없는데도 어떤 것을 사고 싶은 마음이 굴뚝같다면 자신의 심층에 질문 하나를 던져라. **이것을 구입해서 내가 충족하려는 진화적 욕구는 무엇인가?**

우리의 7개 부분자아 중 하나를 충족시키기 위해서라는 답이 나온다. 한 예로 디즈니월드 가족여행권을 구입하고 싶어 하는 욕구는 좋은 부모가 되려는 욕구를 반영하고, 결혼기념일 선물로 비싼 다이아몬드 반지를 사려는 마음은 좋은 배우자가 되려는 욕구를 반영한다.

우리의 물질적 욕구가 더 깊은 진화적 욕구를 반영한다는 사실을 깨닫는 순간, 신용카드를 한도까지 꽉 채워 사용하기 전에 똑같은 진화적 욕구를 충족시킬 다른 방법을 고민해도 되지 않겠느냐는 귀중한 통찰이 생겨난다.

대부분의 경우 선택지는 모자라지 않는다. 아이들을 디즈니월드에 데려가지 않더라도 아이들과 진심으로 함께하는 시간을 마련하는 것은 좋은 부모가 되고 싶다는 욕구를 채워 줄 또 다른 방법이 될 수 있다우리 저자 중 한 사람의 아내는 '사랑'의 철자는 'CASH'가 아니라 'TIME'이라는 말을 즐겨 한다.

결혼기념일에 값비싼 보석을 선물하는 대신에 진심으로 "사랑해."라고 말하면서 자신에게 배우자가 얼마나 소중한 존재인지 정성 어린 편지를 쓰는 것도 좋은 배우자가 되고 싶다는 욕구를 충족하는 데 도움이 될 수 있다.

우리의 뇌는 물질적 재화가 아닌 진화적 욕구를 충족하도록 설계되어 있다. 그리고 우리의 현명한 조상들처럼, 오늘날의 우리도 굳이 은행 잔고를 비우지 않아도 이런 욕구를 충족시킬 능력이 충분하다.

· 에필로그 ·

인간의 선택에는
어떤 동기가 숨어 있는가?

책 전체에서 우리는 시간과 공간을 초월해 여행했다. 아마존 밀림 깊숙이 들어가기도 하고, 뉴욕의 붐비는 거리를 거닐기도 했으며, 중간중간 록 스타와 스트립 댄서와 실리콘밸리의 억만장자들을 만나봤다. 테네시 주의 멤피스를 둘러봤으며, 다이아몬드로 코팅한 엘비스 프레슬리의 캐딜락을 타봤고, 아프가니스탄의 신부대금을 조사했다.

야생 세계를 여행하면서 손실 회피 성향을 보이는 꼬리감는원숭이들을 가까이에서 관찰했으며, 과시적 행동을 하는 푸른정원사새, 자살 행위를 하는 바다거북, 뻔뻔한 기생자인 뻐꾸기를 구경했다.

9일 동안 여행을 하면서 우리는 많은 사진을 찍었다. 이 사진 중 지갑 속에 넣어 가지고 싶을 만큼 특별한 기념사진은 무엇인가?

- **여행 첫째 날 :** 마틴 루터 킹 2세가 앨라배마 주 버밍엄 시의 대강당에서 연설하고 있고, 무대 뒤에서는 그의 못된 쌍둥이 형제가 이브 블랙재미를 추구하고, 성적으로 문란하며, 다중인격 장애를 앓고 있는 위험한 여성을 얼싸안고 있다. 이 사진을 통해 우리는 우리 안에 여러 개의 부분자아가 들어 있으며, 이들 부분자아는 우선순위가 다를 뿐 아니라 가끔은 서로 충돌하기도 한다는 통찰을 얻었다.

- **여행 둘째 날 :** 우리는 할리우드의 미녀 배우가 옆에서 지켜보고 있을 때 턱시도 차림으로 현란한 스노보드 점프 트릭을 선보이는 조셉 케네디 2세들의 사진을 찍었다. 사진 뒷면에 이날 얻은 교훈을 메모했다. "우리의 선택은 가끔 겉으로는 대단히 비합리적이고 어리석어 보인다. 하지만 그 속에는 우리의 진화적 적합도를 끌어올리기 위해 설계된 의사결정 기제의 결과물인 심층 합리성이 작용하고 있을지도 모른다."

- **여행 셋째 날 :** 이날 찍은 사진은 디즈니 CEO에서 해임된 마이클 아이스너의 모습이 담겨 있다. 아이스너는 월트디즈니를 철저하게 돈으로만 따지면서 미키마우스의 옷값, 숙박비, 식비 하나하나에까지 계산서를 작성했다. 여기서 얻은 통찰은 간단하다. 월가경제학의 가격 결정 규칙을 이용해 선택하고 결정을 내릴 수 있는 영역은 아주 일부분에 불과하다. 우리의 선택과 결정 대부분은 가족이나 친구, 장기적인 파트너들과 상호 작용하면서 내리는 결정이다. 그리고 상대가 누군지에 따라 거래 규칙도 달라져야 한다.

- **여행 넷째 날 :** 이 폴라로이드 사진에는 우체국에서 커다란 상자에 '반송'이라고 휘갈겨 쓰는 레비 음와나와사 잠비아 대통령이 찍혀 있다. 상자 안에는 미국에서 보내온 유전자 변형 식품이 가득 담겨 있다. 우리는 사진 뒷면에 다음과 같이 메모했다. "우리의 정신은 화재경보기처럼 작동하도록 설계되어 있다. 화재경보기 편향에 지배된 우리는 때로는 기회를 놓치기도 하지만, 이 편향이 있었기에 우리 조상들은 앞으로 닥칠지 모르는 위험을 피할 수 있었다."

- **여행 다섯째 날 :** 셔츠 한 장 걸치지 않은 아마존 밀림의 부족민들이 논리 추론 시험에서 우수한 성적을 받아 하버드 대학 명예학위를 받는 모습이 사진에 담겨 있다. 고등교육이 유명무실해졌다. 까다로워 보이는 문제일지라도 선조들에게 유의미했던 방식으로 출제되는 순간, 우리는 고등교육을 받지 않아도 현자처럼 보일 수 있다.

- **여행 여섯째 날 :** 압류된 자신의 저택 앞에서 노란 조끼와 낙하산 팬츠를 입고 화려한 댄스 동작을 선보이는 MC 해머의 모습이 보인다. 사실 이 사진은 상상으로 만들어낸 사진이 아니라, 삶이 언제 어떻게 될지 모른다는 의미에서 '인생은 빠른 속도로 찾아옵니다'라는 슬로건을 내건 네이션와이드 보험 회사의 광고다. 이 사진은 사람마다 추구하는 생활사 전략이 다르다는 통찰을 제시한다. 경제 자원을 축적하고 지출할 때 어떤 사람은 속전속결의 빠른 접근법을 취하지만, 어떤 사람은 완행의 느린 차선을 걷는다.

- **여행 일곱째 날 :** 이날을 기념하기 위해 우리는 레오나르도 디카프리오의 사진을 찍었다. 태양전지판을 단 화려한 저택으로 신형 초록색 하이브리드 프리우스를 몰고 들어가는 디카프리오의 모습은 환경을 도우려는 그의 이타적 동기를 대중에게 널리 과시한다. 이날의 일정에서도 우리는 한 가지 통찰을 얻었다. 어쩌면 우리가 의식하는 선택의 동기는 궁극적인 진화적 동기와는 크게 다를지도 모른다.

- **여행 여덟째 날 :** 이 사진은 몰래카메라기 때문에 선명하지가 않다. 사진에는 노출이 심한 옷을 입은 젊은 미녀들에게 100달러짜리 지폐 800장이 담긴 가방을 건네주는 뉴욕 주지사 엘리엇 스피처의 모습이 담겨 있다. 사진에는 이런 메모가 적혀 있다. "진화적으로 가장 중요한 시장 중 하나에서 거래해야 할 경우, 남자와 여자가 거래에 내놓는 천연자원은 크게 다르다.

- **여행 아홉째 날 :** 투자 사기꾼 버나드 매도프의 어깨에 올라앉아 다이아몬드 반지를 끼고 있는 화려한 뻐꾸기가 보인다. 진화적 성공은 기생자를 끌어들인다. 어떤 기생자들은 공생 관계를 추구하지만, 어떤 기생자들은 우리의 진화적 욕구를 이용하는 사기꾼들이다.

| 이 책에서 얻는 교훈 |

우리 두 저자의 아이 하나가 이번 여행에서 찍은 다양한 사진들을 본다면 이렇게 물을지도 모른다.

"아빠, 이 사진을 보고 얻을 수 있는 세 가지 인생 교훈은 뭐에요?"

그럼 우리는 이렇게 말해줄 것이다.

교훈 1, 다른 사람들을 바보라고 가정하지 마라

선택과 결정에 대해 최근 널리 퍼진 견해인간은 위험하고 비이성적 편향에 치우친 결정을 내린다는 인간이 어떤 방법으로 일상의 중요한 결정들을 내리는지 완전하게 설명해주지 못한다. 우리의 선택과 결정은 거의 대부분 편향에 지배되며 심하면 어리석기 짝이 없지만, 좀 더 깊이 파고들면 이런 편향이나 비이성적이라고 치부되는 행동들이 진화적으로는 오히려 도움되는 것일 수도 있다.

행동경제학자들은 여러 방법을 통해 인간의 선택과 결정이 지나치게 단순하고, 자기 패배적이고, 편향적이라는 사실을 밝혀냈다. 이들의 연구 결과를 읽다 보면 인간 본성의 어리석음에 절로 너털웃음이 나온다.

또한 행동경제학 연구는 우리 인간을 지배하는 대단히 강력한 편향 한 가지도 드러낸다. 다른 사람들이나 바보 행동을 하지, 나 자신은 신중하고 현명한 판단을 내리는 천재라고 생각하는 편향이다. 인간이 고도로 합리적인 존재라는 이론은 나 자신에게 적용되는 이론이고,

인간이 비이성적이라는 이론은 남들에게나 적용되는 이론이다.

하지만 표면 아래를 깊숙이 파고들수록 한 가지 사실이 더욱 확실하게 드러난다. **가끔은 어리석고 비합리적으로 보일지라도, 인간의 선택과 결정은 더 깊숙한 곳에서 진화적 목표 달성에 도움되는 잠재의식적 프로그램에 의해 이끌린다는 사실이다.**

선택하고 결정을 내리는 당사자는 행동의 동기에 숨어 있는 진화적 논리를 설명하지 못할지라도, 인간은 진화적 이익에 도움되는 결정을 내리도록 진화해왔다. 그렇기에 우리는 자기 자신을 냉철하고 합리적인 이콘으로 가정해서는 안 되며, 타인을 자기 패배적인 바보라고 가정하는 것도 전혀 도움되지 않는다.

그렇다고 해서 우리가 물려받은 진화적 성향이 언제나 옳은 방향으로 이끈다는 말은 아니다. 심층 합리성은 현대 세계가 아니라 고대 세계에 맞게 계기판이 조정되어 있다. 우리가 설계한 현대 세상은 여러 면에서 선조 때부터 내려온 욕구를 반영하고 있다.

그러나 우리 인간이 진화시킨 성향과 현대의 환경 사이에는 가끔 불일치가 발생하고, 그 틈을 노려 버나드 매도프 같은 기생자들은 가족을 신뢰하려는 우리의 성향을 이용한다. 진화론적 시각은 우리가 어디에서 이런 불일치를 찾아내야 하는지, 그리고 그런 불일치로 인해 우리가 곤란해 처하는 순간 생길 수 있는 자동반사적 반응을 어떻게 다뤄야 하는지 알려준다. 그렇기에 **〈컨슈머 리포트〉만 읽지 말고, 우리 안에 있는 침팬지에도 귀를 기울여야 한다.**

교훈 2, 합리적 자기 이익은 본인의 이익 최대화에만 관련 있는 것이 아니다

고전경제학의 의사결정 모델에서는 인간의 정신이 자기 이익의 최대화를 목표로 삼는다고 가정한다. 이런 전제는 월가 트레이더들의 거래나, 소비자가 낯선 사람에게서 중고차를 사는 행동 등의 교환 행동을 할 때는 잘 들어맞는다. 하지만 전통경제학 모델은 대다수 사람이 일상생활의 중요한 활동을 할 때 어떤 식으로 결정을 내리는지는 놀랄 정도로 제대로 설명하지 못한다.

대다수 심리학자와 경제학자들의 생각과 달리, 시장경제학 접근법으로 일상생활의 결정을 바라보는 것은 잘못된 행동이다. 그런데도 우리는 친구와 가족을 비롯해 우리가 잘 알고 소중히 여기는 사람들이나 직장 동료들과 상호 행동을 할 때도 이런 월가식 접근법을 적용한다. 하지만 **우리가 상사, 부하직원, 동료를 대할 때 낯선 사람과 중고차 가격을 흥정하는 식의 태도를 버린다면 우리의 일터는 훨씬 즐거운 곳으로 변할지도 모른다.**

경제 게임에 대한 연구들을 보면, 오히려 경제학을 배운 학생들일수록 실험에서 돈을 따지 못하는 경우가 많다. 그들의 이기적인 선택에 상대방이 화를 내면서 협조가 아닌 거절을 선택하기 때문이다. 게임에 '월가 게임'이라는 명칭만 붙여도 실험 참가자들은 협조를 선택하는 비율이 확 줄면서, 보상을 얻지 못하거나 적은 금액만 얻은 채 실험실을 떠나는 경우가 많았다.

친구, 이웃, 직장 동료에게 당신을 위해 무엇을 해줄 수 있는지 요구하는 대신 먼저 그들에게 어떻게 해주면 가족 같은 편안한 분위기가 될 것 같은지 물어보기 바란다. 어쩌면 식사 비용을 두고 마지막 한 푼까지 내 것, 네 것 따질 때보다는 그들과 함께하는 삶이 훨씬 즐거워질지도 모른다.

교훈 3, 결정하기 전에 반드시 다른 부분자아에게 자문을 구하라

우리의 머릿속에는 효용 극대화를 추구하는 금융가 한 사람만 존재하지 않는다. 인간의 머릿속에는 적어도 7개의 부분자아가 존재한다. 이 부분자아들은 나름의 진화적 우선순위에 따라 비용과 편익을 계산하고, 각자 순서를 지키며 잠재의식 속에서 우리의 의식적 결정을 주도한다.

당신의 머릿속에 어떤 상황에서든 똑똑하게 행동하는 월가 금융가만 존재한다고 생각한다면 오산이다. 또한 결정을 내리는 자아가 하나만 존재한다고 생각한다면, 이 역시 마찬가지로 큰 오산이다. 당신 안에는 하나 이상의 자아가 존재한다.

친애 부분자아는 친구나 동료와 나누고 공유하는 것을 좋아하고, 지위 부분자아는 경쟁 속에서 승리를 쟁취하기를 원하며, 질병 회피 부분자아는 원치 않는 미생물을 한 움큼 얻는 사태를 피하기 위해 잠재적 보상을 거절한다.

다른 4개의 부분자아는 생식 게임에서 각기 다른 역할을 전담한다. 짝 획득 부분자아는 데이트하는 데 관심이 많다. 이 부분자아는 조심성 없이 위험을 무릅쓰고 자원을 낭비하는 편이다. 반대로 짝 유지 부분자아는 애써 키운 둥지를 지키려 하며, 둥지를 함께 쓰는 짝에게는 관대한 교환 규칙을 적용한다. 짝 유지 부분자아에게는 사랑을 주는 것이 사랑을 받는 것과 같은 의미다.

가장 관대한 부분자아는 친족 보살핌 부분자아다. 이 부분자아는 대가를 거의 또는 전혀 바라지 않으며, 가족이 행복하고 무탈할 때 가장 큰 보람을 느낀다. 자기보호 부분자아는 정반대다. 이 부분자아는 결정을 내리기 전에 상대에게 감춰진 속내가 없는지 속속들이 주의깊게 확인하고 또 확인하려는 성향이 강하다. 우리의 월가 친구들과 가장 비슷한 거래 규칙을 이용하는 것도 바로 이 부분자아이다.

부분자아들은 그 순간 상대하는 사람에 맞춰 자동적으로 전면에 나서며, 또한 특정한 위협과 기회를 만났을 때도 깨어난다. 그러나 우리는 이런 부분자아들의 등장을 약간이나마 통제할 수 있다. 앞에 소개한 여러 연구에서 사전에 피험자들의 어느 부분자아를 활성화했는지에 따라, 그들이 내린 선택도 달라졌다는 사실이 이를 입증한다.

이런 실험에서 연구자들은 피험자들에게 특정 부분자아와 관련이 있는 사진을 보여주거나, 로맨스 영화나 공포 영화를 보여주거나, 위협적이거나 긍정적인 장면을 생생하게 들려줌으로써 의도했던 부분자아를 활성화할 수 있었다.

하지만 **우리는 우리의 의지로 의도하는 부분자아를 깨울 수 있다. 어떻게 해야 깨울 수 있을까?** 친한 친구, 배우자, 아이들, 섹시하게 여기는 사람, 생각만 해도 무서운 사람, 아픈 사람, 존경하는 사람의 사진이 담긴 마음속 앨범을 펼치는 것이다. 필요하다 싶은 순간 앨범속 사진을 의도적으로 의식 속에 펼쳐 놓음으로써, 우리는 이 순간의 결정과 선택에 대해 기득권을 가지고 있지만 지금은 휴면 중인 부분자아를 깨울 수 있다.

아주 오랫동안 큰 영향을 미칠 공산이 큰 위험한 결정을 내리기 직전이라고 가정해보자. 어쩌면 잘생긴 세일즈맨의 유혹에 넘어가 금으로 된 휠캡에 진주 코팅을 해서 눈부시게 번쩍이는 캐딜락 엘도라도를 구입한다는 서류에 사인하기 직전일 수도 있다.

아니면 카르타헤나의 호텔 바에서 방금 만난 아름다운 모델이 거액을 제시하면서, 그 돈만 지불하면 자신과 하룻밤을 보낼 수 있다고 유혹하는 순간일 수도 있다. 당신이 미혼이고 엘비스만큼 부자라면 주저할 이유가 없을지도 모른다. 하지만 다음 날 아침 후회할 것 같다면 유치원 다니는 딸아이 사진을 꺼내 보고, 좀 더 보수적인 친족 보살핌 부분자아를 활성화해야 한다.

모든 부분자아는 교활한 기생자에게 이용당할 수 있다. 드비어스가 다이아몬드 반지를 사라고 부분자아를 부추기는 것에서도 볼 수 있듯이 예외는 없다. 하지만 당신의 부분자아는 큰 도움이 되기도 하는데, 사우스웨스트항공이 직원들의 친족 보살핌 부분자아를 활성화해 회사에서 일하는 것이 아니라 가족의 일을 한다고 느끼게 만든 것이 대표적인 사례다.

상황에 맞게 적절한 부분자아에게 자문을 구한다면, 우리는 중요한 인생사를 결정해야 할 순간에 주도권을 잃지 않을 수 있다.

| 합리적 인간, 비합리적 인간, 진화적 인간 |

누구나 싸움 구경을 좋아한다. 이 책 전체에서 우리가 인간의 합리성을 전제하는 전통경제학자들과 비합리성을 주장하는 행동경제학자들에게 싸움을 걸었다는 사실은 부인하지 않는다. 하지만 이제는 월가의 숫자 분석가들, 실험 가운을 입고 사람들의 바보 같은 행동을 수집하는 학자들, 카키색 점퍼를 입은 진화론자들 사이에 평화를 도모해야 할 시간이다.

무엇보다도 우리는 전통경제학자들이나 행동경제학자들이 싸움에 패해 치명상을 입고 길가에 쓰러져 있다거나, 승리를 거머쥔 진화심리학자들이 영화의 엔딩 크레디트가 오르는 가운데 황혼 속으로 말을 타고 유유히 사라진다는 식의 인상을 주고 싶지는 않다.

우리는 전통경제학이나 행동경제학을 땅에 파묻은 것이 아닌 그들의 어깨에 올라서 있다. 합리성을 전제하는 전통경제학자들은 개인이 최적의 자원 배분을 이루려면 어떻게 해야 하는지, 시장이 어떻게 하면 더 효율적으로 움직일 수 있는지에 대해 강력한 이론들을 개발했다.

그들은 훌륭한 개념과 정교한 수학 모델 여러 가지를 소개했다. 하지만 그들이 인간의 선호가 어디에서 연유하는지, 사람마다 선호가 다른 이유가 무엇인지, 진화적 맥락에 따라 왜 인간의 선호가 유의미하게 변하는지, 캐묻기를 기피했던 종래의 태도를 극복한다면 전통경제학의 이론 모델은 지금보다 훨씬 정교해질 것이 분명하다.

오늘날 드러나는 진화생물학과 인지과학의 관점에서 이런 문제들을 고민할 때 전통경제학자들은 자신들이 세운 이론 모델의 설득력과 우아함을 높일 수 있다. 더 나아가 인간의 의사결정을 더 완전하게 설명할 수 있을 것이다.

합리성을 전제하는 전통경제학자들의 어깨 위에는 행동경제학자들이 올라서 있다. 그들은 여러 유의미한 방법으로 인간의 의사결정에 대한 이해를 제고시켰다.

행동경제학자들은 현실 세계에서 개개인이 어떻게 선택과 결정을 내리는지 주의깊게 연구했다. 또한 선택의 과정에서 인간이 어떤 편향에 지배되고, 어떤 지름길을 걷는지 식별했다. 그럼으로써 그들은 심리학과 경제학의 연관성에 대한 우리의 이해에 일대 혁명을 불러일으켰다.

하지만 행동경제학이 혁명을 불러일으켰다고는 해도 고전경제학의 아성을 대신할 만큼 튼튼한 성을 쌓지는 못하고 있다. 행동경제학은 정신의 한계가 얼마나 큰지 길게 나열하는 차원에서 벗어나 진화와 의사결정 사이에 존재하는 뚜렷한 연관성을 깊이 탐구해야 한다.

현재를 완전히 이해하기 위해서는 과거에 대한 이해가 선행되어야 한다. 현대 인간의 행동을 선조 시절부터 내려온 진화적 근원에 연결할 때, 다음 세대 학자들은 과거의 훌륭한 거인들의 어깨에 올라앉아 파노라마처럼 다채롭게 펼쳐지는 인간의 의사결정 풍경을 더 세세히 관찰할 수 있을 것이다.

프롤로그에서 우리는 《해리포터》 시리즈의 작가인 J. K. 롤링을 언급했다. 《해리포터》 시리즈가 4억 부 이상 팔리면서 롤링은 단숨에 〈포브스〉가 선정한 억만장자 대열에 올라섰지만, 많은 돈을 기부하면서 평범한 백만장자의 땅으로 내려왔다.

우리와 롤링 사이에는 그리고 우리와 당신 사이에는 한 가지 공통점이 있다. 그 공통점이야말로 롤링의 성공 비결이다. 영국인이든, 보스턴 사람이든, 방글라데시 사람이든, 아니면 성염색체가 XY나 XX이든, 우리가 일곱 살이든 일흔 살이든, 우리는 모두 수수께끼처럼 전개되는 스토리를 사랑한다.

몇 년 전 더글러스는 일곱 살짜리 아들한테 총 7부에 무려 4,091쪽이나 되는 《해리포터》 시리즈를 전부 읽어 줬고, 아들은 한 글자도 놓치지 않겠다는 듯 열심히 들었다. 밤마다 책을 읽어 주는 시간이 끝나면 내용에 흠뻑 빠진 아이는 아빠에게 애원했다.

"아빠. 조금만 더 읽어 주면 안 돼?"

아들은 몰랐겠지만 사실 더글러스도 더 읽고 싶었다. 이렇게 아이와 아빠 모두를, 그리고 전 세계 수억 명 독자들을 매료시킨 것은 롤링의 탁월한 사건 전개 능력이었다. 해리포터와 친구인 헤르미온느 그레인저, 론 위즐리가 사건 하나를 풀고 나면 훨씬 까다롭고 힘든 사건이 새롭게 등장했다.

수수께끼라는 주제는 우리가 이 책을 쓴 진짜 이유를 되새기게 해준다. 과학은 결국 수수께끼를 푸는 것이다. **인간의 선택에는 어떤 동기가 숨어 있는가? 이 질문이야말로 시대를 통틀어 가장 어렵고 까다로운 수수께끼 중 하나다.** 상상할 수 없을 정도로 복잡한 이 질문을 파헤치면서 과학자들은 진화생물학, 인지심리학, 인류학, 경제학에 이르기까지 온갖 신호로 가득한 미로를 걸어야 했다.

퍼즐 하나를 해결하면 훨씬 까다롭고 복잡한 퍼즐이 등장한다. 바로 이런 사실 때문에 과학은 대단히 매력적일 수밖에 없다. 과학적 탐구가 그토록 놀라운 흥분과 설렘을 불러일으키는 것도 바로 그 때문이다. 인간 행동에 대한 수수께끼는 공작새가 꼬리 깃털을 과시하고, 다람쥐가 형제 다람쥐들을 위해 이타적으로 스스로를 희생하고, 뻐꾸기가 순진한 이웃을 이용하는 이유가 무엇인지에 대한 수수께끼와 겹치는 부분이 많다.

당신이 어떤 선택을 한다면 그 선택의 이면에 숨은 이유는 아마존 밀림 부족, 아프리카의 수렵 채집인들, 부와 명성을 사냥하는 맨해튼의 시크한 도시인들의 선택 뒤에 숨은 이유와 여러 면에서 비슷하다. 이런 관련성을 밝히고 거기서 드러나는 신호를 한데 묶는다면, 우리는 지금보다는 조금 더 현명한 결정을 내릴 수 있다.

하지만 이 거대한 이야기는 풀어낸 실타래보다는 풀어야 할 실타래가 더 많다. 우리는 이 책을 읽는 독자들이 셜록 홈즈처럼 돋보기를 들고서 인간 정신의 수수께끼를 풀게 되기를 바란다. 어쩌면 다음 신호가 바로 문밖에서 기다리고 있을지도 모른다.

• 찾아보기 •